U0564810

周中之

著

善之追寻

周中之自选集

上海三联书店

目 录 CONTENTS

下编 道德教育

上编　经济伦理

■经济伦理学学科的建构 ^①

　　近几年来，当代中国的经济伦理学研究获得了较大的进展，在学科建设方面已形成了雏形。经济伦理学学科建设的强大推动力源于经济事实中，社会主义市场经济制度的建立、健全和完善，迫切需要经济伦理学为其论证；社会主义市场经济的健康运行，迫切需要经济伦理学为其规范；社会主义市场经济条件下个体的自我完善，迫切需要经济伦理学为其"导航"。21世纪，中国的经济将在更大的范围和更大的程度上融入世界经济潮流，中国的经济发展理念与经济运行规则将在更大的范围和更大的程度上与国际接轨。在这样的社会发展背景下，经济伦理学学科发展的光辉前景是毫无疑义的。然而，要实现经济伦理学学科发展的光辉前景，必须对经济伦理学学科发展的基础性问题作深入的研究。例如，经济伦理学学科的建构和学科性质问题。

　　在英语中，与经济伦理学相对应的是"economic Ethics"和"business Ethics"。前者使用得较少，而后者使用得较为普遍。有一种观点认为，"business Ethics"就是企业伦理学。经济伦理学的研究是围绕企业进行的，经济伦理学就是企业伦理学。这一观点有三方面的事实支持：第一，在发育成熟的市场经济条件下，企业是经济活动最重要的主体。企业与社会、企业与政府、企业与消费者、企业与雇员……构成了经济活动的最基本的伦理关系。离开了企业，经济伦理的研究就成为无本之木。第二，从西方"business Ethics"

---

① 该论文完成于 2000 年。

发展的历史分析，企业的伦理问题是"business Ethics"形成学科的最重要的推动力之一。20世纪70年代，美国大公司的经济丑闻频频曝光，引起了社会的震惊和公众的极大关注。其中美国洛克希德公司的著名贿赂案轰动美国，震惊世界，堪称丑闻代表。在公司丑闻接连曝光激起的巨大反响中，"business Ethics"在70年代的美国开始兴起。70年代以后，"business Ethics"围绕着企业的社会责任进行了广泛的研究，"利润先于伦理"还是"伦理先于利润"，企业是否具有道德地位是研究的中心问题。第三，"business Ethics"作为一门课程在国外的商学院和工商行政管理学院开设，是为了提高企业界领导人的道德素质，建立良好的企业伦理风气。因此，"business Ethics"把研究对象放在企业上，"business Ethics"就是企业伦理学是合乎逻辑的。在国内，大多经济管理界的学者和一部分伦理学界的学者持这种观点。

在国内外众多学者中，也有不少学者认为"business Ethics"的研究对象不能局限于企业。美国著名经济伦理学家G.恩德利认为"business Ethics"的研究对象分三个层次：微观、中观和宏观。"微观层次上，我们去探讨单个的个人——雇员和雇主，同伴和经理，消费者、供应商或投资者——做什么，能做什么，以及应该做什么，以便去理解、去设想他的伦理责任。……在中观层次上，我们不仅包含了经济性组织和公司、厂家，而且包括了贸易联盟，消费者组织、各种职业联合会等等。……在宏观层次上存在着本质上很不相同的问题。这个层次上包括了经济制度和经济条件的形态：像经济秩序，经济、金融、社会政策、国际经济关系等。"[①]国内一些学者也持这样的观点，例如陆晓禾在《走出"丛林"——当代经济伦理学漫话》一书中按照宏观、中观和微观三大层次来论述学科的研究对象，并按照三层次说来建构学科框架。

"企业伦理"说和"三层次"说，各有其根据，但并不是截然对立的。作为经济伦理学研究工作者来说，可以根据个体的研究特

---

① 张福山：什么是商业伦理学，《国外社会科学》1995年第1期。

长，选择一定的角度加以研究。然而，从当代中国经济伦理学学科建设的视野比较两说之长短，"三层次"说对学科的发展更为有利。

第一，中国的国情与西方有着明显的不同，西方的市场经济制度已相当完善，企业作为经济活动的独立的主体是不容置疑的。因此，经济伦理学在美国和其他一些发达国家中以企业为突破口并以企业为中心开展研究，是顺理成章的。而在中国，市场经济的发育还不够完全，"产权清晰，权责明确，政企分开，管理科学"的现代企业制度还在建立之中，企业作为完全独立的经济实体还有相当长的一段路要走。要对企业的决策和行为进行伦理评价，必须将其置于国家的宏观环境中。当代中国的经济伦理学研究必须重视对企业的决策和行为的伦理研究，但不能停留在企业层面上。在中国的社会主义市场经济中，宏观调控在经济生活中起着重要作用。制度、政策、法规的伦理评价和伦理导向，具有全局性的意义。这样，对国家经济体制和经济政策的伦理评价和论证也是研究的重要内容，必须给予充分的重视。在社会经济活动中，个体作为微观经济活动的主体，其伦理观念和伦理素质是影响经济活动健康运行的重要因素。刚刚从传统的计划经济中走过来的中国的经营者、消费者如何转变伦理观念，提高伦理素质，是当代中国经济伦理学研究中的重要课题。总之，宏观（国家）、中观（企业）、微观（个体）的经济伦理学研究"三层次"说更适合中国的国情。

第二，中国即将进入 WTO，这将对中国的经济生活和伦理生活产生重大影响。在全球经济一体化的浪潮中，经济伦理学必须面向世界，经济伦理学研究的视野不能局限于企业、局限于中国，而且要把研究的触角伸入国际经济关系。经济全球化的不断深化，使国际经济活动的内容日益丰富。然而，现行国际经济与贸易规则是不完善的，有待于进一步改进。因为包括世贸组织在内的许多国际组织制定的关于经济全球化的游戏规则，是在发达国家主导下形成的，因而更多地反映了发达国家的利益。从总体而言，当前的世界经济秩序是不合理的，对发展中国家的权益没有给予充分的保障。什么是公正合理的国际经济新秩序？如何建立公正合理的国际经济新秩序？这些问题不仅需要经济学家探讨，同时也需要伦理学家的参与。它们是当代经济伦理学的重要课题。在经济全球化过程中，各国也面临着一些共同的问题，例如减少或避免贫富差距过大的问题。而从道德范畴去探讨研究经济问题成为当代世界学术研究的一大亮点，1998 年度诺贝尔经济学奖的得主是阿马蒂亚·森，他以"集经济学和哲学手段于一身，从道德范畴去讨论重要的经济问题而获殊荣"。过去诺贝尔经济学奖常常授予从事实证经济学研究的专家，而现在却授予"道德范畴去讨论重要的经济问题"的规范经济学专家，这是一个引人注目的变化。当代中国经济伦理学的建构以"三层次"说为框架，有更大的包容性，在研究方面能在更大范围内适应中国和世界经济发展的要求，与国际经济研究的最新潮流接轨。

第三，从词源学上考察，"business"有生意、工商企业、事务等含义。国内许多学者将"business Ethics"译为"企业伦理学""商业伦理学""工商企业伦理学"都是有一定根据的，但都难以全面表达"business Ethics"的含义。例如，在美国学者的视野中，医生为病人治病，救死扶伤，也属于"business Ethics"的研究范围中，但在中国学者中，几乎很少有人会对此认同，因为医院既不是企业，也不是商业。国外以营利和非营利来划分社会团体和组织的性质，而中国长期以来实行的是计划经济，生产产品的经济组织是企业单位，销售产品的经济组织是商业单位，医院是事业单位。总之，笔者认为，在这种情况下不必完全拘泥于字眼。在学科名称的翻译上，可以扩大、延伸，并加入创造的成分，使之更符合学术研究的实际内容。在汉语中，将"business Ethics"译为经济伦理学并没有脱离原义。因为"business Ethics"不等于企业伦理学，所以，以"三层次说"为框架的经济伦理学是可以成立的。只有多层次、多侧面的研究，学科才能长足进步，对社会产生较大影响。因此，将"business Ethics"译为"经济伦理学"更符合中国的国情，更有利于学科的发展，更合适些。当然，在经济伦理学学科中，企业伦理等是非常重要的研究方向。换言之，从狭义上表述，"business Ethics"即企业伦理学也无不可，但从广义上表述，应为经济伦理学。经济伦理学的狭义和广义之分也可从国外的资料中获得支持。在欧洲，有的学者已将经济伦理学分为两类，涉及消费者、雇员、股东伦理规范的为狭义经济伦理问题，涉及国家、社会、环境和经济制度伦理规范的为广义经济伦理问题。考虑到当代中国政治社会的背景和经济伦理学在中国的更好发展，笔者主张以广义经济伦理学立论，以"三层次说"构建学科框架。

在综合国内外学者有关阐述的基础上，笔者认为"三层次说"的内容可归纳如下：

第一，宏观层面上的伦理问题。（1）研究和阐述经济制度、经济体制、经济政策的伦理评价。例如，市场经济的伦理评价问题，社会福利政策的伦理评价问题，世界经济秩序的伦理论证问题。（2）研究整个社会经济活动的道德价值导向问题。例如，公正和效率，道义和功利等问题。

第二，中观层面上的伦理问题，其实质是企业中的伦理问题。（1）企业社会责任问题是企业伦理的核心问题。（2）企业内部的管理伦理问题。例如，国有企业中厂长经理和职工关系中的伦理问题，民营企业中雇主与雇员关系中的伦理问题等。（3）企业外部关系中的伦理问题。例如，广告伦理、公关伦理、商务谈判伦理、国际商务伦理等。

第三，微观层面上的伦理问题。它包括：（1）个体在社会经济活动中承担的职业角色的伦理问题，例如经营管理者的道德人格问题，雇员的职业道德问题等。（2）个体对消费的伦理评价及消费道德规范。

以上三个层面在经济伦理学的体系中有着不同的地位和作用。宏观层面上伦理问题的研究是其他两个层面研究的前提和理论基础。由于我国正处于传统的计划经济向社会主义市场经济的转型过程中，迫切需要建立和完善我国的经济制度、经济体制和经济政策，因而它们的伦理论证成为首要加以探讨和解决的问题。只有解决了这一问题，才能更好地厘清中观层次和微观层次的伦理问题。当然，随着经济全球化的发展，中国的经济伦理学工作者应加强研究国际经济新秩序的伦理论证问题。中观层次即企业的伦理问题，是经济伦理的主要问题。企业是经济活动的"细胞"，搞活企业才能搞活经济。在当前中国，国有大中型企业的健康发展关系着中国经济发展的命运。企业伦理特别是研究国有大中型企业的伦理问题，是当代中国经济伦理的中心任务。微观层次的伦理问题在经济伦理学的体系中也有着重要地位。经济的发展是整个社会个体共同努力的结果，企业和社会要采取各种手段调动个人的积极性，刺激个体的活力。但作为个人来说，应当按照职业生活中的角色，自觉履行职业道德义务，恪守职业道德规范。改革开放后，中国将"发展生产力，实现共同富裕"作为经济活动的价值目标，必然提出正确引导消费，提高人民生活水平的问题。因此，消费的伦理评价和新的消费伦理观念是微观层次中的重要内容。

经济活动从其运行的过程分析，有生产、分配、交换、消费等诸环节。从研究其每一个环节中的伦理问题入手，进而构建经济伦理研究的框架，也不失为一条研究思路。但经济伦理学研究的具体进程表明，以宏观、中观、微观三个层面建立框架，与当前经济学的研究框架相吻合，各研究方向范围清晰，更利于学科的发展。

经济伦理学是一门交叉学科，这是毫无疑义的。但在经济伦理学的学科归属分类上，还有不同的看法。国外学者维拉斯科茨认为，"经济伦理学是应用伦理学。它是关于道德对错的特殊研究，主要研究道德标准如何特殊地用于经济政策、制度和行为。是把我们关于善与正当的理解用于我们称作'经济'的制度、技术交换、活动和追求"。①但华东师范大学赵修义教授并不赞成这种观点，他认为，"如果说，涉及个人的经济行为和企业的经济行为规范的微观、中观问题可以视为应用伦理的话，那么涉及经济体制、经济秩序等宏观问题时就不能简单地将经济伦理归入应用伦理的范畴。即使微观和中观的问题，也离不开那些最基本的伦理原则和社会哲学问题"。②赵修义教授的观点应该得到重视。如果从狭义的角度立论，把经济伦理学与企业伦理学等同，经济伦理学是一门应用伦理学无多大的

---

① 陆晓禾：《走出"丛林"——当代经济伦理学漫话》，武汉：湖北教育出版社1999年版，第104页。

② 赵修义：经济伦理的研究对象和主要课题，《复旦大学学报》1998年第1期。

异议。但是以广义经济伦理学立论，以"三层次"说为学术框架，经济伦理学就不能简单地归入应用伦理。特别是在中国，社会主义市场经济体制和经济政策的建立和完善需要理论指导，它们的伦理论证必然涉及道德基本原则和社会哲学问题。理论的研究和实际的应用应该结合起来，经济伦理学在中国的发展才会有广阔的前景。经济伦理学是一门经济与伦理相交叉的学科，同时也是一门理论研究和应用研究相结合的学科。

■全球化与中国经济伦理学的发展 ①

中国加入世界贸易组织，是中国社会生活的重大事件，它将对21世纪中国的经济、政治和伦理产生深远的影响。它标志着中国的改革开放和社会主义市场经济的发展进入了一个新的阶段，标志着中国的经济将进一步融入全球经济的潮流。在这一重大历史进程中，中国的经济伦理学学科的建设日益凸显出其重要性，并获得了巨大的推动力和珍贵的发展契机。

一、围绕着"遵守规则"，道德手段的调节比过去有着更广阔的发展空间，推动了经济伦理学学科的建立和发展

全球化的经济活动是建立在"遵守规则"的现实基础上的，一个国家不遵守国际经济活动的基本规则，就丧失了自身参加全球经济活动的基本资格。中国在加入 WTO 的谈判中作出两项承诺——按国际规则办事，进一步开放市场。其中最重要的、将对中国经济乃至政治体制产生巨大影响的承诺是"遵守规则"。

如何在中国使经济活动的主体遵守国际经济活动的基本规则，促进改革开放的有序发展，从而有利于中国加入世界经济的主流？要解决这个问题，必须分析当代中国经济活动的调节手段问题。一般说来，经济活动的调节手段有三种，即行政手段、法律手段和道德手段。在计划经济条件下，政企不分，企业是行政机关的附属物，行政手段在经济活动中起着最主要的调节作用。在建立社会主义市

---

① 该论文完成于 2001 年。

场经济体制后，政府与企业的关系已经发生根本改变，企业开始成为独立的经济实体。特别是加入世界贸易组织后，在对外经济活动中的政府行政干预将大为减少，企业真正将实现全方位的独立自主经营。随着经济活动中行政手段的"淡出"，法律手段和道德手段的地位获得了提升，并获得了比以往任何时候都广阔的发展空间。我们国家已经清醒地认识到，中国要成为21世纪世界强国，必须建立社会主义市场经济体制，并加大与世界经济交往的范围和力度。面对经济全球化的浪潮，当代中国在社会主义市场经济体制的基础上建立法律规范体系和道德规范体系，强调运用法律手段和道德手段调整经济活动中的各种关系，是当务之急。

毫无疑问，遵守国际经济规则，法律手段的调节具有极为重要的意义。但必须指出的是，法律手段是"硬约束"，而道德手段是"软约束"，两者具有互补作用。只有两者形成合力，才能有效地调整人们的行为，遵守经济规则。首先，法律调节需要伦理观念的支持。中国经历了几千年的小农经济，形成了根深蒂固的反映小农经济的伦理观念。这些以宗法血缘关系为基础的伦理观念与以契约为基础的现代法律精神是相冲突的，不破除这些旧的伦理观念的束缚，法律的调节难以发挥应有的作用。加入世界贸易组织后，各种经济运行的国际规则扑面而来。有些是我们熟悉的，但大部分是我们所不熟悉的，需要我们去认识它，接受它。没有正确的、符合现代经济发展的伦理观念的认同，法律的调节只能事倍功半。其次，在中国建立起透明、统一、公正和有预见性的法律体系，是中国加入世界贸易组织的应有之义。但这种法律体系的形成、发展和完善是一个过程，在这一现实过程中，法律规范中出现一些漏洞、盲点和不足之处是难以避免的，需要道德调节的支持。特别是我们长期搞的是计划经济，在对外贸易交往中，许多经济活动的调节依赖于内部文件。如今在中国加入世界贸易组织后，在对外经贸活动中，只执行已经公布的法例、法规，以前的内部文件都要作废。那么，这些内部文件所调节的经济活动需要新的法律文件来规范，而这些新的法律文件在其制订和完善过程中，迫切需要道德调节的支持。因为在现实生活中，一些经济活动的主体抱着"钻空子致富论"的错误观念，见利忘义。尽管自己发了财，但败坏了中国市场的秩序，影响了中国在国际经济活动中的声誉。例如，一些不法商人钻政策和法规的空子，将伪劣商品出口到俄罗斯，极大地损害了中国商品的形象。在加入世界贸易组织的时候，我们必须牢牢记住这一教训，在健全和完善法律法规的同时，强调道德手段的调节，才能更好地引导人们遵守规则。

经济伦理学学科的发展表明，它是在经济全球化的过程中诞生的。20世纪70年代，美国大公司的经济丑闻频频曝光，引起了社会的震惊和公众的极大关注。其中美国洛克希德公司的著名贿赂案最有代表性。美国洛克希德公司为了打开市场，不惜用重金贿赂日本等国的大官要员，践踏了国际经济活动中的基本伦理原则。在这样的深刻经济和政治背景下，作为完整学科意义的经济伦理学1974年在美国的堪萨斯大学诞生。在中国即将加入世界经济贸易组织的时候，当前中国经济伦理学研究的状况也引起了世界经济伦理学界的关注。2000年7月笔者作为中国代表参加了在巴西圣保罗举行的世界经济伦理第二次代表大会。在这次大会上，当代中国的经济伦理问题专门被列为一个专题进行讨论。综观整个大会，与会的各国专家对中国经济伦理中的知识产权、网络道德、消费伦理、反腐败等问题很感兴趣，这些问题的实质是中国在全球化的经济浪潮中的伦理观念与遵守规则的伦理保证的问题。例如知识产权问题，中国能否在入关后增强国民遵守知识产权的伦理意识，并积极打击侵犯知识产权的现象？伦理学将道德规范作为自身研究的主要内容，作为其分支的经济伦理学也必然将经济活动中的道德规范作为自身研究的主要内容。世界经济伦理学的研究已初具规模，中国经济伦理学将抓住加入世界贸易组织的契机，围绕遵守经济活动的规则问题，必将迎来一个大发展的时期。

二、从中国国情出发，建立中国经济伦理学的学科框架

20世纪90年代初，随着中国社会主义市场经济体制的建立和发展，经济伦理学的研究进入了一个新的阶段。20世纪80年代在一般的研究经济与伦理的关系基础上，有关学者开始酝酿和考虑经

济伦理学的学科建构问题，以推动经济伦理学学科向纵深发展。在学科建构问题上，有三种不同的意见："企业伦理"说，"四环节"说和"三层次"说。

"企业伦理"说认为，经济伦理学就是研究企业伦理的，因为企业是经济活动的中心，在发育成熟的市场经济条件下，企业是经济活动最重要的主体。企业与社会、企业与政府、企业与消费者、企业与雇员……构成了经济活动的最基本的伦理关系。离开了企业，经济伦理的研究就成为无本之木。

"四环节"说认为，经济伦理学的直接研究对象是经济活动，而经济活动主要表现为生产、分配、交换和消费四大环节，因此，经济伦理学应当以这四个环节的道德现象为界说确定学科框架。

"三层次"说认为，经济伦理学的研究应分为宏观、中观、微观三大层次，宏观着重研究国家经济制度、经济政策的伦理评价，中观研究企业和其他经济性组织的伦理问题，微观则研究个体的伦理责任和伦理评价问题。

三种不同的观点各有其理论的根据，各个学者可以依据研究的特长，选择一定的角度进行研究。但从当代中国的国情出发，笔者认为"三层次"说对于经济伦理学学科的发展更为有利。

宏观的经济制度和经济政策的伦理评价在当代中国是一个具有深远意义的理论和实践的重大课题。这可以从两个层面分析，第一，中国是一个发展中的国家，在进入世界贸易组织的时候，我们必须积极重视和加强世界经济制度的伦理评价。现行国际经济与贸易规则是不完善的，有待于进一步改进。因为包括世贸组织在内的许多国际组织制定的关于经济全球化的游戏规则，是在发达国家主导下形成的，因而更多地反映了发达国家的利益。从总体而言，当前的世界经济秩序是不合理的，对发展中国家的权益没有给予充分的保障。什么是公正合理的国际经济新秩序？如何建立公正合理的国际经济新秩序？这些问题不仅需要经济学家探讨，同时也需要伦理学家的参与。中国应该在世界经济舞台上发出伦理的声音，捍卫中国和发展中国家的利益，使经济全球化的游戏规则有利于减少世界的贫富差距和世界经济的健康发展。

　　第二，中国在加入世界贸易组织的同时，必须加快经济体制和法规的建设。长期以来，中国搞的是计划经济。与计划经济相配套的经济体制、法规和政策是不适应经济全球化要求的，必须大力改革、更新和调整。在进行制度创新的时候，我们不仅要论证其经济上的合理性和正当性，而且要论证其伦理上的合理性和正当性，以一定的道德理论为其辩护和保证其实行。正如英国著名经济学家罗宾逊夫人所说的，"任何一种经济制度都需要一套规则，需要一套意识形态来为它们辩护，并且需要一种个人的良知促使他们去努力实行这些规则。"[①] 中国的国情与西方的国情不同，西方的市场经济制度已相当完善，企业作为独立的经济实体已不容置疑，但是在中国，市场经济的发育还不够完全，企业作为完全独立的经济实体还有相当长的一段路要走。在中国的社会主义市场经济体制中，国家的宏观调控对于企业的决策和行为还有着重要的影响。因此，中国企业伦理的研究也应该放在国家宏观的背景下，才能完整、准确地把握企业与社会、企业与国家、企业与消费者的伦理关系。当然，经济伦理学以研究企业伦理为重点，但国家的经济体制、政策、法规的伦理评价和伦理导向，具有全局意义，绝不容忽视。

　　处于一定经济活动中的个体是生产关系和交换关系的承担者，他们之间的伦理关系和道德素质直接影响到企业与社会的经济发展。在社会主义市场经济不断发展中，特别是在中国加入世界贸易组织后，经济伦理学中的微观研究方面更加显示其重要性。例如，劳动关系上的权利与义务的道德认识将成为微观研究的热点。劳动者如何履行义务，同时又捍卫自己的权利？这对中国的许多劳动者来说，缺乏自觉意识。据上海市职工法律援助中心提供的资料，1999年该中心接待的4000多件来信来访中，有2/3与劳动用工不规范有关。特别是一些非公小企业和少数外资企业，为逃避缴纳社会保险费，纷纷利用劳动力市场化带来的双向选择之机，以"试用"为借口，故意不与职工签订劳动合同。而职工们迫于就业的压力，

① Joan Robison: *Economic Philosophy*，第13页。

即使"忍气吞声"也不敢轻易丢失"饭碗"。有的企业在招聘启事中，规定所有应聘者均须经"试用"合格方可正式聘用。然而不久，那些在试用期内勤勉工作的应聘者，在莫名其妙地被辞退后，终于如梦初醒：自己原来是这家企业低价"试用"的牺牲品。[①] 又如，在中国加入世界贸易组织后，迫切需要建立新的消费伦理观念，以适应社会主义市场经济的发展。过去，经济的"聚焦点投向'供给'，助长了认为文化是附带现象的信念，而如今投向'需求'的聚焦点则倾向于认为文化在某种程度上是基础的信念"[②]文化，当然包括消费活动中的伦理文化。在当代中国，个体在社会生活中如何继承节俭的传统美德，又要鼓励和引导消费，以利于经济的良性发展？这将成为经济伦理学微观层面研究的重要课题。

总而言之，中国加入世界贸易组织，给中国经济伦理学的研究提供了更为广阔的背景和良好的发展机遇。笔者认为，"三层次"说能在更大程度上满足全球化对中国经济伦理学发展的需求，理论前景是乐观的。然而，必须指出的是，"三层次"说并不拒绝"企业伦理"说和"四环节"说，而是把它们的内容有机地结合进自己的理论框架中。

三、正确分析"国际接轨"，更好地与国际经济伦理学界交流、学习和沟通

中国加入世界贸易组织，标志着自 20 世纪 70 年代末以来，中国更大规模的对外开放的开始。伴随着国外大小公司抢滩中国大陆，在花花绿绿的广告背后，在用心良苦的商业运作中，无不渗透着西方的经济伦理精神。中国作为一个发展中的国家，应以开放的心态呼吸经济伦理学的"新鲜空气"。但全球化并不是本身自行地成为一件"好事"，全球化进程中带给中国的也许不仅有经济的繁荣，而且还有开放的风险，不仅有伦理的进步，而且有道德的垃圾，

---

① 《经济参考报》2000 年 9 月 3 日。
② ［美］罗兰·罗伯森：《全球化社会理论和全球化》，上海：上海人民出版社 2000 年版，第 65 页。

需要我们去思考、去辨别、去取舍。在与国际接轨的热浪中，我们必须冷静地分析，区别三类不同的情况：

第一类是反映市场经济运行机制的客观规律的经济伦理观念，这是我们毫无保留地必须与国际接轨的观念。市场经济是规范化的经济，经济主体之间的交往活动需要基本的"游戏规则"。这些"游戏规则"是市场经济赖以生存的基础，离开了它市场经济就难以运行，不管是发达国家还是发展中国家都要遵守它们。在它们的背后，要有强有力的伦理观念的支持，这些伦理观念是市场经济运行机制客观规律要求的反映，是遵守"游戏规则"的重要保证。例如，信誉观念是市场经济中最重要的伦理观念。从简单的金钱借贷到金融信贷，以及保险交易、票据流通、证券买卖，都是建立在合同关系上的，并在合同的基础上形成了信用制度。市场经济和全球化的经济浪潮，使经济活动环环相扣，更加紧密地联系起来了。假如其中某一"链条"出了问题，即不能很好地履行合同中的承诺，势必殃及他人甚至整个社会经济的正常运转。在中国的现实经济生活中，信誉问题是一个突出的问题。产品不讲质量和信誉，假冒伪劣产品横行，成为社会一大公害。消费者的信心为此受到了重创，并影响了经济的发展。当加入世界贸易组织后，更多的产品将进入国际市场。产品和服务的信誉不仅影响企业的声誉，而且还将影响国家的声誉。在与世界经济的接轨中，我们要重视经济活动中法规的接轨，也要重视信誉等伦理观念的接轨。

第二类是建立在不同文化、不同国情基础上的，具有各民族特点的经济伦理观念。我们应该注意借鉴外国这些经济伦理观念中的合理部分，为我所用。中国与亚洲一些国家由于文化上的渊源关系，道德观念的借鉴和学习相对来说容易些，例如日本在企业管理中所体现的伦理精神，对于发展中的中国来说，借鉴和吸收的成分可多些和快些。20世纪80年代后，中国对日本企业的伦理文化建设的吸收和借鉴，确实对中国企业的改革产生了一些有益的影响。当然，在这种吸收和借鉴中，必须注意国情的不同而产生的差异，例如在消费伦理观念上就是这样。像美国这样发达的西方社会中，国民的消费水平已达到了相当高的水准。用"丰饶中的纵欲无度"

价值观支配的西方社会是"一个道德准则的中心地位日益下降而相应地追求物欲上自我满足之风益发炽热的社会"①，在这种背景下，对消费主义进行道德批判是完全应该的。但在处于社会主义初级阶段的中国，人民的生活水平还不高，迫切需要提高生活水平。而内需不旺，又制约了经济的发展。据国家发展计划委员会宏观经济研究课题组在1999年发表的报告中认为，中国最终消费率和居民消费率目前已大大低于70%和60%的国际平均水准。②为了刺激内需，加快经济发展的速度，并改善和提高人民生活水平，中国在消费伦理的导向上应该贯彻"俭而有度，适度消费"的道德原则。

第三类是与我国社会主义制度和社会主义价值观念根本相对立的经济伦理观念。中国的市场经济是与社会主义制度结合在一起的，是建立在公有制为主体的经济基础上的。对于经济制度的伦理评价，中国和西方社会有着许多本质的差别。在这方面，我们决不能与西方的观点"接轨"。在经济伦理观念中，我们无法回避人权问题。在经济活动中，尊重人，关心人，理解人，这是处理人际关系的重要原则，中国正在努力实践这一道德原则。在对人权的理解上，中国与西方不同，首先强调的是生存权和发展权，并认为人权是主权范围内的概念。而西方的某些敌对势力利用经济活动中的人权问题来干涉我国的内政，为此，我们必须保持清醒的头脑。

①［美］布热津斯基：《大失控与大混乱》，北京：中国社会科学出版社1995年版，第75-76页。

②《文汇报》1999年8月4日第10版。

明清经济伦理思想的特点、贡献及其现代价值 ①

中国的经济伦理思想史源远流长，经历了几千年的发展。先秦时期，以孔孟为代表的儒家为中国经济伦理思想做了开创性的工作，他们提出的义利之辩、奢俭之说等成为中国经济伦理思想的滥觞。后来的古代经济伦理学家大多继承了他们的思想，并且在新的历史条件下作了新的阐发。研究中国经济伦理思想史，必须重视各个时期经济伦理思想的特点，客观地评价其贡献，揭示其现代价值。

一、明清经济伦理思想的特点

明清两个朝代，历经 500 多年，是中国历史上从传统社会走向近代社会的重要时期。明清时期是思想家辈出的时代，各种思想家回应社会发展中来自内部和外部的挑战，形成了丰富的经济伦理思想。这些经济伦理思想体现了各个思想家的智慧，反映了他们的道德人格，并打上了鲜明的时代烙印。纵观这段历史，可以明显地划分为三个阶段。

第一阶段，明初至明代中叶。中国封建社会经过近两千年的发展，逐渐步入了其晚期阶段。这是一个中国传统社会总结和自我批判的时期，同时，资本主义萌芽已经出现，尽管它很微弱，但它毕竟是封建社会内部出现的新的经济因素，也是封建社会晚期的一个重要标志，它也预示着经济伦理将迎来新的变革。

---

① 该论文发表于 2018 年。

第二阶段，明末清初，这是一个"天崩地解"的时代。国内民族矛盾和阶级矛盾尖锐，一批进步的思想家认识到了宋明理学对社会和民族造成的危害，对宋明理学进行了批判总结。他们的经济伦理思想，往往与反封建的启蒙意识结合起来。

第三阶段，1840年鸦片战争以后，中华民族面临着生死存亡的危机，又一批进步的思想家以变法图强为宗旨，主张发展民族资本主义经济，他们的经济伦理思想与国家的兴旺、民族的强盛更多地结合在一起。

就明清时期的三个阶段而言，各个阶段的"时代烙印"有着不同的特点。但从整体而言，有三个主题贯穿于明清经济伦理思想的各个阶段，形成了共同的特点：

第一，义利问题成为明清经济伦理思想的核心问题。明清思想家在其经济伦理思想中，都会以不同的观点和立场表明对这一问题的看法。明朝的王阳明站在道义论的立场上，将利欲作为"心中贼"，并认为"破山中贼易，破心中贼难"。在王守仁看来，"功利之毒沦浃于人之心髓"，圣人之道之所以不能通行，是因为人们信奉功利主义。而明末清初的王夫之揭示了义利之间的辩证关系，他说"义之必利""义者，利之合也""利者，非之门"，深刻地论述了义利之间内在的一致性和相互联系，又对其可能出现的矛盾与冲突作了令人信服的阐释。而明清之际以颜元为代表的实学思想家坚决反对程朱理学，高举社会功利主义的大旗，主张"正其谊以谋其利，明其道而计其功"。魏源的"以实事程实功，以实功程实事"①、谭嗣同的"不讳言利"、严复的"义利合一"……均以功利主义为其经济伦理思想的基础。康有为和梁启超从中西文化比较的视野中批判传统的义利观，追求救亡图存的新的义利观。康有为经过对欧美各国的旅行实地考察后，把西方社会的强盛归因为推动物质生产的功利思想。他用历史的眼光分析说："夫中国之教，所谓亲亲而尚仁，故如鲁之秉礼而日弱。泰西之教，所谓尊贤而尚功，故如齐之功利而能

①《魏源集》，北京：中华书局2009年版，第208页。

强。"①康有为比较中西文化之异同，认为中国社会讲究义理，压抑人性，违背人道，所以国势日趋衰微；西方社会讲究功利，解放人性，尊重人道，所以国势日益盛强。因此，他极力反对"崇义抑利"，主张"以利为义"。梁启超接受了边沁、穆勒的西方功利主义，并且把它与中国传统伦理思想联系起来，将功利主义翻译成"乐利主义"。他在阐述西方功利主义思想的同时对它做了修正，提出把物质利益的满足作为幸福与快乐的本质具有片面性，对苦和乐的评判应把量与质统一起来。其中核心的一点是梁启超反对极端自私自利的、狭隘的利己主义，主张利群、益群、利他、爱他、为公。

第二，治国理政中的伦理问题成为明清经济伦理思想的重点问题。中国传统社会是农耕社会，"重农抑商"的思想在治国中处于主导地位。张居正反对"重农抑商"的思想，提出了"厚商利农，农商结合"的经济伦理思想。他充分认识到在社会经济生活中，作为社会分工的必然趋势，商业和农业对于社会经济发展各自承担着重要功能。农业主要是在社会生产领域中发挥着积极作用，即"力本穑"；而商业则主要是在社会流通领域中发挥着其积极功能，即"通有无"罢了。因此，作为治国者，其主要任务就是紧紧抓住这两个经济部门，"使商通有无，农力本穑"。黄宗羲重新解释了"本"与"末"的含义，认为不应该依据农、工、商这样的行业界线来划分，而应该根据其对社会的功用来区别，提出了"工商皆本"论。他说："此古圣王崇本抑末之道，世儒不察，以工商为末，妄议抑之。夫工固圣王之所欲来，商又使其愿出于途者，盖皆本也。"②"所以遂民之生，使其繁庶也"，有利于社会财富增长，有利于提高人民生活水平，就是"本业"；反之，浪费和耗损社会财富，不利于提高人民生活水平的，就是"末业"。

明末清初以后，功利主义在经济伦理思想发展中的影响越来越大，甚至占主导地位。这种功利主义是社会功利主义，反映的是

---

① 康有为：《戊戌变法前后康有为遗稿》，上海：上海人民出版社1986年版，第217页。

② 《明夷待访录·财计三》。

"富民""利国"的价值追求。张居正的"利民利君，富国足民"，唐甄的"立国之道，惟在富民"，颜元的"富天下"，严复的"国民俱富"……形成了一系列的富国富民的思想。在富国与富民的关系上，唐甄的观点很有代表性。他认为，一个国家要强大，必须建立在富强的基础上，国家不富强，就难以立足。而富国要以富民为内容，"夫富在编户，不在府库。若编户空虚，虽府库之财积如丘山，实为贫国，不可以为国矣"[①]。假如只是"府库之财积如丘山"，而老百姓贫困，不是他所说的"富"。他认为，只有老百姓富裕了，才是真正的富，社会才能由乱走向治，国家才能繁荣富强。换言之，富民是国家政权的根本任务，是乱、治之分的主要标志。

富国富民的实质是发展经济，增加财富，但必然会面临财富的公平分配问题。丘濬提出："国民财富，各得分愿"，冯桂芬主张"理财之道必曰平"，严复坚持"无甚富无甚贫"的分配观。尽管各位思想家提出的观点有所不同，但对财富分配的公平公正的价值追求却是一致的，并且设计了有操作性的具体方案，例如张居正的"一条鞭法"。

第三，奢俭问题成为明清经济伦理思想中的热点问题。奢俭问题在中国经济伦理思想上是始终被关注的，但像明清时期那样一大批思想家如此热议奢俭，却是在历史上很难见到的现象。在这一热点问题上，陆楫和谭嗣同旗帜鲜明地反对传统的"崇俭黜奢"，而主张"崇奢黜俭"，在历史上产生了深远的影响，这是《管子·侈靡篇》后，"崇奢黜俭"观点的最集中的表达。陆楫认为，个人的节俭、家庭的节俭以及国家的节俭所发挥的作用是不同的，奢侈对于一人或一家来说可能是有害的，但是对于整个国家来讲却是有利的，一些商人和上层社会的奢侈消费有利于下层阶级百姓谋生，获取一定的财富收入，进而促进了财富和商品消费的过程中进行重新分配。陆楫提到"彼有所损，则此有所益"就说明了消费在财富分配过程中发挥的作用。谭嗣同从经济、政治和社会三方面对传统的崇俭传统进行了猛烈的批判，在经济方面，他认为崇俭对经济发展极为不利；

---

① 唐甄：《潜书》，北京：中华书局 1963 年版，第 114 页。

在政治方面，他对崇俭的批判与君权联系起来，认为崇俭是愚弄百姓，压抑人性，维护封建统治。"言俭者，龌龊之昏心禽道也。"① 在社会方面，谭嗣同将崇俭与自私联系起来，认为它导致社会公益心缺乏。他竭力推崇奢侈，因为它拉动了经济，各行各业都从中获利。尽管奢侈有利有弊，利弊兼有，但利大于弊，"夫岂不知奢之为害烈也，然害止于一身家，而利十百矣"②。谭嗣同以人性论论证"奢"的合理性，"夫治平至于人人皆可奢，则人之性尽"。③ 同时，他还认为"尚奢"能使人性归于淡泊，化解奢俭的对立。如果"崇俭"，对于人欲"遏之塞之"，"反使人欲横流"，造成社会动乱。有利于人性欲望的满足和社会治理，成为他"尚奢"的又一根据。

而冯桂芬继承传统的"崇俭黜奢"，提出了"无以奢昌而俭败者"说，强调节俭对社会稳定和发展的意义。同时，他认为奢侈不是什么大罪，难以用法律解决，但劝导又难以改变人的行为。因此，只有强调"躬行"才能达到"教化"之目的。

在"崇俭黜奢"和"崇奢黜俭"的尖锐对立中，王夫之、魏源和严复各抒己见，展示了其个人独特的观点。王夫之将传统的"崇俭黜奢"改造成为反对俭以守财、反对"侈多藏以取利"的观点，提倡正当而又合理的消费。魏源认为，对于节俭和奢侈不能一概而论，要区分不同的人群。"崇俭黜奢"主要针对统治阶级和穷人，对富人则不适用。不要求富人节俭，而是鼓励他们消费。严复主张"俭有道、奢有节"，主张能"有所养""有所生"的俭，反对守财奴式的"俭"，同时鼓励消费，但不可过度。

二、明清经济伦理思想的历史贡献

明清时期是中国传统社会总结和批判的时期，也是中国经济伦理思想走向转型的时期。在这一时期，中国的经济伦理思想在对传

---

① 汤仁泽：《中国近代思想家文库·谭嗣同卷》，北京：中国人民大学出版社2015年版，第28页。
②③ 汤仁泽：《中国近代思想家文库·谭嗣同卷》，北京：中国人民大学出版社2015年版，第31页。

统的总结和批判的基础上有了突破性的进展。

第一，突破了传统的"重义轻利"的观点，提出了以义利兼顾为基础的社会功利主义观点。

中国传统的儒家主张"重义轻利"，而董仲舒和程朱理学更是把"轻利"发展到极端，认为"正其谊不谋其利"。明中叶以后的进步思想家主张"正其谊谋其利"，坚决反对和批判程朱理学的义利观，认为程朱理学是"空疏无用之学"。同时这种批判又是打着维护传统的旗帜，他们认为"必破一分程、朱，始入一分孔、孟"[①]。必须指出的是，他们提出的社会功利主义观点，更多的是强调"公利"。孔孟没有完全否定"利"，他们的"轻利"主要是指"私利"。可见，尽管明清进步思想家与孔孟在如何对待"利"的问题上，观点迥异，但并非完全与传统的儒家的道义论对立。他们把国家、民族的"公利"视为"义"，从而建立了义利兼顾的根基。先秦的墨子主张贵义尚利，并把天下之利和他人之利作为评判事物的标准。传统的墨家的义利观中可以寻觅到明清进步思想家社会功利主义的渊源。在"义利合一""据义求利"的基础上，明清进步思想家把价值的天平更多地倾向于功利。这种以义利兼顾为基础的社会功利主义观点，反映了中国封建社会经济结构走向式微、资本主义工商业谋求发展的需要。同时，在鸦片战争以后，这种义利观在重视功利主义的西方文化的推动下，成为当时中国经济伦理思想的亮点。在治国理政中，顽固派反对资本主义工商业的发展，无不以"言利"而斥之，而变法革新的思想家清楚地意识到，在传统的义利观基础上建立的生财之道难以适应时代的要求，必须开辟新的途径，发展资本主义工商业，这就需要义利兼顾为基础的社会功利主义的辩护。

鸦片战争后，中国的国门被西方列强打开了，站在时代潮流前列的进步的思想家"睁眼看世界"，提出了"师夷长技以制夷"的主张，从而开启了了解世界、向西方学习的新潮流。他们认识到物质生产是国力强盛的基础，西方国家国力强盛就是因为强调功利，强

[①]《颜元集（下）》，北京：中华书局1987年版，第774页。

调竞争，满足个人的合理欲望，发展了物质生产，而中国重义轻利的传统抑制了人的自然本性，制约了经济的发展，所以国势日趋衰败。通过中西发展之比较，他们认定必须冲破"重义轻利"观点的束缚，走向义利兼顾为基础的社会功利主义。作为进步的思想家，他们站在国家和民族发展的大视野中审视功利，更多的是追求社会的大功利，尽管这种大功利是为了维护封建王朝的统治，但将其置于一定的历史条件下，其进步性必须充分加以肯定。在中国几千年的历史上，对于个人利益，无论是儒家还是其他学派和思想家都持否定和排斥的态度。而这种社会功利主义对于人的利己心给予了更多的肯定，甚至认为利己是人的本性，是社会前进的动力，不是一种恶德，而是一种美德。这种观点冲破了封建传统观念的枷锁，在一定的历史时代，不乏积极意义。但其失之偏颇也是显而易见的。

第二，突破了传统的"崇俭黜奢"的观点，提出了在伦理评价和经济评价相结合的基础上鼓励消费的观点。

消费与生产、交换、分配构成了一个有机整体，是经济运行的四大环节。是节俭还是奢侈，是消费伦理的核心问题，是经济伦理的主要内容之一。"崇俭黜奢"是中国古代消费伦理的主流观点，无论是儒家还是道家、墨家，概莫能外。① 传统的"崇俭黜奢"的观点以伦理评价为根据，认为崇俭有利于节制人的欲望，造就良好的社会道德风尚，从而有利于社会的清廉和治理。但到了明清时期。由于资本主义萌芽开始出现，商品经济的发展要求与此相适应的消费伦理观念及消费水平，这一观点受到了前所未有的冲击。

明朝的陆楫在其《禁奢辩》中举起"崇奢黜俭"的大旗，旗帜鲜明地反对传统的消费伦理观。他认为，奢侈促进就业，繁荣经济，而且有利于财富分配，促进社会公平。富人的奢侈对百姓有益，对国家无害。在鸦片战争以后，谭嗣同在大力发展民族资本主义工商业，实现变法图强的主旨下，提出了与陆楫相同的观点，即"崇奢黜俭"的颠覆性观点。尽管两人在阐述"崇奢黜俭"观点时有所不同，

---

① 周中之：《全球化背景下的中国消费伦理》，北京：人民出版社2012年版，第49—53页。

例如谭嗣同对传统消费伦理的批判中有强烈的政治色彩，而陆楫不明显。但两人在观点一致的同时，还有一个基本的视角，即立足于经济评价。

在"崇俭黜奢"与"崇奢黜俭"的对立观点中，更多的思想家如魏源、严复和王夫之采取了更为理性的观点，主张将消费的伦理评价和经济评价结合起来，采取区别对待和"有道""有节"的评价方针。例如魏源认为节俭是"美德"，崇俭禁奢是"美政"，这是立足于伦理评价，而他同时认为崇俭禁奢"不可以律下"，"不可以规富"表明，对于富人则不适用。换言之，魏源不要求富人节俭，而是鼓励他们消费，甚至奢靡，这是立足于经济评价。严复在消费观上主张"俭有道"和"奢有节"，他是从发展资本主义经济出发，支持能"有所养""有所生"的"俭"，反对守财奴式的"俭"。他认为可以讲"俭"，但节俭下来的财富万不能守住不动，应用于生产投资，一切以利于民族资本主义经济发展为主。可以讲"奢"，但这种消费应限制在不影响扩大再生产的水平上。

尽管在近代进步思想家中，还有一些思想家例如冯桂芬坚持以"三代圣人之法为宗旨"，主张"无以奢昌而俭败者"，体现的是"伦常名教为原本"的伦理评价，但从经济的角度评价消费，鼓励消费的思想是当时经济伦理思想中的一股新潮流，反映了社会变革的迫切需要。它开阔了人们的视野，使人们从更广阔的社会发展中认识奢俭问题。从中国两千多年消费伦理发展的历史看，发端于明朝中叶，形成于晚清的这股中国消费伦理的转型潮流，其历史地位必须给予足够高的评价。

第三，突破了传统的"农本商末"的观点，为资本主义民族工商业发展作伦理辩护。

"农本商末"是中国传统文化的一个重要范畴，是几千年中国封建社会治国理政的主导思想。它是与自给自足的农业经济相适应的治国理政的思想，随着明中叶以后，资本主义萌芽的出现，这一思想受到了更多的质疑。例如黄宗羲提出了"工商皆本"的思想。鸦片战争以后，学习西方、发展资本主义民族工商业的呼声越来越强烈。而要发展资本主义民族工商业，必须突破传统的"农本商末"

明清经济伦理思想的特点、贡献及其现代价值的理念，为其进行伦理的辩护。中国的国门被西方列强强行打开以后，中国封建经济的生产力与西方的差距暴露无遗。

西方资本主义生产是建立在机器大工业生产基础上的，这种运用先进技术进行社会化的大市场极大地提高了生产力。在为资本主义民族工商业发展作伦理辩护中，谭嗣同的观点是具有代表性的。他说：机器生产大大提高了效率，表现在两方面，一是在单位时间内增加了生产的商品的数量，二是大大节省了劳动时间。同时他还认为使用机器可以扩大生产规模，带来的商业繁荣给下层百姓提供了更多的就业机会。这里，谭嗣同用机器大工业发展的优越性的事实所作的辩护是有力的。必须指出的是，谭嗣同在为资本主义民族工商业发展作伦理辩护时，也清醒地认识到资本主义私有制的弊端，它造成了贫富不均、两极分化。而这种弊端必然与谭嗣同的平等观念相冲突。谭嗣同认定："无论百年千年，地球教化极盛之时，均须到均贫富地步，始足为地球之一法。"①"均贫富"是谭嗣同追求的理想。

明清经济伦理思想，特别是晚清时期进步思想家的经济伦理思想，在推动中国社会变革与发展中产生了深刻的影响，其做出的贡献已经载入史册。但这些思想具有转型时期的特点，既有代表社会进步发展的一面，也不乏封建社会的烙印，其立足点是维护封建王朝。这些思想对探索中华民族兴旺发展之路有着积极的意义，但缺乏科学理论的指导，难以正确认识社会发展的规律。因此，这些思想在实践中难以获得成功。作为进步的思想家，其思想体系内部也存在着不少矛盾。例如，谭嗣同是资产阶级改良主义激进派的代表人物，也无法回避理想与现实的矛盾。他在追求"均贫富"的理想的同时，认为"以目前而论，贫富万无可均之理。不惟做不到，兼恐贫富均，无复大有力者出，而与外国争商务，亦无复贫者肯效死力，国势顿弱矣"②。在现实生活中，"均贫富"使有能力者和贫民都缺乏内在的动力去发展商务，从而影响经济的发展和国家的富强，因

---

① ② 汤仁泽：《中国近代思想家文库·谭嗣同卷》，北京：中国人民大学出版社
2015 年版，第 412 页。

此，"贫富万无可均之理"。但他并未放弃对"均贫富"理想的追求，他所说的"贫富万无可均之理"是"以目前而论"，这意味着也许在未来是可以实现的。谭嗣同主张"均贫富"，但又认为缺乏现实的可能性，这反映了即使是资产阶级改良派的激进人物也有软弱的一面。

三、明清经济伦理思想的现代价值

当代中国已经进入了21世纪，所处的时代与明清时期已经迥然不同。但我们不能割断历史，任何一个社会都是在以往历史发展的基础上建立起来的。用历史虚无主义的观点审视过去，将使我们失去发展的根基，而从历史的思想资源中发现其现代价值，能够开阔视野，推动思考，使我们获得更多的启示和民族的自信。

第一，明清经济伦理学家及其思想中所体现的爱国主义精神在实现中国梦中的价值。

明清经济伦理思想中的社会功利主义，强调的是社会的公利和经世致用，它孕育了近代爱国主义的精神。一些进步的思想家之所以崇尚功利，是因为他们渴望中国的富强。程朱理学的"无事袖手谈心性，临危一死报君王"被不屑一顾，是因为在民族灾难的危急关头，国家和民族需要的是"济世"人才。顾炎武的"天下兴亡，匹夫有责"，体现的是爱国的情怀。而魏源、冯桂芬、严复等人把目光转向西方，"师夷长技以制夷""中体西用"，是为了寻找民族和国家救亡图存之策。在实现中华民族伟大复兴的中国梦中，需要弘扬爱国主义精神。这种爱国主义精神植根于两千多年以来的中华优秀传统文化中，特别是来自鸦片战争以后170多年的历史中。从明清经济伦理思想中挖掘爱国主义精神，将为中华民族伟大复兴的中国梦的实现提供更多的精神资源。

近代爱国的经济伦理学家具有高尚的人格，他们怀揣中国繁荣富强的梦想，为了国家、民族的大利，贡献了自己的智慧和才华，甚至不惜牺牲自己的一切，包括自己的生命。特别是谭嗣同，他作为"戊戌六君子"之一，变法失败后慷慨就义，在中国历史上写下了可歌可泣的一页。在当前中国社会主义市场经济发展的过程中，也需要树立正确的义利观,在国家、民族的大利和个人的私利的关系中作出正确的选择,将个人梦与中国梦结合起来。同时,追求高尚的人格,不断地完善自我,做身系天下的爱国者。

近代爱国的经济伦理学家具有开放的国际视野。历史证明,一个国家要发展、要强大,必须以开放的心态学习和借鉴世界各国发展的经验。而近代中国闭关自守、夜郎自大,这是落后的重要原因。近代社会,大凡那些站在经济伦理思想历史发展潮流前列的思想家,都具有开放的心态和国际的视野,能清楚地认识到世界发展的大趋势。过去是如此,21世纪的今天更是如此。矢志不渝地坚持对外开放的政策,中华民族的伟大复兴才有希望。通过历史观照现实,中国要更坚定地沿着改革开放的路走下去。

近代爱国的经济伦理学家具有强烈的变革精神。面对衰败的满清王朝,如何寻找救亡图存之路? 他们认识到墨守成规,不思变革,中国就没有出路。尽管他们难以科学地认识和运用社会发展的客观规律,以致屡遭挫折,但他们为国家、为民族而锐意变革的精神却融入了中华民族的伟大历史中,不断激励着后人披荆斩棘,奋勇前进。当代中国搞的是社会主义市场经济,这是一项前无古人的伟大事业,需要有强烈的变革精神,不断进取。近代爱国的经济伦理学家这种强烈的变革精神,将激励21世纪中国特色社会主义的建设者们为发展社会主义市场经济而贡献自己的智慧和才华。

第二,明清经济伦理思想中所追求的公平分配在发展社会主义市场经济中的价值。

明清经济伦理思想中追求公平分配的主张反映了中国人民对美好社会理想的追求,超越了时空,在当代中国发展社会主义市场经济中不失其价值。谭嗣同在主张通过经济自由主义发展经济的同时,清醒地看到了它会造成贫富不均、两极分化的负面效应,这是很有见地的观点。在用功利和效率的原则推动经济发展的过程中,严复否定平均主义的分配观,主张"无甚富无甚贫"的分配观,兼顾效率与公平,对于当代中国实现公平分配有重要的启示。冯桂芬主张的"理财之道必曰平"的分配观中,包含他希望通过慈善等第三次分配,更好地实现公平正义。他在接触西方文化的过程中,了解了西方慈善事业的经验后，试图通过欧美国家慈善救助之"术"，对改革中国传统的慈善事业作了有益的探索。时代在发展，历史在前进。但要解决公平分配等现实问题，必须回首历史，才能更好地找到适合中国国情的路径。

市场经济提高了经济效益，促进了社会生产力的发展，这是毋庸置疑的，但不能否认的是市场经济可能带来贫富差距拉大，甚至两极分化的负面效应。不仅当代经济学家已经清醒地看到了这一点，而且像明清经济伦理学家谭嗣同等也早已明确指出了这一点。"做大蛋糕"和"分好蛋糕"是公平与效率的关系，是一对矛盾。严复对于这对矛盾采取理性的处理方式，有直接的现实价值。面对社会贫富差距拉大的社会现实，一方面不能回到平均主义的老路上去，这样必然会影响和制约经济的发展，最终难以为解决分配问题提供物质前提。另一方面贫富悬殊，违背了社会公平原则，也影响了社会的和谐与稳定，正如严复所说"假使贫富贵贱过于相悬，则不平之鸣，争心将作，大乱之故，常由此生"①。因此，兼顾公平与效率，缩小贫富差距，是当代中国解决分配问题的基本指针。当然在不同的时期，应该强调不同的侧重点。在改革开放初期，中国的社会生产力非常落后，强调"效率优先，兼顾公平"的快速发展是适应了时代的要求，不能否定。而到了改革开放的一定阶段，中国成为世界经济大国，社会分配不公的情况日益凸显，强调"更加注重公平"是完全正确的。在公平与效率的关系上，如何摆放位置，孰先孰后，孰轻孰重，都依据一定的历史条件而转移。

必须将伦理精神注入法律和制度建设之中，为社会公平分配提供坚实的保障，同时也必须运用社会各种资源推动社会公平分配的实现。例如慈善公益事业。近代有的中国经济伦理学家已经有了探索，但中国进入了21世纪之后，慈善公益事业发展势头迅猛，将为实现社会公平分配做出更多的贡献。

第三，明清经济伦理思想中对于奢俭问题的突破在当代中国社

---

① 严复：原强，王栻：《严复集》第1册，北京：中华书局1986年版，第24页。

会发展中的作用。

奢俭问题是中国几千年来消费伦理的首要问题。这一问题,不仅涉及道德建设、社会风气,更涉及国家政策、社会发展的战略问题。明清经济伦理思想(主要是指晚清的经济伦理思想)实现了消费伦理思想的转型。这种转型的标志是将消费的伦理评价和经济评价结合起来的基础上,更注重经济评价。在科学技术高度发展的当代世界,以市场经济为主导的现代经济,只要有消费需求,生产几乎是无所不能。现代社会被称为"消费社会"绝不是偶然的。消费制约和影响着生产的发展,其对于经济发展的"瓶颈"作用日益凸显。明清经济伦理学家敏锐地认识到消费伦理对于拉动经济有着重要的价值,因此鼓励消费,以推动生产力的发展,就这一点来说,他们已经自觉和不自觉地揭示了现代经济发展的规律。改革开放 30多年来,中国在实现经济腾飞的过程中,也遇到了消费需求与经济发展的关系问题。20 世纪 90 年代中后期,在亚洲金融危机中,中国采取鼓励消费和引导消费的政策,在抵御经济风险,保持经济的发展中做出了重大贡献。

奢俭问题也直接关系到官员的廉洁清明。晚清的冯桂芬认为,要强调官员在消费伦理建设中的示范作用,他指出"奢俭之端,无过宫室、车马、饮食、衣服四者。宫室、车马逾制者尚少,饮食无可禁,是禁奢以衣服为第一义"[①]。他又为官员服饰提出了具体规范。21 世纪的中国,中共中央政治局"关于改进工作作风、密切联系群众的八项规定",其中消费规范是重要的内容。尽管这些规范与 100多年前冯桂芬提出的规范不尽相同,但基本精神是一致的,即作为官员要率先躬行消费伦理规范,才能建设良好的社会风气,提高社会成员的道德素质。

消费的伦理评价和经济评价的结合依然是当代中国经济伦理的重要原则,有着旺盛的生命力,但需要进一步发展。这突出表现在生态文明建设上。明清经济伦理学家在论述奢俭问题上几乎不涉及

---

① 熊月之:《中国近代思想家文库冯桂芬卷》,北京:中国人民大学出版社2014年版,第316页。

人和自然的关系，而现在中国人和自然之间呈现出紧张的关系。鼓励消费有利于经济的增长，但会给生态环境造成一定压力，同时对社会风气有负面影响。这就必须把经济评价和伦理评价结合起来，找到一个平衡点。即最大限度地有利于经济的发展，而同时尽可能地有利于生态文明建设，或者尽可能地减少对生态文明建设的负面影响。例如，鼓励更多地进行资源占用少的消费，发展循环经济等。消费的伦理评价和经济评价的结合，将对中国的经济发展和生态文明建设产生深远的影响。在21世纪的美好未来，回首明清时期魏源、严复和王夫之等经济伦理学家的消费伦理思想，将会更深刻地感受到其历史的价值。

消费的伦理评价与当代中国社会的发展 [①]

生产力的发展是一个社会发展的基础。处于社会主义初级阶段的中国，要在 21 世纪成为世界强国，改变贫穷落后的状况，必须大力发展生产力。为此，在当前国际政治经济背景下，必须有效刺激内需，以有利于生产力的发展。我们不仅要用经济的手段、行政的手段，同时也要用道德的手段引导消费。这是当前中国物质文明和精神文明建设的重要课题，我们必须认真研究。

一、启动内需与消费伦理观念

社会主义的根本任务是发展生产力，然而发展生产力必须高度重视消费问题。因为消费是社会再生产的重要环节之一，它与生产、分配、交换构成统一的有机整体。消费的增长是产生新的社会需求，开阔广阔的市场，促进生产更大发展的强大的推动力。消费需求可分为两大类：海外市场的需求即外需和国内市场的需求即内需。在当前国际政治经济的背景下，启动和刺激内需具有特殊的重要意义。

本世纪 90 年代以后，冷战虽然结束，但国际政治形势依然复杂多变，这不能不影响海外市场的开拓和发展。亚洲金融危机震撼世界经济，对中国的外销产品带来了巨大的负面影响。世界国际政治经济形势发展的历史和未来趋势表明，一个世界经济强国总是把内需作为其经济发展的立足点，据报道，美国经济发展的 2/3 依赖于

---

① 该论文发表于 1999 年。

内需。国家发展计划委员会宏观经济研究院课题组在 1999 年发表的报告中认为，中国最终消费率和居民消费率分别以平均每年 0.6 和 0.4 个百分点的幅度下降，目前已大大低于 70% 和 60% 的国际平均水准。[①] 当前中国要实现持续稳定的经济发展，不仅要重视外需，更要启动和刺激内需。中国要启动和刺激内需，必须采用多种手段。经济手段和行政手段调节是重要的，但道德调节是不可忽视的第三种手段，其作用不可低估。这是因为：

第一，消费行为从来不拒绝道德调节，研究表明道德价值观念在消费行为中的调节作用是广泛的。在消费活动中，作为社会的人、主体的人，不一定只从经济利益的角度来考虑消费的内容和方式，也不总是被动地接受政府的调节。他们总是自觉和不自觉地受着一定的道德价值观念的指导，不是这种道德价值观念就是那种道德价值观念的指导。换言之，道德价值观念通过社会舆论、传统习惯和内心信念调节着人们的消费内容、消费方式和消费行为。

西方经济学的消费理论在分析消费者购买动机时，有"推力论""拉力论""推力和拉力相结合论"等多种理论。"推力论"认为，消费者总是先有了某种欲望，然后才会作出购买决定。消费者的欲望是消费者追求消费品的推动力。"拉力论"认为，消费品的吸引力促成了消费者的购买决定。但是，如果采取"推力论"的观点，那么通常只能说明一次性购买，而难以说明对商品和商标的忠实不渝，而采取"拉力论"的观点有助于说明多次购买、重复购买过程，特别是说明消费者对某种特定商品的喜爱的原因。而在实际过程中，消费者行为是一个动态的决策过程，"推力"和"拉力"是结合在一起的，两方面不可分离。只有从两方面的结合中才能说明购买的连续过程，这样，"推力"论和"拉力"论应运而生。然而，即便如此，仍有一个未解的问题，即为什么消费者会购买某些看来他们并不需要的商品呢？或者说，为什么有些消费者看来不仅被消费品所"吸引"，甚至被消费品所"缠住"而无法脱身呢？本世纪六七十年代

---

① 《文汇报》1999 年 8 月 4 日第 10 版。

起，西方经济学出现了一个新的领域。在这个新的领域中，经济学家开始研究社会消费风气对消费者购买动机的影响。社会消费风气是社会道德风尚的一个方面，其实质是社会道德价值观念问题。消费问题不仅是经济学的问题，同时也是伦理学问题，这一观点得到了进一步的确认。在消费行为的调节中，道德手段同样也起着重要的作用。

第二，在调节消费行为中，经济手段、行政手段和道德手段是互补的，在某些情况下，道德手段能超越经济手段和行政手段。

消费行为可分为公共消费行为和个人消费行为两大类，国家组织和社会团体组织的消费支出属于公共消费行为，经济手段和行政手段对公共消费行为的调节比较直接和有力，而就个人消费行为来说，经济手段起着重要作用，而行政手段难以取得直接的效果。个人消费什么，消费多少，如何消费，不仅与个人经济收入带来的可支付能力有关，也与个人的性格、审美观、人生观、价值观有关。在同样经济收入的情况下，非经济因素对个人消费的影响巨大，个人的消费行为无不打上个人的性格、审美观、人生观、价值观的特征。不同的性格、不同的审美观、不同的人生观、不同的价值观会产生不同的消费行为。在社会主义市场经济的条件下，个人消费取向更为多样化，不能简单地用一道命令来规定个人的消费行为，要教育人们树立正确的人生观、价值观，用良好的社会道德风尚来引导人们健康地消费，道德手段在调节个人消费行为中有着广阔的天地。与公共消费需求相比较，个人消费需求是社会生产发展的更为根本的推动力。只有通过更多地实现个人消费需求的满足来实现社会生产力的增长，才是真正意义上的发展。例如汽车工业，只有当轿车驶进了千家万户，成为个人的消费品，才能实现它的真正飞跃。重视消费需求特别是国内个人消费需求对经济发展的影响，就必须将经济手段、行政手段和道德手段结合起来，形成合力，有效调节人们的消费行为。

在消费行为的调节中，道德手段具有其他手段不可代替的优点。著名经济学家厉以宁教授认为经济行为的道德调节，涉及人作为"社会的人"这一深层次，是很有见地的。人的行为的调节，诉诸外部制裁和内部制裁。经济手段和行政手段的调节属于前者，道德手段属于后者。道德手段的调节涉及人自身价值的思考，更体现了人作为"社会动物"的特点，更体现了主体的自觉能动性。道德手段所体现的人文力量是无形的，但却有广泛性和持久性。

第三，经济手段和行政手段对消费行为有效调节的实现，需要道德的支持。消费中有能不能消费和愿意不愿意消费两大层面的问题，能不能消费直接涉及可支付能力，即经济能力，愿意不愿意消费与道德观念直接相关。解决了前者并不意味着后者必然解决，有些消费者不乏经济能力，但由于种种原因，不愿消费。1999年9月，国家调整了公务员及城镇居民收入，受益者达8400多万人，平均增幅为30%。然而，多发了钱，提高了经济收入，是否能扩大有效需求、拉动经济增长，就要看人们是否愿意消费，这就需要道德观念的支持。现在比较流行的观点是，人们不愿消费是对经济状况预期的反映，由于对未来经济收入的不乐观，所以节衣缩食，不愿消费。这种观点不无道理。但依笔者的观点，经济预期对人们的消费行为有着重要的影响，但我们不能不看到如何看待经济预期与现实消费的关系，也有深刻的思想道德观念问题。计划经济中，经济收入的变化比较容易预测，讨论消费风险几乎是多余的。市场经济与计划经济一个显著不同点是，任何经济活动都要承受或大或小的风险，消费当然不例外。例如"信用消费"在市场经济中将占很大份额，消费主体在经济偿还中不得不承受风险。与此相适应的是传统的计划经济条件下的一些消费道德观念应该改变，从心理和思想道德观念上接受消费风险，从道德观念上支持刺激内需的经济措施和行政措施。

过去，在人们的思想道德观念上，生活消费仅仅是个人的事。但是在当前国家经济形势迫切需要扩大内需的情况下，用自己正当的经济收入多消费一些，也是利国利民的好事。这也就涉及消费的伦理评价问题。

二、消费观念的伦理评价和经济评价

伦理评价是人类精神活动的重要内容，它通过善恶判断，表明人们对他人或自己行为的肯定或否定、赞成或反对的倾向性态度，并同时调节人们的行为。在消费活动中，古今中外伦理评价的核心问题是节俭和奢侈的善恶问题。

中国古代以"崇俭黜奢"著称，大多思想家总是将节俭归之于善，将奢侈归之于恶。中国古代的《左传》认为："俭，德之共也；侈，恶之大也。"根据司马光的解释，这一观点把消费与人的欲望联系起来，节俭是大德，因为它使人寡欲，一切德行皆从节俭来；而奢侈是大恶，因为它使人多欲，所有恶行都从奢侈发端。先秦思想家墨子认为，节俭是圣人之所为，而淫佚是小人之所为，并断定"俭节则昌，淫佚则亡"。他把节俭上升到人格和人的生存发展的高度上，其节俭思想的丰富性、深刻性和严厉性，在古代独树一帜。

中国古代对节俭之德的颂扬，比比皆是，但概括起来不外乎是两个层面：个体层面和社会层面。从个体层面分析，节俭能对各种自发的物质欲望进行节制，从而奠定道德自律的基础，而奢侈意味着纵欲，必将动摇道德人格的根基。物质欲望的节制，可以使人集中心力追求高尚的精神境界，奢侈和纵欲，沉湎于声色之中，坚强意志和刚毅精神将荡然无存。从社会层面分析，节俭能造就社会良好的道德风尚，使社会稳定且具有凝聚力，国家能长治久安；而奢侈造成人心涣散，世风日下，家庭、民族和国家的道德纽带将被破坏。在国家管理机器运转中，节俭土壤中生长出来的是清廉，而在奢侈的温床上培育出来的是腐败。"历览前贤国与家，成由勤俭破由奢"。清廉是国家兴旺发达的推动力，而腐败则是国家尽失人心并导致灭亡的前奏曲。无论是儒家、道家、墨家都主张崇俭，崇俭构成了中华美德的重要内容。

中国古代崇尚节俭、反对奢侈主要是从伦理道德角度论证、阐发的，而一旦把节俭和奢侈问题放到与经济发展的关系的角度进行评价，分歧就产生了。换言之，经济评价往往与伦理评价不相一致，甚至截然对立。在《管子·侈靡》篇中，作者认为，一方面"无度而用，则危本"，另一方面"不侈，本事不得立"。他甚至发出了惊世骇俗之语："兴时化，若何？曰，莫善于侈靡。"富人大量消费，穷人因而得到工作，作者的思路是侈靡消费——解决就业——促进经济发展。尽管《侈靡》篇的观点较为偏颇，但其中也有真理的颗粒，即消费需求拉动经济的发展。北宋范仲淹运用了这一观点，在解决旱灾问题中取得了良好的效果，而英国古典经济学创始人威廉·配第提出宁愿粉饰"凯旋门"以增加就业的看法，现代西方著名经济学家凯恩斯的公共工程政策，都与《侈靡》篇中的观点有不谋而合之处。

　　每当社会面临大力发展经济的历史关头，生产和消费的矛盾就会显现出来。一些思想家就会更多地从经济的角度评价消费。在近代中国，为了发展经济，谭嗣同就对崇俭持异议。他认为崇俭和发展生产有矛盾。发展生产是为了消费，既然崇俭，那么"遣使劝农桑"，"开矿取金银"是多余的，而"开物成务。利用前民。励材奖能，通商惠工，一切制度文为，经营区画"在废绝之列。

　　如何正确评价节俭和奢侈，深层次的问题是从哪个角度出发？伦理角度，经济角度，抑或两者尽可能统一的角度出发？我们断然拒绝"节俭有弊，奢侈有利"的观点，但对于消费问题的评价决不可简单化。人们必须从对消费的伦理评价与经济评价的两律背反中走出来，进行辩证的思考。

　　一方面，对消费的伦理评价与经济评价在一定条件下可以完全统一起来。节俭是善的，不仅具有道德价值，而且在近现代社会发展中也具有极为重要的经济价值。首先，作为生产过程中的节俭，直接降低了成本，提高了效率。以"追求效率、讲究低成本、高利润、最优选择和功能合理性"为内容的经济和节俭原则是工业社会特有品格的基础。其次，节俭是一种道德规范，是一种信仰，它为效率的提高提供了精神动力。在发展市场经济的时候，享乐主义蔓延滋长，奢侈之风弥漫社会，就会消磨进取精神，窒息创新观念。节俭精神一旦丧失，经济的发展也会因缺乏动力而搁浅。再次，节俭有利于经济的可持续发展。一个社会的经济要可持续发展，必须充分重视生产资源的节约。地球所能提供的物质资料有一个极限，人类正在趋向这一极限。如果不注意节约资源，改变奢侈与过度消费风气，人类的经济就不可能持续发展。我国是一个人口众多、资源相对贫乏的国家，耕地、水源、矿藏的人均占有量均比较低。因此，在经济工作中，节约更是一项基本要求，要节水、节地、节能、节财、节粮，千方百计地减少资源的占用和消耗，以实现经济的可持续发展。

另一方面，对消费的伦理评价与经济评价又可能发生矛盾。伦理评价是价值判断，植根于人的理想、信仰，注重人的精神生活，而经济评价是事实判断，强调效果、收益，与人的物质生活紧密联系。节俭是朝着克制欲望，减少消费的方向发展的，它与经济的发展、特别是商业的发展存在着一定的矛盾。从社会再生产的角度看，消费具有"承前启后的效应"，它为生产创造需求，为生产提供市场。在任何国家的经济发展中，消费的"瓶颈"制约作用不可低估。刺激消费需求，推动经济发展，是经济学派的重要理论。现代商业离不开广告，铺天盖地的广告目的是刺激消费欲求，创造消费欲求，说服人们去购买广告产品。没有消费欲求带来的广阔的消费市场，产品就会滞销，经济就难以发展。概括起来说，对消费的伦理评价与经济评价发生矛盾的焦点在于是减少、抑制消费还是鼓励、刺激消费？

当代中国评判一切问题的价值标准的基础在于三个"有利于"，即是否有利于社会主义生产力的发展，是否有利于综合国力的增强，是否有利于人民生活水平的提高。在当前中国的经济形势下，发展生产力，增强综合国力，就必须刺激消费需求。对消费的伦理评价必须服从于这个大局，必须遵循"以经济建设为中心"的党的基本路线。人民生活水平的提高与消费状况是成正比的，鼓励人民消费，是为了更好地提高他们的生活质量，使他们更好地享受改革开放的成果。我们当然要将对消费的伦理评价与经济评价尽可能地统一起来，然而，在不同的情况下我们应该而且可以强调某一个侧面。伦理评价与经济评价的统一是具体的、历史的，当我们国家的经济面临内需不旺、价格持续走低的严重局面，难道我们在对消费的评价中不应加大经济的考虑吗？现代中国消费的伦理评价应该朝着有利于推动经济建设的方向发展，而不是相反。我们应该走出脱离经济发展的现状来抽象地对"节俭"和"奢侈"进行伦理评价的误区，使经济评价和伦理评价的统一建立在现实的基础上，正确认识经济评价和伦理评价的关系。

根据马克思主义历史唯物主义的观点，社会存在决定社会意识，人们的伦理道德植根于一定的经济事实中，是由一定的经济关系所决定的，这也就是说，经济关系比伦理关系更为根本。联系消费的内容分析，消费的伦理评价标准是一定的社会生产力发展水平的反映，节俭和奢侈的标准随着经济的发展而变化。空调、高级音响、大屏幕彩电、电脑曾经是高档消费品，而如今随着社会生产力的发展，已进入寻常百姓家，它们不再是奢侈生活的象征了。联系消费目的分析，消费的伦理评价是为了更好地实现人的全面发展，而这一切需要以生产力的进步为前提和基础。毛泽东指出：我们所做的一切"归根到底，看它对于中国人民的生产力的发展是否有帮助及其帮助的大小，看它是束缚生产力的，还是解放生产力的"。[①]在对消费的评价中，我们也应始终不渝地贯彻这一原则。经济评价和伦理评价应尽可能统一，但两者相比较，特别是在中国目前内需不旺的情况下，消费的伦理评价应沿着有利于启动和刺激内需的方向发展，这才能更好地发展生产力。这是符合马克思主义基本原理，有利于建设中国特色社会主义事业的。

三、"俭而有度，合理消费"：当代中国消费的伦理导向

改革开放后的中国，人们的消费方式、消费内容、消费能力较之计划经济时代有了很大的变化，个人消费的价值取向呈现出多样化的状态。但为了使个人的消费更好地有利于国家产业结构的调整和国家经济发展的战略，有利于创造良好的社会道德风尚和个人的自我完善，必须发挥伦理导向的"指示仪"作用。通过宣传、教育、引导，在"俭而有度，合理消费"价值导向方针下，使当代中国的消费更好地有利于两个文明建设。

如何正确理解"俭而有度，合理消费"价值导向方针？首先，正确理解的"节俭"是与合理消费统一在一起的。亚里士多德提出"德性是适度的型式"。节俭作为一种德性，它在消费观上应采取的

---

①《毛泽东选集（第三卷）》，北京：人民出版社 1991 年版，第 1079 页。

是适度的原则。从"节"字上分析,《周易》曰:"节,亨,苦节,不可贞。"意思是说,节制而又适度,"刚柔两分而刚得其中",则万事通达;过分节制(苦节)则不得其中。过分节俭不是善,因为它过分抑制了消费需求,不利于经济的发展。当社会生产出来的产品不能消费掉,就无法实现生产的良性循环,更谈不上市场的开拓,再生产规模的扩大。这是其一。其二,因为它不利于人性的健康发展。人的需求的一定量满足,是人性健康发展的必要条件。过分地压制人的需求,导致人格的畸形。封建时代的"存天理,灭人欲"的封建主义道德观扭曲了人性,为现代道德观念所摒弃。其三,因为它影响生活的质量。过分的节俭是苦行僧的生活,与现代生活质量相去甚远。

贾谊曾说过:"费弗过适,谓之节,反节为靡",靡即浪费。节约而不浪费是节俭之要义。适度又是合理消费的灵魂,节俭与合理消费在本质上是统一的。但是,我们应该看到,合理的消费支出的范围显然要比节俭广一些。也就是说,合理的消费不限于节俭。

从经济学角度分析,合理的消费支出概括为三层含义:第一,等于或接近于社会平均消费水平;第二,与个人收入、财力相适应;第三,在资源的社会供给量为既定的条件下不过多地占用或消耗该种资源。节俭是"略低于"社会平均消费水平的消费支出,是"略低于"个人收入水平或财力状况的消费支出,是"较少地"占用或消耗该种资源的消费支出。而"略高于"社会平均消费水平的消费支出,"略高于"个人收入水平或财力状况的消费支出,"不过多地"占用或消耗该种资源的消费支出都可以称为合理的消费支出。

从伦理学角度分析,合理的消费必须是物质需求和精神需求的和谐统一。它既不是禁欲主义的,也不是享乐主义的,既重视人的物质需求、物质消费,又重视人的精神需求、精神消费,并且把两者很好地协调起来。古希腊哲学家柏拉图认为,善的生活应该是一种混合的生活,是一种理性与感性、快乐与智慧混合的生活。他说,生活中有两道泉在我们身侧涌流着,一道是快乐,可以比作蜜泉,另一道是智慧,可以比作清凉剂,我们必须设法将这两种东西配成可口的合剂。柏拉图的这一思想,在2000多年后的今天,也不无价值。现代的生活也应该是一种感性与理性、物质与精神协调统一的生活，与之相伴随的是，合理消费要求人们不但要重视物质消费，而且要重视精神消费，保持两者的协调和平衡。

从可持续发展的观点分析，合理的消费必须有利于生态平衡和保护环境。随着科学技术的迅猛发展，生产规模的迅速扩大和人类消费量的迅速增长，生态环境问题日益突出。一般来说，人类消费的直接对象是作为劳动产品而存在的社会财富，但其最终的对象则是原生的自然财富，社会财富不过是自然财富的转换形式。随着人类消费量的不断增长，必然刺激生产力的发展，加重对自然界的压迫。而自然承受力是有一定限度的，一旦超过临界点，生态平衡将会被打破，人类将受到自然界的报复。为了维护自然界的生态平衡，保证人类社会的可持续发展，控制在临界点之内的消费欲求才是合理的。人类在消费过程中，也会或多或少产生各种垃圾，造成环境污染，贻害子孙。合理的消费应该尽可能地减少对环境的污染，有利于自然的保护。

其次，这一价值导向方针的核心是引导消费，使之趋向合理。在消费结构上，要引导人们的消费方向与国家经济发展方向相吻合。例如，近几年来，为了改善人们的居住条件，一栋栋住宅楼拔地而起。但由于各种原因，住宅的空置率居高不下，影响了经济的健康发展。在各种有利于住宅消费的经济政策出台的同时，要引导人们加大对住房消费的投入，以利于国家的经济发展。在消费水平上，要肯定高中低层次共存的必然性、合法性，不能把消费水平的高低作为善恶的标准。我国还处于社会主义初级阶段，生产力水平不高。由于地域广阔，自然条件和经济发展基础的不同，各地消费水平有较大的差异。内地有些地区还在温饱线上徘徊，而沿海一些发达地区已进入小康，甚至达到了富裕程度。即使在同一个地区，由于人们在不同的行业工作，经济效益不同，收入的多寡决定了客观上消费水平的不同。消费水平的高低与道德的善恶无必然的联系，"高消费"不是恶的代名词。每个人可以根据自己的经济能力来决定消费的水平。只要诚实劳动获得的收入，进行较高水平的生活消费，也应该是道德的。

在引导消费趋向合理的过程中，必须重视消费道德观念的变革。在传统的计划经济体制向社会主义市场经济体制转变的过程中，人们的道德观念或迟或早会发生变化。消费道德观念是人们道德观念的重要组成部分，比较直接地反映社会的经济变革。过去传统的计划经济是短缺经济，是卖方市场，消费品供不应求，而现在是市场经济，是买方市场，消费品比过去丰富得多了，绝大多数消费品供大于求。为了刺激消费需求，进一步推动生产力的发展，我们必须不失时机地转变消费道德观念。信用消费是市场经济条件下一种重要的消费方式，它对于住宅、轿车等市场的繁荣具有重要意义。为了更好地推动信用消费，我们必须反思过去对"超前消费"的伦理评价，以更好地实现消费道德观念的转变。对"超前消费"必须具体分析，适度的超前消费对生产力的发展是有利的，道德应该接受这种方式。这样，信用消费才可能有现实的道德基础。否则，全盘否定"超前消费"，信用消费就走向了道德的对立面，怎么能更好地刺激需求，发展生产力呢？对于"量入为出"的传统的消费道德观念也应作新的解释，这里的"入"不仅指"过去的""现在的"，而且也指"将来的"收入。这样，传统的消费道德观念才能适应分期付款等现代信用消费。传统的道德观念在开源节流的关系上，强调"节流"，对"开源"重视不够，这与一定时代生产力的发展状况是相适应的。现代社会的发展表明，"发展是硬道理"，只有首先发展生产，社会进步才能实现。节流不能过多地抑制消费需求，以致影响生产的发展。一般说来，"开源"是第一位的，而"节流"是第二位的，必须在这个基础上建立现代道德观念。古代的节俭精神应融入现代的消费道德观念，但现代的消费道德观念又要超越古代的节俭精神。

再次，在贯彻这一价值导向方针时，必须处理好各种关系。例如公款消费与个人消费的关系问题。就目前情况而言，奢侈性消费较多地出现于公款消费。要加大制约、监督公款消费的力度。厉行节俭，重点是公款消费。而对个人消费原则应更多地诉诸"合理消费"，这样才有利于社会生产力的提高和人民生活水平的改善。

同时，要科学地对西方消费主义进行道德批判。美国前总统卡特的国家安全顾问布热津斯基在 1993 年出版的新著《大失控与大混乱》中指出，当代美国盛行的价值观念是"丰饶中的纵欲无度"。"丰饶"（comucopia）这个词起源于哺育宙斯的神话的山羊角。它具有神奇能力使它的物主想要什么东西就有什么丰盛的东西。用"丰饶中的纵欲无度"价值观支配的西方社会是"一个道德准则的中心地位日益下降而相应地追求物欲上自我满足之风益发炽烈的社会"，在这个社会中，"贪婪就是好"，这就是其"恰如其分的座右铭"。[①]对于这种奢侈、挥霍、贪婪、放纵的思想和行为，连布热津斯基都认为，这是一种"自我毁灭的社会伦理"。处于改革开放时代的中国坚决拒绝这种消费道德观念，但同时也要看到美国是西方发达国家，生产力发展水平和消费水平较高，中国作为发展中国家，与其相比有较大差距。从当前中国的国情出发，我们要警惕西方价值观念的侵袭，但重点是鼓励和引导消费，这才是实事求是的做法。当然，在鼓励消费中，也会在一些人中出现享乐主义抬头的倾向。这是需要我们通过积极有效的思想道德教育来加以解决的。

消费的伦理评价与当代中国社会的发展

---

① ［美］布热津斯基：《大失控与大混乱》，北京：中国社会科学出版社1995年版，第 75–76 页。

■消费伦理：生态文明建设的重要支撑^①

　　生态环境问题是中国社会发展面临的重大课题。面对资源约束趋紧、环境污染严重、生态系统退化的严峻形势，加强生态文明建设已经成为刻不容缓的全局性的重大课题。大力推进生态文明建设，建设美丽中国，已经形成共识，然而如何推进生态文明建设，却需要深入研究。"生态文明建设"涉及面广，是一项系统性的大工程，需要多方面的支持。生态文明建设不仅是制度建设、政策调整的问题，还有更为基础性的工作，就是消费伦理观念的革命。没有消费伦理观念的革命，就没有生态文明建设。

一、在社会生产力高度发达的现代社会，消费与生产的关系已经发生显著的变化，消费伦理观念的变革是推动生态文明建设的基础

　　20世纪70年代罗马俱乐部提出研究报告"增长的极限"，是人类历史的发展中有着里程碑意义的事件。它为未来人类社会发展所面临的生态环境危机敲响了警钟。尽管当时对于这份报告有着不同的评价，但历史的进程已经充分证明了它的重大价值。1972年，联合国在瑞典斯德哥尔摩召开第一次联合国人类环境会议，通过了联合国人类环境会议的宣言，即《斯德哥尔摩宣言》。1992年，为纪念第一次斯德哥尔摩人类环境大会召开20周年，联合国在巴西里约热内卢召开环境与发展会议，在《斯德哥尔摩宣言》的基础上通过了关于环境与发展的《里约热内卢宣言》。这一宣言明确提出："为

---

① 该论文完成于2015年。

了实现持续发展，使所有的人都享有较高的生活素质，各国应当减少和消除不能持续的生产和消费模式。"① 中国政府领导人出席了里约热内卢会议，并签署了相关文件。在中国改革开放的几十年中，对生态文明建设地位的认识不断提高。党和政府确立了"坚持节约资源和保护环境的基本国策"，并提出"节约资源是保护生态环境的根本之策"，要"推动能源生产和消费革命"②。几十年的历史发展表明，人类社会已经达成共识，即必须在生产和消费两方面作出努力，推进生态文明建设，实现可持续发展。

在社会生产力高度发达的现代社会，"消费问题是环境问题的核心，人类对生物圈的影响正在产生着巨大的环境压力并威胁着地球的承载能力，从本质上说这种影响是通过人们使用或耗费能源和原材料所产生的"③。为了更好地推动生态文明建设，必须进一步追问，如何认识当代世界生产和消费关系的新特点？马克思主义的政治经济学理论认为，生产决定消费，消费反作用于生产。人类社会生产的目的是满足消费需求，消费通过动力机制和导向机制反作用于生产。消费的这种反作用在不同的生产力发展情况下有着重大差异。在生产力发展水平较低的情况下，生产的产品仅仅只能满足社会成员基本生存需要的时候，消费的这种反作用是较弱的。当社会生产力进入到较高水平的时代，情况就发生了显著的变化。20世纪初，美国福特汽车公司的生产流水线驶下了第一辆汽车，它标志着现代大规模工业生产方式的一个里程碑。大规模的生产必然要求大规模的消费，消费制约和影响着生产的发展，消费对于经济发展的"瓶颈"作用日益凸显。在科学技术日益发达、市场经济为主导的现代社会，只要有消费需求，生产几乎是无所不能。换言之，当代世

---

① 中国环境报社：《迈向21世纪——联合国环境与发展大会文献汇编》，北京：中国环境科学出版社1992年版，第30页。

② "坚定不移沿着中国特色社会主义道路前进为全面建成小康社会而奋斗——在中国共产党第十八次全国代表大会上的报告"（2012年11月8日）http://www.xj.xinhuanet.com/2012-11/19/c_113722546_8.htm。

③ [美]施里达斯·拉尔夫：《我们的家园——地球》，北京：中国环境科学出版社2000年版，第13页。

界生产和消费关系的新特点是消费的反作用在一定条件下成为决定的作用，称现代社会为消费社会，难以言过。法国著名社会学家鲍德里亚说："我们生活在一个被物包围的世界里。"世界为什么会生产出那么多物品，以致对生态环境造成了史无前例的压力？追根溯源，无节制的消费需求是重要原因，而市场经济中资本无节制地对利润的追求，又加剧了这种压力。对生态文明问题的认识，首先要从生产力发展的高度来分析，将生产与消费关系的变化作为生态文明建设思路的基本出发点。换言之，要搞好生态文明建设，必须做的基础性工作，就是要加强消费伦理建设，倡导消费观念变革，反对消费主义，协调好经济发展与生态文明建设的关系。

人们一般把消费分为两类，一类是生产性消费，另一类是非生产性消费。在现代社会对生产和消费关系的研究中，消费更多地指后者，主要是居民个人消费。在人们的日常意识中，常常把消费仅仅视为经济现象。消费不仅仅是经济现象，还是文化现象，是伦理现象。如果把消费仅仅归入经济范畴，这是不全面的。人们诉诸某种消费方式，不仅仅在于经济的考量，也在于文化和伦理的因素。国际著名经济伦理学家彼得·科斯洛夫斯基指出："消费者的自由意志的表达、消费主权决定着经济行为的协调。消费主权作为市场经济标准的基础是这样一种东西，即人必须愿意。"[①] 消费者的经济能力是消费行为的基础，没有经济能力，就不可能实施消费行为。但在消费的过程中，消费什么，消费多少，何时何地消费，还取决于消费者的意愿。消费者的意愿是文化心理的表达，是道德义务感和责任感的体现。消费的伦理观念对消费行为有重要制约和影响。毫无疑问，消费是"能不能""愿不愿意""应该不应该"的统一，是经济与伦理的统一。但这一点往往被人们所忽视，认为花钱是个人的自由，谈伦理道德、社会责任感是多余的。事实证明，没有消费伦理观念的支撑，有利于生态文明建设的消费行为、消费风尚就难以形成。当代中国，就大多数人的经济能力来说，消费已经摆脱了温

---

① 彼得·科斯洛夫斯基：《经济秩序理论和伦理学》，北京：中国社会科学出版社 1997 年版，第 152 页。

饱的羁绊，更多地系于消费者的个体选择。而这种选择有经济的考虑，但消费者的"意愿"，更多地基于消费者的文化和心理因素，特别是消费的伦理观念。

在对外开放的形势下，西方各种追求消费和享乐的思潮通过各种途径进入中国，对社会各阶层的消费伦理观念产生了广泛的影响。而在中国的社会主义市场经济体制中，企业以现代营销观念开拓市场，为消费者设计生活，其中不乏鼓吹多多消费、追求欲望的满足和人生的快乐的理念，这使消费主义、享乐主义找到了蔓延滋长的温床。在当下社会生活中，存在着"为生活而消费"和"为消费而生活"两种不同的消费伦理观。前者以满足人类物质生活的基本需求为特点，强调节约或适度，而后者以"符号消费"为特点，消费的动因是为了炫耀，是为了满足人的虚荣心，与消费主义、享乐主义紧密相连。当然"为生活而消费"的伦理观念要随着时代的发展不断更新内容，但在生态文明建设中，更必须重视"为消费而生活"的消费伦理观带来的大量负面影响。在人与人之间的相互攀比中，人的消费欲望不断扩张，同时也刺激了大规模的工业化生产。这些大规模的工业化生产的商品仅仅是满足了人们"虚假"的消费需求，而大量的消费势必对生态环境造成巨大的压力。从消费的内容上看，"为消费而生活"必然追求时尚和新潮。随着商品升级换代的加速，商品的使用寿命大幅缩短，无疑会造成大量的废弃物。这些废弃物的处理要花费大量的资源，往往会造成环境的污染。例如手机在社会生活中已经广泛使用，短短几年，手机从通话、发短信的普通通信工具发展成为有着强大功能的数码终端，升级换代的速度惊人。一个普通的家庭有几个旧手机已经是司空见惯的事情了。有些青年人为了追求时尚和新潮，几乎年年换手机。手机中含有一定的铅、砷、镉、铜、锌等重金属，一块废旧电池的污染强度是普通干电池的100倍。另外，现代的商业竞争越来越激烈，商品的包装越来越精致，以夺人眼球。但过度的包装又大大地浪费了资源，增加了废弃物。如何处理废弃手机等电子产品和减少过度包装，成为解决生态环境污染的重要课题。而推进这一课题的研究，从转变人们特别是青年人的消费伦理观念入手，减少手机等电子产品废弃数量，杜绝过度包装，也不失为一个重要方面。

总而言之，现代市场经济条件下，消费扮演着拉动经济的重要角色，在一定条件下起着关键作用。必须走出消费仅仅是经济行为的传统观念，从消费也是一种伦理文化行为的角度出发，认识消费伦理观念的变革在生态文明建设中的重要地位和作用。

二、推动社会成员消费伦理观念变革，生态文明建设才能建立坚实的群众基础

当代中国生态文明建设包括两个基本内容，即生产方式绿色化和生活方式绿色化。推动生产方式绿色化就是要变革产业结构和生产方式，使科技含量高、资源消耗低、环境污染少的绿色产业成为社会发展的新的生长点。推动生活方式绿色化，就是要"实现生活方式和消费模式向勤俭节约、绿色低碳、文明健康的方向转变，力戒奢侈浪费和不合理消费"[①]。不言而喻，生活方式绿色化的核心是消费伦理的问题。

中国是一个大国，人口总数达到 14 亿，占世界第一位。14 亿人口，消费多少，如何消费，对生态文明建设将产生重要影响。每人节约一点资源，就是一个可观的大数目。特别是水、木材、石油等不可再生资源的节约，意义就更为重大。改革开放以后，中国人民的收入有了很大的增长。许多社会成员进入了"不差钱"的新阶段，手头宽裕了，在社会生活中的消费就更为"任性"。其中，不少消费者认为"我只要有钱，消费什么是我的自由"。然而，自由与责任是不可分割的，作为一个文明社会的合格公民，还必须做一个"负责任"的消费者。一个消费者在消费行为的选择时，不仅应该考虑经济能力和经济效率问题，还应该考虑对生态环境的影响问题，做到绿色消费。一张纸、一度电、一立方水，在经济支出上微不足道。但 14 亿人都争做"负责任"的消费者，节约用纸、节约用电、节约用水，累计的数量就非常可观，生态环境的压力就会大大减轻。

---

① 中央政治局审议加快推进生态文明建设《意见》，http://www.gov.cn/xinwen/2015-03/24/content_2837982.htm。

又如，一次性纸巾等商品方便了消费者，价格也不高，但在人口众多的中国，每年消费的一次性纸巾等商品是个天文数字，对生态环境的压力不可小觑。对于习惯使用纸巾的消费者来说，手帕是"不便利"的，但对生态环境的保护却是有利的。在日本、欧美等国家，手帕的使用率大大高于我国。例如，在日本各大百货商场的一楼设有手帕的专卖区，由此可见日本人对手帕的购买和使用是频繁的。为什么会出现这种状况？其背后是生态环境意识、资源节约意识的不同。在生态价值和便利价值方面，日本、欧美等国家公民将前者置于优先的地位。

此外，在经济繁荣、人口拥挤的大城市中，如何有效实行垃圾分类，减少环境污染，是城市治理中的难题，也是生态文明建设中的重要课题。垃圾分类对于市民个体来说有时仅是举手之劳，但大城市的人口有几百万，甚至几千万，要动员其中的大多数居民在商品消费后，自觉地、积极地支持这一公益行为，并非易事。特别是持之以恒做好垃圾分类工作，需要绿色消费观念强有力的支持。简言之，绿色消费要做到人人有责，事事落实，时时坚持，就必须从消费伦理观念变革入手，大力加强绿色消费的社会风尚建设。

在生态文明建设的操作层面上，制度建设是重要的。中国在改革开放的过程中，对生态文明建设重要性的认识经历了一个历史的过程，有关生态文明建设的制度逐步形成，但离完善的程度还有很长的路要走。要按照国家治理体系和治理能力现代化的要求，建立系统完整的制度体系，但绝不能忽视生态文化的重要支撑作用。生态文明建设是功在当代、利在千秋的伟大事业，也是千百万人民群众的事业。不仅需要顶层设计，建立和完善制度，也要通过广泛的宣传教育，奠定坚实的社会基础、群众基础。生态文明建设是制度建设和生态文化建设的统一。在推动生活方式绿色化过程中，消费伦理作为生态文化的核心内容，必须给予充分的重视。

在当代中国社会生活中，人们的价值取向是多样化的，特别体现在消费观念的价值取向上。青年人和老年人不同，不同经济地位的人不同，不同性格的人不同……，消费观念的价值取向有着明显的差异。社会的主流意识形态要尊重差异，包容多样，但要坚持正确的导向。在计划经济体制向社会主义市场经济体制转型的过程中，人们的消费伦理观念也发生了深刻的变革。这种变革在价值观上一个显著的特点是重个体、重享受、重权利，在一定的道德维度内，有其合理性。在人类的消费活动中，应该给个体、享受、权利以一定的地位和空间，但同时又不能把社会、责任、义务置于脑后。具体说来，消费行为的伦理评价，不仅要讲消费的自由、消费的民主，也要讲消费的责任和义务，特别是对生态文明建设的责任和义务。消费不仅仅是为了满足个人的欲求，同时也要有利于生态文明建设。

尊重自然、顺应自然、保护自然是生态文明建设的基本理念，是社会责任感的体现，是现代社会公民文明素质的标志之一。有些消费，在传统观念的视野里是无可厚非的，但用现代生态文明的尺度来评价，问题就呈现出来了。例如，一些商家举办"共谱梦幻浪漫的萤火虫之夏"主题公园活动，从各地运来了数以万计的萤火虫。届时，夏夜的天空繁星点点，公园里萤火虫在身边飞舞。在这一梦幻浪漫的美景背后，却是萤火虫的大批死亡。为了营造这一消费文化环境，付出了沉重的生态代价！社会上各种批评的声音接踵而至，以至于主办方不得不取消该主题活动。这一事件的结果表明，当下公民的社会责任感有了进一步的提高，生态环境保护意识正逐渐增强。

要将生态文明建设的基本理念转变为广大人民群众的自觉追求，必须大力加强绿色消费的宣传教育。这种宣传教育要从青少年做起，才能收到良好的效果。因为青少年处于人生观、世界观的形成时期，可塑性很强。青少年时期接受的生态环境保护意识会对他们的一生产生深刻的影响，学校、社会和家庭必须大力加强这方面的教育和引导。当下中国社会多数家庭经济收入的提高，为青少年的消费提供了更多的经济支持。家长对子女的成才寄予了莫大的期望，并常常用消费的杠杆激励子女的学习。青少年对消费的渴望和家庭、社会提供的氛围，使青少年消费伦理观念教育的重要性更为凸显。在中国亿万消费人群中，青年人崇尚新潮，是消费的主力军。许多青年人事业有成，收入不菲，恰值人生消费旺盛期。对许多高档"奢侈品"的消费，他们总是乐此不疲。也有些青年人，虽然收入有限，但他们以"月光族"为荣，过度消费常令人吃惊不已。在青年消费群体中，崇尚个性和新潮、追求享受和体验，绿色消费的伦理观念难免被边缘化，他们是绿色消费宣传教育的重点对象。

绿色消费是有利于生态环境的消费模式，以低碳、环保为特点。随着经济规模的扩大和消费的升级换代，人类生活对能源的依赖性大大加强。能源的大量消耗，使大气中二氧化碳的浓度升高，引起全球气候变化，生态环境安全面临巨大的压力。要减少自然资源的消费，才能减少二氧化碳的排放量，从而减少对大气的污染，遏制生态恶化。这就要求人们以低碳、环保伦理理念为引导，变革生活方式和消费模式，尽可能减少"生态足迹"。这势必涉及日常衣食住行以及生活废弃物的回收等方面的问题。节约水、节约电、节约汽油、废品回收，不仅具有经济的价值，而且有利于低碳、环保，具有生态的价值。单就个人而言，这些行为对生态环境的影响也许是微不足道的，但从我做起，从现在做起，形成了社会新风尚，整个社会都行动起来了，产生的保护生态环境的效果是难以估量的。

为了在全社会形成崇尚低碳、环保的绿色消费方式，必须在全社会弘扬生态文明主流价值观，把生态文明纳入社会主义核心价值体系。社会主义核心价值体系不仅要包括人与人的关系、人与国家、社会关系的内容，而且要包括人与自然关系的内容。社会主义核心价值观倡导"富强、民主、文明、和谐；自由、平等、公正、法治；爱国、敬业、诚信、友善"，这 24 个字可分为国家、社会、个人三大层面，但随着实践的发展，应该有第四个层面，即人与自然关系的层面。也就是说，社会主义核心价值观尽管在倡导"文明""和谐"中已经涉及生态文明的内容，但根据生态文明建设的极端重要性和紧迫性，必须单列一个层面，突出包括低碳、环保的绿色消费方式在内的生态文明建设的价值导向。

三、鼓励消费与引导消费相结合，协调生态文明建设与经济建设的发展

生态文明建设与经济建设的关系问题常常困扰着人们对社会发

展的思考。当代中国的发展不仅要实现生产力水平的提高，收获更多的"金山银山"，而且要建设美丽中国，让"绿水青山"遍布神州大地。如何实现生态文明建设和经济建设的携手发展，必须深入研究。消费伦理无论对于生态文明建设还是经济建设都有着重要影响，在操作层面上，用理性的、健康的消费伦理观念引导消费，是生态文明建设和经济建设双赢的重要一环。

经济运行有生产、交换、分配、消费四大环节。消费是生产的终点，也是再生产的起点，在经济运行中起着承上启下的作用，是经济发展的动力和"瓶颈"。自古以来，消费拉动经济的原理已经为思想家所认识。例如，在《管子·侈靡》篇中，作者认为"兴时化若何？莫善于侈靡"。观点虽然偏颇，但也包含着真理的颗粒，即消费是拉动经济的重要力量。在近现代西方思想史上，曼德维尔、凯恩斯在消费拉动经济方面的观点和论述，成为经济伦理思想史上重要的一页。历史证明，中国要从经济大国成为世界经济强国，必须将经济发展的立足点主要放在国内需求上，坚持扩大国内需求特别是消费需求的方针，促进经济增长由主要依靠投资、出口拉动向依靠消费、投资、出口协调拉动转变。近几年来，政府将消费置于拉动经济的"三驾马车"中的首要地位，并强调扩大消费主要是在"大众消费"上做文章，即"扩大消费要汇小溪成大河，让亿万群众的消费潜力成为拉动经济增长的强劲动力"[①]。这是中国经济发展的重要战略方针。

为了扩大消费，拉动经济的发展，必须通过消费观念的变革，鼓励大众消费，使社会释放消费能量。随着消费的扩大，是否会增加对生态环境的压力？这种担忧不是没有根据的。但消费的方式和内容是可以选择的，通过引导消费可以减少这种压力，在最小的生态环境代价中获得最大的经济发展。换言之，在鼓励消费、拉动经济的同时，也应该强调引导消费，尽可能地减少对生态环境的负面影响。

① 李克强：2015 年政府工作报告，http://www.people.com.cn/n/2015/0305/c347407-26643598.html。

第一，引导大众追求资源节约的消费方式和消费内容。大众在生活中，可以选择不同的消费方式来达到消费目的。例如，在城市交通出行中，应该鼓励市民更多地使用公共交通的方式来出行。资源可分为再生资源和不可再生资源，汽油属于不可再生资源。在私人轿车选择中，应该鼓励更多地使用小排量的轿车，以节约汽油。应该鼓励市民使用电动轿车，减少汽油的消费。中国曾是自行车王国，自行车是城市出行的主要交通工具之一。自行车具有低碳、环保、健康的特点，为了改善城市大气污染的状况，让更多的自行车重新回到街头，也许是一种不错的选择。

循环经济是一种以资源的高效利用和循环利用为核心的经济增长模式，它贯彻的是 3R 原则，即"减量化、再利用、资源化"。它将传统的资源——产品——废弃物排放的线型经济发展成为资源——产品——再生资源的环状反馈式循环经济。不是抑制消费，而是强调资源的充分合理利用。这种经济模式完全符合可持续发展的要求，代表着经济建设与生态文明建设相统一的社会发展方向。它要求消费者支持废品回收和再生资源的使用，并且诉诸日常生活之中。在消费伦理观上，这必然要求社会引领消费者增强社会责任和确立以环保为荣的消费理念。

与其他消费内容相比较，文化消费所占用的自然资源较少。鼓励消费，要更多地鼓励文化消费，发展文化产业。中国已经从"温饱社会"走进了"小康社会"，人们在满足物质消费的基础上，追求更高的生活质量，这种更高的生活质量突出地体现在对精神文化生活的追求上。在全国各大城市兴起的广场舞，正是社会精神文化需求的表达。文化产业相对发达的美国或西欧地区，文化消费占家庭消费的 30% 左右，而我国的平均文化消费占家庭消费的 7% 左右，沿海重点省份占比超过 15%。与国外发达国家相比，中国的文化消费还很不足，还有很大的发展空间。文化消费作为用文化产品或服务来满足人们精神需求的一种消费，内容广泛，市场空间巨大，它包括教育、文化娱乐、体育健身、旅游观光等诸方面。发展文化产业，推动文化消费的发展，既满足了大众精神文化的需要，推动了经济的发展，同时又减少了对生态环境的压力。可见，在追求可持续发展的过程中，文化消费展现了广阔的美好前景。

第二，以"适度消费"为伦理原则引导大众消费。在人类社会生活中，有两种极端的消费情况，即"消费不足"和"消费过度"。前者难以拉动经济的发展，使消费成为经济发展的"瓶颈"，而后者加大了对资源环境的压力，不利于生态文明建设。要站在时代发展的制高点上，以社会发展全局的视野，统筹人与自然的和谐发展，协调生态文明建设与经济建设的关系。"适度消费"的伦理原则，促进了生态文明建设与经济建设的平衡。生态文明建设在理想状态下，是可以统一的，也是应该统一的。但在现实的条件下，我们不能回避两者之间可能产生的不协调。为此，消费在拉动经济的同时，也要考虑可能对生态文明建设的负效应，而消费在有利于生态文明建设的同时，也要避免对经济的负效应。"适度消费"是理性的、现实的、明智的选择。

中国古代主张节俭，但在节俭中也包含着适度的含义。从"节"字上分析，《周易》曰："节，亨，苦节，不可贞。""刚柔分而刚得中"，则万事通达；过分节制（苦节）则不得其中。中国的儒家崇尚节俭，但同时又主张"俭而有度""俭不违礼"。古希腊的亚里士多德提出"德性是适度的品质"，他还以消费中的适度为例，阐述他的"中道"思想。古代中外思想家关于"适度消费"的思想是精辟的，是当代中国消费伦理思想的源泉。尽管古人所说的"适度消费"不是从生态文明建设角度出发的，但依然为我们思考消费伦理与生态文明建设的关系提供了道德的智慧。

在认识"适度消费"伦理原则的时候，关键是如何把握其中的"度"？经济学家也谈"适度消费"，他们从经济收入和消费的关系中提出"度"。本文这里所说的"度"主要是指人类的消费量与自然承受力之间的关节点。20世纪90年代以后，国外学者提出了"生态足迹"的理论和方法。"生态足迹"也称"生态占用"，是一种评估人类消费活动对地球生态系统和环境影响的分析方法。生态足迹的高低意味着人类消耗资源的多寡及其对生态环境的影响。生态足迹越高，对生态环境的影响越大，反之，影响较小。"适度消费"就是要确定一个"生态足迹"的关节点，在这个关节点上，自然界能够承受人类消费活动带来的压力，而消费对经济发展的拉动作用处于较佳的状况。换言之，是生态文明建设和经济建设双赢的局面。

奢侈消费与"适度消费"是相冲突的。因为这种消费往往以过度消费为特征，增加了生态环境的压力。例如，豪宅名车占用或消耗了更多的土地、石油等不可再生资源。为了保持人与自然的和谐，对奢侈消费进行道德批判是必要的。但奢侈消费问题有其复杂性。首先，奢侈品的界定是动态的，往往是不确定的。例如，轿车和手机曾经是奢侈品，但现在已经走入寻常百姓家，在许多家庭中已经成为生活必需品。在市场经济条件下，市场已经细分。既有低档市场、中档市场，也有高档市场。而消费者群体由于经济能力的差异和性格的不同，消费的层次也不同。应该允许消费者有不同的选择。在我国消费需求偏低的情况下，奢侈品和奢侈服务消费的一定增长，对于经济的发展不无益处。但奢侈消费对生态环境的诸多压力以及对社会风尚的负面效应不容忽视。总之，对于奢侈品和奢侈消费应容许其在一定的条件下存在和发展，但又要有所限制，决不能提倡和鼓励。

当代中国消费伦理规范体系研究①

　　市场经济的发展和经济全球化的浪潮，推动了中国消费伦理观念的变革。在这一变革进程中，研究和建立当代中国消费伦理规范体系，调节和引导人们的消费观念、消费心理、消费行为，是推动可持续发展的需要，建设和谐社会的需要，是人的全面发展的需要。我们必须继承中国消费伦理中的传统美德，同时又吸收国外先进的消费伦理理念，使消费伦理原则和规范将经济上的合理性与道德上的合理性更好地统一起来，成为人们内心的信念，并转化为自觉的行动。

一、消费伦理规范体系的特点及其价值

　　消费是人类社会生活中的基本内容。它不仅是经济现象，而且是伦理和文化现象。消费不仅需要经济实力，而且受到伦理和文化的制约和影响。消费者在进行消费选择时，不仅涉及"能够不能够"，而且涉及"愿意不愿意"和"应该不应该"。这就表明，消费伦理观念及其伦理规范体系对消费行为有着重大的影响。消费伦理规范体系是社会伦理规范体系的重要分支，它反映了一定社会生产力发展的水平和社会中人们相互之间的利益关系，同时也是思想家和理论工作者对消费伦理生活规律性的概括和总结。这些概括和总结来源于生活，同时也指导生活，以造就良好的社会消费风尚。建立消费伦理规范体系，能够更好地推动消费活动沿着健康的方向发

---

① 该论文完成于 2013 年。

展,从而有利于社会的文明进步。

消费伦理规范体系是人们在消费活动中应当普遍遵循的道德价值观念和行为准则,它与其他社会伦理规范有着许多共同之处,但也有着明显不同。为了更好地建立当代中国消费伦理规范体系,必须充分认识消费行为的多样性和复杂性特点。这一特点主要表现在:

第一,消费行为主体的多样性。在国民经济运行中,至少有三个层次的行为主体,这就是政府、企业和个人。由于政府、企业和个人在经济运行与社会生活中所处的地位不同,它们必定有各自的消费行为准则。消费伦理规范体系必须兼顾三方面行为主体的消费特点。本文主要是从个人消费行为入手,阐发和概括具有共性的消费伦理规范体系。

第二,消费行为合理性评价标准的复杂性问题。什么样的消费是合理的? 什么样的消费是不合理的? 合理与不合理的分界线在哪里? 评价标准会因收入的不同、职业的不同、地方的不同而有所区别,也会随着经济的发展而变动。因此,必须联系具体的社会发展状况和个人经济条件,来确认消费行为的合理性。

第三,个人消费价值取向和社会消费伦理价值导向之间关系的复杂性。在一定意义上说,个人消费属于私事。每个人由于生理、心理、家庭环境、经济收入的不同,在消费价值取向上呈现出多样性,这是无可厚非的,但同时,社会消费伦理价值导向也需有一些确定的基本原则。例如,某些消费者具有相当的经济实力,爱好消费鱼翅之类的珍贵菜肴,这涉及他个人的消费选择,但这种消费是违背生态伦理原则的,是要受到伦理谴责的。总之,消费行为的伦理规范体系是在承认个人消费取向多样化的同时,以一定的伦理原则对个人消费行为进行导向。

21 世纪的中国面临诸多新课题,消费伦理规范体系的确立有着重大的理论和现实意义。改革开放 30 多年的发展,使中国国民经济有了跨越式的发展,生产总值已经跃居世界第 2 位,但要实现可持续发展,必须转变经济增长方式,经济的发展更多依靠内需特别是消费需求的拉动。与发达国家相比,我国居民消费需求明显不足，居民最终消费率长期停留在 50% 以下，并呈现逐年下降的趋势。2000—2011 年期间，我国居民最终消费率从 46.4% 下降到 35.5%。（代晓霞：中国居民消费率逐年下降、需调整收入分配制度，《瞭望》新闻周刊 2013 年 1 月 14 日。）要解决这一"短板"，提高居民特别是中低阶层居民的收入、调整有关消费政策是重要的方面，但消费伦理在拉动消费需求中的作用不容小觑，其作用的空间和潜力不可低估。鼓励消费是推动当代中国经济发展的不二选择，但在鼓励消费的同时，必须以文明、健康的消费伦理价值观念引导消费，以科学、完善的消费伦理规范体系约束消费行为。在社会生活中，要反对各种铺张浪费的行为。各级政府讲排场、摆阔气的公款消费行为，败坏了社会风气，同时成为腐败的温床。一些腰缠万贯的暴发户和富二代，以拜金炫富的形象在社会生活中"作秀"，腐蚀了人们特别是青少年的道德人格，也影响了收入差距较大的社会不同群体之间的和谐关系，甚至造成破坏社会治安的群体事件。中国在取得举世瞩目的经济成就的同时，也付出了不小的生态环境的代价。中国要建立资源节约型、环境友好型的社会，必须从生产和消费两个方面处理好人与自然的关系。在市场经济条件下，消费需求推动了生产。消费多少，消费什么，对于解决人与自然紧张关系的重大作用，已经与过去的年代不可同日而语。总之，消费伦理问题贯穿于当代中国社会发展的经济建设、政治建设、文化建设、社会建设和生态文明建设之中，涉及消费与经济发展，消费与社会廉洁，消费与社会风气，消费与社会和谐，消费与青少年教育，消费与生态文明等诸多的关系。在当代中国，消费伦理要在如此众多的社会发展问题中发挥重大的、不可替代的作用的时候，必须研究和建立消费伦理规范体系，以适应时代的新要求。

消费伦理规范体系可以分为两大部分，即消费伦理原则和消费伦理规范。消费伦理原则是贯穿于整个消费伦理规范体系的总纲，起着主导作用，具有普遍性、全面性和相对稳定性。而消费伦理规范是它的展开、具体化和补充。尽管消费伦理原则和消费伦理规范有着一定的差别，但是两者在本质上是相同的，也就是说，消费伦理原则可以视为普遍的消费伦理规范，而消费伦理规范可以视为具体的消费伦理原则，两者的区别是相对的。

中国的消费伦理研究是伴随着改革开放的进程发展起来的，其内容反映了这一进程不同阶段社会的特点。30多年来，经济的大发展带来了消费的革命，各类消费品和消费服务升级换代，其变化的速度令人惊叹不已，在历史上留下了绚丽的一页。在眼花缭乱的消费现象背后，是人们消费伦理观念的冲撞和变革。20世纪80年代中期，关于如何评价"能挣会花"消费观念时，各种不同的消费伦理观念发生了激烈的交锋。20世纪90年代中后期，面对亚洲金融危机的影响，中国迫切需要鼓励消费，拉动内需，"超前消费"成为消费伦理研究的热点话题。进入21世纪以后，中国生态环境问题日益突出，低碳消费、节约资源成为消费伦理研究用得最多的概念。尽管中国理论界对于改革开放以来消费活动中的伦理道德问题进行了不少研究和分析，提出了相应的具体对策，但是，从建构当代中国消费伦理规范体系的高度探讨消费伦理于今阙如。因此，探讨当代中国消费伦理规范体系的工作是一项创新工程，需要我们为之努力探索。笔者认为，当代中国消费伦理规范体系包括两大原则和三项规范。两大原则是：人与自然和谐的原则；物质生活与精神生活和谐的原则。三个规范是：适度消费、绿色消费和科学消费。

二、当代中国消费伦理两大原则

（一）人与自然和谐的原则

消费是一个自然过程，在这一个过程中，消费主体或多或少地要消耗来自自然的物质资料，以满足需要。因此，消费必然涉及人与自然的关系问题。消费伦理原则要反映人类的共同利益，并以此调节人们的行为，必须对人与自然的关系有正确的认识。换言之，它必须站在世界观的高度认识问题。当代中国消费伦理原则要反映当代世界在人与自然关系上科学的、先进的世界观，首先要将人与自然和谐作为其首要内容。

在古代社会，无论是中国还是西方，都对节俭给予了充分肯定。其中有着深刻的社会历史背景。由于科学技术的不发达，人类向自然索取的能力还很弱，人类的消费空间非常有限，减少消费、抑制消费是应有之义。在强大的自然界面前，整个人类是"弱势群体"。但当人类开始跨入近代以后，由于科学技术的迅猛发展，人类对自然的改造和索取的能力大大提高，人与自然的关系也发生了重大变化。著名的哲学家康德的"人为自然立法"的著名命题正是人与自然新关系的宣言，同时也是人类中心主义的宣言。

但到了20世纪以后，人类中心主义遇到了现实社会的强烈挑战，人与自然的矛盾以新的形式出现了。面对地球上人口的急剧增加和资源消耗的直线上升，生态环境不堪重负。这里有两大矛盾，一是消费的增加与地球资源有限性的矛盾。人类消费总量的迅速增加，给地球资源的供给造成了空前的压力，特别是一些无法再生资源的加速枯竭，为人们敲响了警钟。二是消费的增加与保护环境的矛盾。消费得越多，生产得也越多，往往是排泄的污染物也越多。消费得越多，生活垃圾也越多。不断增长的生产污染物和生活垃圾恶化了人类生存的环境。

人类处在一个新的历史转折点上。我们只有一个地球，必须用尊重自然、顺应自然、保护自然的态度取代对自然的无限掠夺和破坏，必须从狭隘的人类中心主义中走出来，从世界观的高度认识到人与自然和谐对于人类生活的重要意义，并自觉以人与自然和谐作为消费伦理规范体系的首要原则。

中国消费伦理规范体系的建立必须挖掘和吸收中国传统文化中有益的思想资料，充分发挥它在现实生活中的作用。人与自然和谐的思想在中国有着深厚的历史文化底蕴。中国古代道家认为"天地与我并生，而万物与我为一"[①]，即把天、地、人看成一个统一的整体，认为人本来就是自然的一部分，非常重视人与万事万物的和谐发展。天地万物虽然形态各异，但它们在本源上是相同的，自然与人类也是平等的关系。因此，不能过分地膨胀欲望而无止境地追求物质财富，以致毁灭性地利用自然资源。道家的这些思想跨越了几千年的时空，不乏现代价值。

---

① 郭庆藩:《庄子集释（第一册）》，北京：中华书局1961年版，第79页。

当代中国正在建设社会主义和谐社会，"人与自然和谐相处"是其重要特征。近30余年来，中国的经济有了跨越式发展。我们实现了GDP的快速增长，却难以完成生态环境保护的指标。生态环境问题成为中国进一步发展的"瓶颈"，突破这一"瓶颈"，必须在消费伦理规范体系中突出"人与自然和谐"的原则。这一原则包括两大方面：一是在消费中减少资源的占用，特别是能源的占用。二是在消费中减少对环境的污染，加强对垃圾的无公害处理。

当然，要真正落实这一原则，不仅要在认识上着眼于世界观问题，而且要在操作上处理好经济与伦理关系。无论是企业还是个人，无论是在生产性消费还是生活性消费中，都要坚持"人与自然和谐"的伦理原则。消费不仅要问经济上的合理性，而且要问伦理上的合理性，即对生态环境的社会责任。坚持经济上的合理性与伦理上的合理性的统一，消费伦理规范体系中的"人与自然和谐"的原则才能真正落到实处。

（二）物质消费与精神文化消费和谐的原则

消费不仅是自然过程，而且是一个社会过程，社会的道德风尚、个人的价值偏好都对消费的内容、数量、形式等发生重要影响。从历史上消费伦理对消费行为的调节分析，如何处理物质消费与精神文化消费的关系是一个基本问题。消费伦理学规范体系中"人与自然和谐"的原则侧重于世界观的角度，而"物质消费与精神文化消费和谐"的原则侧重于人生观的角度。

物质消费是人类生存须臾不可离开的基本需求，然而精神文化消费又体现了人的特质。两者关系如何处理，不同的人们及其思想流派依据不同的人生观加以回答。禁欲主义人生观贬低物质消费的价值，抬高精神文化消费的价值，而纵欲主义则与之相反，抬高物质消费的价值，贬低精神文化消费的价值。尽管两者的观点极端对立，但实质都是将物质消费和精神文化消费建立在排斥、对立的基础上，而不是以和谐的方式来处理两者的关系。

物质消费与精神文化消费和谐的原则的主旨是：既要注重物质消费，更要注重精神文化消费，把两者有机统一起来。物质产品的匮乏以致物质消费不足，会给人生带来痛苦，这是毋庸论证的客观事实。人生的目的在于追求幸福，幸福中必然包含物质生活的内容。宽敞的住房、可口的饭菜、漂亮的服饰等等，与人们对生活的美好憧憬与向往是联系在一起的。改革开放不同程度地提高了中国人民的生活水平，物质生活、物质消费比过去丰富多了，中国也从温饱型社会走向了小康社会。在中国今后的发展中，不断提高中国人民的物质消费水平，特别是西部地区和农村的物质消费水平，才能使人民的生活更上一个新台阶。

美国著名经济学家罗斯托在论述经济增长的六个阶段时认为，"追求生活质量的阶段"是最高的阶段，即在"高额群众消费阶段"之后，人们将转向追求高层次的精神文化生活。这种追求的动力他称之为"布登勃洛克式动力"。布登勃洛克是德国小说中的一个富翁，他的后代尽管出生在有钱、有地位的家庭里，但对金钱和地位都不感兴趣，而是热爱音乐，追求高尚的精神文化生活。可见，所谓"布登勃洛克式动力"是人们在由追求物质消费上升到精神文化消费的内在驱动力的代名词。① 但在很多情况下，这种动力不是自发产生的，需要一定的社会条件的推动，包括社会消费伦理观念的引导。在进入小康社会后的当代中国，许多人热衷于追求物质生活享受，整天渴望的是"名车豪宅"，物质生活与精神生活严重失衡，物质消费与精神文化消费严重不和谐，在社会上产生了种种弊端。如何运用伦理的力量引导，鼓励更多的人追求高尚的精神文化生活，使物质消费与精神文化消费得以更好地和谐，成为时代的课题。

精神文化需要是高层次的需要，满足精神文化需要的消费是高层次的消费。强调精神文化消费有着重要的现实意义，首先，它进一步拓宽了消费的领域，极大地推动了经济的发展。当前，文化产业在中国的发展如火如荼，方兴未艾，正是精神文化消费发展广阔空间的反映。近年来，文化产业已经成为社会经济发展的支柱性产业，其增长速度远高于国民经济的增长速度。强调精神文化消费，不仅有利于思想道德建设，也有利于经济的发展，体现了两者的统

---

① 罗志如等:《当代西方经济学说(下册)》，北京:北京大学出版社1989年版，第411页。

一。同时，精神文化消费占用的物质资源相对较少，有利于生态环境的保护。

其次，它提高了人们的生活情趣，促进了人的全面发展。精神文化消费与人的生活情趣紧密相关，那些整天沉湎于物质享受，缺乏精神追求的人，生活情趣就难以提高。要成为全面发展的人，不能做感官和肉体的奴隶，而要做它们的主人，就要用高尚的理想信念来引导物质生活，提高生活情趣。享受物质生活无需更多的培养和训练，而追求精神生活则需要教育和自我修养，意义也更为重大。马克思主义关于人的全面发展理论告诉我们，人的发展主要并不是物质消费的增加，而是精神文化消费的增加和精神境界的提高。人的精神生活及与此相适应的精神文化消费是实现人的全面发展的关键一环。

再次，它推动了良好社会风尚的建立和社会文明的进步。物欲横流，社会风气败坏，将成为腐败现象蔓延滋长的温床。精神生活的贫困与缺乏，将影响社会的精神面貌和凝聚力。一个具有良好社会风尚的文明社会，是一个物质生活与精神文化生活、物质消费与精神文化消费和谐的社会。在这样的社会生活中，才能更有力地遏制腐败，建立良好的人与人之间的关系，实现社会的稳定与长治久安。

三、当代中国消费伦理三大规范

消费伦理原则要实现其职能，就必然要向人们诉诸伦理规范，告诉人们哪些是应该做的，哪些是不应该做的，从而调整人与人之间的关系。我们研究伦理"是为了使自己变好"，必须按照一个共同的并且先被承认的伦理规范来行事。这就是说，提高人的伦理素质，最终要落实到人们认识和实行某种伦理规范上。消费伦理规范是消费伦理发挥其社会职能具有决定意义的环节。

（一）适度消费：崇尚节俭和合理消费相统一

节俭和奢侈问题是中国古代经济思想的三大基本问题之一。在当代中国消费伦理规范的建构中，如何评价节俭和奢侈，人们各抒己见，观点不尽相同，甚至截然对立。在不同观点的争鸣中，焦点是经济评价和伦理评价的矛盾和冲突。而要实现经济评价和伦理评价的尽可能统一，必须在矛盾的双方之间找到一个平衡点，适度消费是必然的选择。

在中国古代，无论是儒家、道家、墨家都主张崇俭黜奢，总是将节俭归之于善，将奢侈归之于恶。崇俭黜奢构成了中华美德的重要内容，在中华民族发展的历史上产生了深远的影响。中国古代的崇俭黜奢主要是从伦理道德角度论证、阐发的，而一旦把节俭和奢侈问题放到与经济发展的关系的角度进行评价，分歧就产生了。节俭和奢侈问题的经济评价往往与伦理评价不一致，甚至截然对立。在《管子·侈靡》篇中，作者发出了惊世骇俗之语："兴时化若何？莫善于侈靡。"① 尽管这一观点较为偏颇，在中国古代思想史上极为罕见，但其中也不无价值，即消费需求能拉动经济发展。对于节俭和奢侈的问题，要从伦理评价与经济评价的二律背反中走出来，进行辩证思考。

适度消费是建立在经济评价和伦理评价尽可能统一的基础上的。这里适度与否的界限是消费的经济价值不能损害伦理价值，同样消费的伦理价值也不能损害经济价值。但伦理评价与经济评价的统一是具体的、历史的。在不同的历史发展阶段，针对社会发展的具体问题，必须也应该强调不同的侧面。当我国经济面临消费需求不旺时，难道我们在对消费的评价中不应加大经济的考虑吗？现代中国消费伦理评价应该朝着有利于推动经济建设的方向发展，而不是相反。我们应该走出脱离经济发展的现状来抽象地对"节俭"和"奢侈"进行伦理评价的误区，使经济评价和伦理评价的统一建立在现实的基础上，从而正确地认识适度消费。

为了使个人的消费更好地有利于国家产业结构调整和国家经济发展战略，有利于创造良好的社会道德风尚和个人的自我完善，必须发挥伦理规范导向的作用，通过宣传、教育、引导，在"俭而有度，合理消费"的伦理规范引导下，使当代中国的消费更好地推动

---

① 黎翔凤:《管子校注（中）》，北京：中华书局 2004 年版，第 633 页。

中国的经济建设和道德建设。

如何正确理解"俭而有度，合理消费"伦理规范？"节俭"是与合理消费统一在一起的。亚里士多德提出"德性是适度的品质"。节俭作为一种德性，它在消费观上应采取的是适度原则。节约而不浪费是节俭之要义，适度又是合理消费的灵魂，节俭与合理消费在本质上是统一的。但是，我们应该看到，合理消费支出的范围显然要比节俭广一些。也就是说，合理消费不限于节俭。

在人们的消费过程中，某些消费现象具有复杂性。奢侈的"炫耀性消费"是不合理的，它是讲排场、讲虚荣、摆阔气的表现。改革开放以后，一部分地区、一部分人先富起来了。有些大款、大腕为了显示自己的富有，挖空心思地进行炫耀性消费。这些不正常的消费现象，反映了一些人畸形的心态，且败坏了社会风气，腐蚀了人们的思想，甚至影响了社会和谐，必须坚决地加以反对。但是，消费的炫耀性和"炫耀性消费"不能画等号，它在一定条件下是可以被理解的。从古至今，人作为社会成员，总是要进行社会交往。在社会交往中，人们往往热情好客，宁愿在安排家庭内部的消费时过得节俭一些，而在社会交往中要丰盛一些，大方一些；宁愿在平时消费时节俭一些，而在婚礼等人生重大场合中隆重一些，阔绰一些……这些消费行为，只要消费者量力而行，既不违法，又不损害他人利益，应该由消费者自行决定。

在引导消费趋向合理的过程中，必须重视消费道德观念的变革，正确对待"超前消费"。在传统的计划经济体制向社会主义市场经济体制转变的过程中，人们的道德观念或迟或早会发生变化。消费道德观念是人们道德观念的重要组成部分，比较直接地反映社会的经济变革。过去传统的计划经济是短缺经济，是卖方市场，消费品供不应求，而现在是市场经济，是买方市场，消费品比过去丰富得多了，绝大多数消费品供大于求。为了刺激消费需求，进一步推动生产力的发展，我们必须不失时机地转变消费道德观念。信用消费是市场经济条件下一种重要的消费方式，它对于住宅、轿车等市场的繁荣具有重要意义。为了更好地推动信用消费，我们必须反思过去对"超前消费"的伦理评价，以更好地实现消费道德观念的转变。对"超前消费"必须具体分析，适度的超前消费对生产力的发展是有利的，道德应该接受这种方式。这样，信用消费才可能有现实的道德基础。否则，全盘否定"超前消费"，信用消费就走向了道德的对立面，怎么能更好地刺激需求，发展生产力呢？对于"量入为出"的传统的消费道德观念也应作新的解释，这里的"入"不仅指"过去的"，也包括"现在的"，而且也指"将来的"收入。这样，传统的消费道德观念才能适应分期付款等现代信用消费。传统的道德观念在开源节流的关系上，强调"节流"，对"开源"重视不够，这与一定时代生产力的发展状况是相适应的。现代社会的发展表明，"发展是硬道理"，"发展是第一要务"，只有首先发展生产，社会进步才能实现。节流不能过多地抑制消费需求，以致影响生产的发展。一般说来，"开源"是第一位的，而"节流"是第二位的，必须在这个基础上建立现代道德观念。古代的节俭精神应融入现代消费道德观念，但现代消费道德观念又要超越古代的节俭精神。

25岁至35岁的青年人，特别是上海、北京、深圳等大城市的白领青年走在了消费伦理观念变革的前列。他们迫切需要提高生活质量，眼前经济实力不济但预期良好，于是通过向银行贷款，提前购买了房子或车子等大宗消费品，"用明天的钱，圆今天的梦"——成为名副其实的"负翁"。对于这些"负翁"必须分析。"负翁"不仅意味着超前消费，也意味着对个人的将来负责，对社会负责。也就是说，超前消费要"适度"，对于未来的经济预期要留有余地，要有风险意识。当前也有一些青年在消费伦理观念的变革上没有把握好"度"，走入了误区，成为"房奴""车奴"，还贷的经济负担使他们感到生活的巨大压力。必须加强对他们的消费伦理道德教育，使他们的人生能够在健康的轨道上运行，真正得到人生的幸福。

（二）绿色消费：要确立符合保护生态环境要求的消费

消费的适度不仅要考虑经济的承受力，也要考虑生态环境的承受力。在科学技术迅速发展，生态环境迅速恶化的当代世界，为了实现人类社会的可持续发展，绿色消费的伦理观念应运而生了。这种代表国际先进思想潮流的消费伦理观念要求"人们在购买物品和消费时，一方面要注意对自身健康的生存环境是否有益；另一方面，要有利于环境保护,有利于生态平衡"①。

绿色消费的价值基础是人与自然之间的关系,是消费伦理中"人与自然和谐"原则的具体体现。绿色消费必然包含着两个基本理论观点:一是可持续发展的观点。从可持续发展的观点分析,必须是有利于生态平衡和保护环境的消费才是合理的。随着人类消费量的不断增长,必然刺激生产力的发展,加重对自然界的压迫。而自然承受力是有一定限度的,一旦超过临界点,生态平衡将会被打破,人类将受到自然界的报复。为了维护自然界的生态平衡,保证人类社会的可持续发展,控制在临界点之内的消费欲求才是合理的。人类在消费过程中,也会或多或少产生各种垃圾,造成环境污染,贻害子孙。合理的消费应该尽可能地减少对环境的污染,有利于自然的保护。为此,人类消费的结构、数量、内容必须加以控制。二是公平消费的观点。我们只有一个地球,为了保护生态环境,必须强调公平消费。它包括代内公平消费与代际公平消费两方面。可持续发展的代内公平消费,要求任何国家和地区的发展与消费不能以损害别的国家和地区为代价。就是在一个国家范围内,地区利益必须服从国家利益;在国际范围内,国家利益必须服从全球利益。可持续发展的代际公平消费,要求当代人自觉担当起在不同代际之间合理分配与消费资源(包括自然资源和社会资源)的责任。既满足当代人的需要,又不对后代人满足其需要的能力构成危害。

绿色消费是解决生态环境污染问题的基础性工作。实现绿色消费,不能仅靠环保局独家"呐喊",还要强调国家一系列机制和体制保证消费者的权利。现在,消费者作为个人往往无法单独提起环境污染公益诉讼,环保指标在政绩考核中还没有真正"硬"起来,消费者对商品和服务的知情权还未得到充分的保障。总之,机制和体制的不完善成为绿色消费过程中的"软肋"。制度的安排是关键,要通过制度安排使公众在消费过程中有更多的环境知情权、环境监督权。公众是环保事业的主体,公众的环保意识和环保行为是实现绿

---

① 绿色工作室:《绿色消费》,北京:民族出版社1998年版,第23页。

色消费的基础。公民有绿色消费的权利，但同时也有相应的义务，即做到经济消费、清洁消费、安全消费。

（三）科学消费：建立科学、文明、健康的消费方式

物质产品的丰富，收入的增加，人们面对着现实生活中一个突出的问题是如何进行消费？习惯是人生的指南，人们在消费过程中，无疑会受到消费习惯的影响，特别是社会消费习惯的制约。不可否认的是，在当代中国社会的消费习惯中，还有与科学、文明、健康消费相悖的陋俗：为死者大办丧事，大修坟墓。丧事的规模不断扩大，费用直线上升；坟墓越修越豪华。婚娶之事，大置嫁妆，大送彩礼，大摆宴席，耗资令人咋舌；占相问卜看风水，把有限的经济收入消费在迷信活动之中……诸如此类的"消费陋俗"，影响了社会道德风尚，对一部分消费者造成了较大的经济压力。在市场经济条件下，一方愿买，一方愿卖，两相情愿，要下令禁止出售或购买高价但不违法的商品是困难的。占相问卜看风水很大程度上属于思想意识上的问题，一道禁令也难以杜绝。对此，只能加以引导。以正确的消费伦理规范引导人们自觉抵制消费陋俗，开创消费文明新风。当然，对于有一些与科学、文明、健康消费相悖的消费现象，不仅要诉诸道德手段，也要诉诸法律手段。例如，吸毒成瘾，传播黄色淫秽书籍或音像制品等，既是缺德的也是违法的，只有道德与法律双管齐下，才能奏效。

坚持科学消费，就要以科学的精神指导消费，反对愚昧和迷信的消费。科学是与愚昧、迷信相对立的。科学揭示了自然界和人类社会发展的规律，以科学精神指导消费，才能使消费沿着正确的轨道发展。迷信是人们对客观世界及其规律性虚幻的甚至是颠倒的反映，迷信会使消费活动走入歧途。人类社会的发展，正是科学不断战胜迷信的历史。但是，由于意识形态的相对独立性，残存在人们头脑中的旧的迷信意识绝不会轻易地退出。在消费内容和方式上，它们还要顽强地表现自己。社会生活的剧烈变动，使许多人产生了人生的困惑。他们试图通过迷信消费，找到人生的解脱。社会上的另一些人在利益的驱动下，利用迷信消费大发横财。在当代中国，还难以完全消除迷信消费，但旗帜鲜明地提出用科学的精神指导消

费，能够遏制或减少迷信消费，以净化社会消费风尚。我们要以辩证唯物主义和历史唯物主义观点指导生活，宣传无神论，从伦理观念上抵制封建迷信消费活动，并诉诸行动。

消费方式的"文明、健康"与消极、颓废相对立。文明具有"积极""进步"的含义，文明的消费方式指那些对社会进步、个体自我完善有积极意义的消费方式。健康包括心理健康、社会适应良好。当前社会生活中，颓废的色情消费在社会生活中蔓延滋长，引起了有识之士的深深忧虑，特别是网络上的色情消费有愈演愈烈的趋向。网络上的色情消费败坏了社会道德风尚，影响了青少年的健康成长。要解决这一问题，必须在社会生活中大力倡导文明、健康的消费方式，提高生活的情趣，抵制社会的不良诱惑。

随着人们生活水平的提高，当代中国对科学、文明、健康的消费方式的认识有了新的变化，突出地表现在饮食消费上。人们在餐桌上不仅要问："这是美味的吗？"而且还要追问："这是有益于健康的吗？"有些消费者甚至将饮食健康的考虑置于优先地位。医学科学的研究表明，不合适的食品、过量的饮食也是产生疾病的根源。糖尿病、高血压、心脏病和许多癌症都与不健康的饮食有着密切的关系。在当代中国食品日益丰富的情况下，人们需要管住自己的嘴巴，控制饮食。科学、文明、健康的消费方式是一场移风易俗的革命，不仅会改变社会风气，同时也会造就更加健康和更加幸福的人生。

经济全球化背景下消费伦理观念的
变革及其研究 ①

人类进入 21 世纪以后，中国加入了世界贸易组织，这标志着中国的对外开放将进入一个新的阶段。中国的发展离不开世界，世界的发展需要中国。中国将在更大范围和更深程度上参与国际经济合作与分工，同时经济全球化对中国的经济、政治、文化也产生了深刻的影响，从消费伦理观念的变革中，我们不难窥见经济全球化的巨大影响力。

一、经济全球化与当代中国消费伦理观念的变革

在经济全球化的背景下，人们的消费选择发生了重大变化，"地方和国别对消费者来说，不再关系重大。媒体是文化粘胶，把世界社会粘在一起，而且媒体推销品牌……而品牌代表一连串的价值标准——因此是品牌界定人，而不是地方（或国别）界定人"②。这就是说，跨国公司通过开拓市场，使更多的商品跨越国界，进入了世界各个国家和地区。它们通过媒体推销商品的品牌，使消费者在接受商品品牌的同时，也在有形和无形中接受了品牌中所代表的"价值标准"，并对消费者的消费伦理观念产生了重要影响。

《商业周刊》日前公布了 2006 年全球品牌百强，可口可乐以 670

---

① 该论文完成于 2007 年。

② ［美］塞缪尔·亨廷顿、彼得·伯杰：《全球化的文化动力》，康敬贻译，北京：新华出版社 2004 年版，第 183 页。

亿美元的品牌价值再度蝉联全球最有价值的品牌。可口可乐品牌把营销与人们的消费伦理观念结合起来，在它的营销口号中赋予价值的内涵。例如它在不断深入了解和研究变化中的中国年轻一代消费者的人生价值观和生活态度的基础上，推出了"要爽由自己"的口号，获得了成功。在"要爽由自己"的口号中所体现的消费者独立自主的消费伦理观念，在一大批青少年消费群体中获得了共鸣。可口可乐推销了产品，也传播了为其营销服务的消费伦理理念。

麦当劳是拥有数十亿美元资产的国际性公司，是全球规模最大、最著名的快餐集团。自1955年在美国开设第一家餐厅起，它在全世界的120多个国家和地区已开设了三万多家餐厅。在世界各地到处都能看到以它为标志的快餐店，享受到它的服务。麦当劳在20世纪初进入中国大陆市场，并且得到了迅速的发展。"麦当劳不仅仅是一家餐厅"，麦当劳餐厅对消费者的吸引力绝不仅仅是它的汉堡包，而且还有它那美国式文化氛围和独特的社会空间，普通消费者在那里能享用美国式快餐，同时也接受了快速、便捷的消费伦理理念。

可口可乐与麦当劳两大公司成功的商业运作表明：跨国公司以强大的经济实力为后盾，以一流的策划和精美的商业包装起来的品牌广告对当代中国消费伦理观念产生了重要影响。值得注意的是，从产生的渠道分析，互联网正在扮演越来越重要的角色。A.C.尼尔森公司是全球顶尖的市场研究公司，它的总裁兼首席执行官斯蒂夫·施密特认为，"中国消费者被全球化的潮流所裹挟，通过互联网，许多闻所未闻的知识和信息正朝他们扑面而来。随着政府继续执行对外开放政策，来自西方的文化和事物对他们的影响越来越大，正日益渗透到他们的日常生活中"[①]。互联网跨越了国界，在信息传播方面，有着其他媒体无可相比拟的优势。特别是当Web2.0、P2P技术、宽带技术、流媒体技术、无线通信等一系列的技术日趋成熟并相互结合时，互联网上的广告对中国消费者消费伦理观念的影响越来越大。截至2005年6月30日，中国网民人数达1.03亿，与

经济全球化背景下消费伦理观念的变革及其研究

①《环球时报》2006年11月10日第17版。

2004 年同期相比增长 18.4%，仅次于美国位居世界第二，用宽带上网的用户首次超过了网民的一半。虽然互联网广告额只占中国广告经营总额的 1.4%，但是其吸引了大批广告主所看重的优质受众。①网络广告成为"颠覆的力量"，分流了传统媒体（尤其是报纸）的受众群。可见，A.C. 尼尔森公司的总裁兼首席执行官斯蒂夫·施密特认为，全球化浪潮中，互联网影响了中国消费者的伦理观念和消费行为是有充分根据的。

"广告术颇不寻常的地方是它的普遍渗透性。"② 广告特别是一些跨国公司的品牌广告对中国消费伦理观念的变革有着极为重要的影响，而互联网的普及，又加速了这种影响的扩展，但同时我们也不能忽略改革开放后，中外人际交往的频繁，人与人面对面的交流对于当代中国消费伦理观念的影响。

在当代中国消费时尚潮流中，青年"白领"始终站在潮流的前头，他们的消费伦理观念的变革是时代的缩影。一大批"海归派"是青年"白领"的中坚，他们从海外归来，不仅带来了现代的知识和技术，同时也带来了国外的消费伦理观念和生活方式。有位"白领"写道：在服装消费上，"在美国生活了 7 年，对品牌的要求已经完全被改变"。在东部的沿海城市中，中外合资企业、外资企业、跨国公司在经济发展中扮演着重要的角色。在这些企业中，有着海外生活经历的高层"白领"以其优厚的经济地位成为社会其他成员（主要是青年人）所追崇的"偶像"，作为他们消费伦理观念表达的生活方式在青年中有示范作用。一大批时尚类的消费杂志定位于这一阶层，使这些"白领"的消费伦理观念在社会生活中有着广泛的影响。而这些消费伦理观念往往反映的是国际消费新潮流的价值取向，换言之，在全球化背景下，"白领"的生活方式和消费观念是国外消费伦理观念对中国影响的又一重要路径。

---

① 数据来自中国互联网信息中心（CNNIC）发布的"第十六次中国互联网发展状况统计报告"（2005 年 7 月 21 日）。

② 丹尼尔·贝尔：《资本主义文化矛盾》，蒲隆、赵一凡、任晓晋译，北京：生活·读书·新知三联书店 1989 年版，第 115 页。

中国加入世界贸易组织，是中国经济在更大程度上和更广范围内融入世界经济的里程碑事件。它同时也表明，经济全球化的浪潮对中国人的生活方式、消费伦理观念将产生更为深刻的影响。美国著名学者丹尼尔·贝尔指出，汽车是"大众消费的象征"，"是技术彻底改革社会习惯的主要方式"。①汽车进入中国的家庭，推动了中国消费伦理观念的变革。中国加入世贸组织以后由于大规模降低了汽车进口关税，中国入世三年全面取消了进口汽车的配额限制，这样就使得中国国内的汽车的价格开始大幅降价。老百姓开始感到汽车再也不是一种可望而不可即的产品，很多老百姓开始觉得攒了点钱，汽车是可以买的，这就出现了中国汽车近年来每年市场销量增加100万的奇迹。借助入世这一契机，中国的汽车开始进入老百姓家里。通过汽车消费，人们的眼界打开了，人与人之间的伦理关系发生了深刻的变化，人们不再终年生活在熟人熟物之中。有了购买汽车的能力后，城市居民在选择住宅的时候，已经开始接受远郊的楼盘。汽车静悄悄地改变了许多中国人的生活方式和消费伦理观念。

在全球化背景下，品牌广告、白领示范、汽车效应，是中国消费伦理观念变革中不可不分析的重大影响因素。那么进一步分析，中国消费伦理观念在内容上究竟发生了哪些变革呢？

第一，享受生活成为中国消费者普遍接受的伦理观念。人们的消费伦理观念总是一定社会经济发展状况的反映，在新中国成立以后持续30余年的计划经济年代，人们接受的是"新三年，旧三年，缝缝补补再三年"的生活方式和消费伦理观念，生活水平主要是温饱型的。由于计划经济是"短缺经济"，这种基本否定物质享受的生活方式和消费伦理观念与计划经济是相适应的。但随着社会主义市场经济的发展，中国国力的崛起，对中国许多老百姓来说享受生活已不再是奢望，因为中国的经济奇迹已为人们享受生活提供了物质和收入的前提。享受生活的消费伦理观念走进了千家万户，成为社会消费伦理观念变革的标志。全球顶尖的市场研究公司 A.C. 尼尔

---

① ［美］丹尼尔·贝尔：《资本主义文化矛盾》，赵一凡、蒲隆、任晓晋译，北京：生活·读书·新知三联书店1989年版，第114页。

森公司的总裁兼首席执行官斯蒂夫·施密特在对中国消费者进行了大量的调查后指出:"由于老百姓对中国经济形势总体持乐观态度,人们享受生活的意识越来越强烈,消费得到了某种程度的刺激。这不仅在大城市是如此,就连大量第二和第三类城市也是如此。"① 值得注意的是,中国人在解决了温饱的基础上开始关注时尚,并借此来提升生活质量。《2006 年 VOGUE 中国时尚指数研究报告》认为,如果以 100 分为标准,2006 年中国时尚指数为 65.3 分,突出表现为"时尚意愿较强、时尚带来的自我满足感较强"。②

追求和关注时尚反映了人们生活的一种变化,而这个变化正是近些年经济快速增长、收入水平提高所带来的。调查表明,当个人月收入达到 3000 元的时候,"时尚追求愿望"转化成"时尚参与行动"的可能性就会更大。而时尚的行动,经过广告的推波助澜,对传统的消费伦理观念产生了强烈的冲击,与计划经济时代相适应的一些伦理观念的式微是必然的。享受生活成为中国消费者普遍接受的伦理观念,是中国社会主义市场经济的发展与经济全球化共同作用的结果。

改革开放的总设计师邓小平同志在 20 多年前指出,"贫穷不是社会主义",在 20 世纪 90 年代,他又明确提出了改革开放的根本价值取向是"三个有利于",即"是否有利于发展社会主义社会的生产力,是否有利于增强社会主义国家的综合国力,是否有利于提高人民的生活水平",其中"是否有利于提高人民的生活水平"是归宿点。在"三个有利于"标准的指引下,人民享受到了改革开放的成果,生活水平明显提高。从这个意义上来说,享受生活的伦理观念是与中国的发展紧密联系在一起的,反映了社会的文明进步,应给予更多正面的伦理评价。

但不可否认的是,伴随着享受生活的消费伦理观念被普遍接受,消费主义、享乐主义也在蔓延滋长,突出地表现在青年人身上。从纵向上比较,中国人的消费水平已比过去有了大幅度的提高,但

①《环球时报》2006 年 11 月 10 日第 17 版。
②《中国青年报》2006 年 11 月 20 日第 2 版。

发展又是不平衡的。从横向上比较，中国人口众多，与发达国家相比，人均国民生产总值还很低，因此人们的消费水平的进一步提高，与人们的期望值还有较大差距。在肯定享受生活的消费伦理观念的道德合理性的同时，不能不清醒地认识到，对享受生活的消费伦理观念必须加以正确的引导，消费主义、享乐主义无限制地蔓延滋长必然给中国社会的发展带来巨大的隐患。这种隐患产生的危害是：首先，败坏社会风尚。物欲横流，享受成风，人们的理想信念及其精神追求势必被削弱，道德人格的根基将被动摇，社会的腐败难以被有效遏制。其次，造成对生态环境的巨大压力。中国的人口基数大，消费品的需求量也大。例如，假如中国每个家庭平均有一辆轿车的话，石油资源的消耗就是一个天文数字。在大城市中，数量众多的轿车还会造成空气污染。过多地追求以物质生活为主要内容的生活享受，对保护生态环境是不利的。再次，影响社会稳定。由于收入分配差距的扩大，人们的消费能力有着较大的差异，企业销售中的产品定位及其广告强化了这种差异。当高档的奢侈消费和低档的生存消费形成强烈的反差时，势必影响人们的心态，影响社会各群体之间的和谐关系，从而影响了社会稳定。

第二，开始接受消费信贷的伦理观念。几千年来，中国传统的消费伦理将"借债"更多地给予负面评价，"无债一身轻"，因此"举债度日"不是好的生活。中华人民共和国成立以后，社会将"既无外债，又无内债"作为国家和个人经济状况优良的评价标准，引导经济体制的运转和私人生活的消费。但对于消费信贷的这种否定性评价在改革开放后逐渐受到挑战。20世纪80年代，商品经济在中国社会生活中日益活跃，必然会对"消费信贷"等传统的消费伦理观念提出质疑。当时有人提出"能挣会花"的消费伦理观念，但许多人不同意。值得注意的是，这场争论拉开了消费伦理观念变革的序幕，20世纪90年代中期以后，亚洲金融危机对中国的经济发展产生了空前的压力，大陆消费内需不旺，特别是房地产市场低迷。如何通过消费伦理观念的变革来引导消费，以有利于战胜亚洲金融危机带来的困难，成为消费研究的热点。在实践上，房屋购买中的"按揭"方式是消费伦理观念的重大突破。"用明天的钱来圆今天的梦"，使一大批住房困难户改善了居住条件，享受到了消费信贷给他们所带来的实惠。特别是有关中国和西方两位老太太买房的不同结局的故事，成为街头巷尾人们津津乐道的话题，成为消费伦理观念变革的"催化剂"。

是否能接受消费信贷的消费伦理观念，在理论上关系到"超前消费"的伦理评价问题。中国传统消费伦理观念对"超前消费"基本持否定态度，但在市场经济条件下，"超前消费"并不等于恶，在一定条件下，它是符合现代消费伦理观念的，关键是"适度"，也就是说，善与恶的分界线在于是否"适度"。如果在个人经济承受能力范围内，那就是善的，而大大超出个人经济能力，则是恶的。当然，对于未来的经济收入状况，有的人比较乐观，有的人比较保守，同样的经济收入也会有不同的经济预期，是否"适度"的判断是复杂的，但这是另一层面的问题，应另当别论。

近几年来，一些青年人走入了消费信贷的误区。他们追求时尚，追求享受，但又不理性地、客观地分析经济能力，以致消费贷款大大超越了自身经济能力能够承受的范围，被媒体冠之于"负翁"的雅号。这种现象在住房"按揭"中尤为突出，他们经济收入不高，却要购买高档住房。"一步到位"的消费观念使他们走入了住房消费的误区，以致沦为"房奴"。消费信贷有促进经济的作用，但一些青年人的非理性消费，又使提供信贷的银行面临道德风险，并可能危害社会的经济发展。国家调整了住房消费信贷政策，例如从2006年6月1日起，个人住房按揭贷款首付款比例不得低于30%。这一政策旨在抑制房价的过快上涨，同时也提高了获得住房按揭贷款的经济"门槛"，减少了人们走入过度超前消费误区的可能性。但这种政策的实施需要伦理观念的支持。在消费伦理观念变革的当代中国，接受消费信贷的伦理观念，同时也要引导人们把握好超前消费的"度"，是消费伦理研究的重要任务。

第三，健康、环保的绿色消费伦理观念的提升。中国经济的迅速发展，使中国从温饱型社会走入小康型社会。商店里的商品琳琅满目，比过去大大丰富了，人们用于购买消费品的经济能力也有了显著的提高，大中小城市的商业都呈现出一派兴旺景象。与计划经济时代相比，在消费品的选择过程中，消费者不仅关注消费品的价格、质量、款式、服务，而且重视它对消费者身体健康的影响。特别是在饮食消费中，人们不仅要问"它是美味的吗？"，而且还要追问"它是有益于健康的吗？"越来越多的消费者认为，只有是美味的，同时也是有益于健康的，才是理想的食品。甚至一些消费者认为，食品的健康要求优先于美味的要求。在家庭装修材料、家具、家用电器等消费品中，是否符合环保要求，是否对身体健康有益，是消费者在消费选择中的重要因素，甚至是首要因素。一些环保的消费品，即使价格贵些，也会受到消费者的青睐。

在当代中国，人们在追求理想生活的时候，伦理价值观念的判断天平更倾向于健康、环保。中国经济的发展，消费结构已升级换代，满足基本生存需要的消费品在市场上已饱和，而满足于享受和发展需要的消费品有着更广阔的市场空间。人们不再满足于吃饱穿暖，更着眼于以健康为首位的幸福生活。渴望健康，渴望长寿，成为社会成员的普遍心态。而由于种种原因，"看病难，看病贵"的社会问题又困扰着人们。在人生选择的权衡之中，健康、环保的绿色消费伦理观念的提升也是很自然的事了。

在20世纪以来的世界消费文化的滚滚潮流中，涌动着绿色消费的思潮。绿色消费所代表的消费伦理观念是引领世界走向人与自然和谐的先进思潮。中国在改革开放和融入世界经济的进程中，绿色消费伦理观念在社会生活中的影响也不断提升。诚然，中国人所理解、所接受、所选择的绿色消费伦理观念和消费行为，与个体的健康和功利有着密切的联系，与国际上更为宏观的生态环境保护的理念还有不小差距，但它毕竟使绿色消费的伦理观念深入了中国古老大地。随着时间的推进，绿色消费伦理观念将不断扩展其影响力，反映中国社会可持续发展的客观要求，推动中国和谐社会的建设。

二、经济全球化背景下当代中国的消费伦理研究

中国加入WTO，是21世纪中国经济融入全球化潮流的重大事件。在这一过程中，中西消费伦理必将发生激烈的冲撞，推动当代中国消费伦理观念的变革和适应时代要求的消费伦理规范体系的建

立。消费伦理研究在当代中国的社会发展中获得了比以往任何时候都重要的理论和实践的价值。

一方面，面对"9.11"事件后世界经济发展的新态势，中国要成为世界经济强国，必须将中国经济的发展置于内需主导型的轨道上来。为此，中国要通过消费伦理观念的转变，刺激内需，拉动经济的可持续发展。同时，中国要实现可持续发展，必须建设资源节约型、环境友好型社会，也必须获得消费伦理观念的支持。

另一方面，全球化过程中，西方消费伦理必将影响国内消费者的思想观念，其中既有积极的方面（环保消费），又有消极的方面（享乐主义）。要通过消费伦理规范体系的正确导向，确立与社会主义市场经济发展相适应的消费伦理观，以建立良好的社会道德风尚和帮助人们特别是青少年树立正确的世界观、人生观和价值观。在社会和个体的消费活动中，如何实现经济合理性和伦理合理性的统一、经济评价和伦理评价的统一、物质文明和精神文明建设的统一，是当代中国消费伦理的基本问题。

国外对于消费伦理的研究主要是从两个方面展开的，一是对消费主义的批判，主要是文化的角度和哲学的角度。丹尼尔·贝尔在《资本主义文化矛盾》中对消费主义的批判是犀利的，而法兰克福学派的哲学家马尔库塞和弗洛姆的批判是深刻的。二是强调建立与生态环境保护相一致的消费伦理观。这在西方生态环境伦理学中是形成共识并被反复阐述的观点。消费伦理的中西比较是全球化背景下研究当代中国消费伦理的学术基础，但中国的文化背景和西方有着重大差别，西方的消费伦理理论研究不能取代中国的研究。

在国内，社会主义市场经济的发展推动了多种学科对消费现象进行研究。例如，从经济学角度对消费研究的"消费经济学"，从社会学角度对消费研究的"消费社会学"，从文化学角度对消费研究的"消费文化学"等等。但这些研究于中国社会发展的要求来说还远远不够，进入"消费社会"的中国，还必须建立消费伦理学，研究消费中的伦理观念、伦理规范、伦理责任以及消费中人的幸福等问题。尽管这些问题在其他一些学科中有所涉及，但往往是零碎的、不系统的，通过以伦理价值为中心的建构，消费伦理学学科将得以形成和建立,它将对消费伦理进行系统的研究。这必将推动中国消费问题学术研究的深度,拓宽中国消费问题学术研究的视野。

以推动当代中国社会发展为己任的消费伦理学的研究必须根据当代中国面临的重大现实问题,并对以下重大问题给予充分的阐发:

(一)当代中国消费的伦理规范体系的问题

当代中国消费的伦理规范和原则在纵向上应与中国传统美德相承接,在横向上要吸收国外先进的消费伦理观念元素,并反映当代中国社会发展的客观要求。在几千年中国传统文化发展的历史中,崇尚节俭一直是消费伦理观念的主流。无论是儒家、道家,还是墨家,都持节俭的观点。在价值评价上,中国传统文化注重的是伦理评价。但西方社会的发展却不然,在进入近代社会后,西方的思想家注重对消费的经济评价,无论是崇尚节俭的思想家(例如亚当·斯密),还是反对节俭的思想家(例如凯恩斯),往往都是从经济角度提出、阐发和论证的。

当代中国消费的伦理规范体系要将伦理评价和经济评价统一起来,贯彻人与自然和谐、物质生活与精神生活和谐的原则,倡导适度消费、绿色消费和科学消费。

适度消费就是将节俭和合理的消费统一起来的消费伦理规范。中国古代的儒家在论述节俭问题时就已提出"俭而有度",其中包含着适度的思想元素。节俭对于社会的发展和个人的完善都有着重要的价值,但是俭而无度,抑制了消费,压制了人性,其负面效应就会大大显现出来。为了有利于经济的发展和人性的健康,倡导适度消费是在对中华美德节俭论继承的同时又注入了时代的精神。当然,由于地区经济发展的不平衡、个人和家庭收入的多寡,适度消费中"度"的概念具有相对的意义。

如何理解绿色消费?所谓绿色消费,是指在一定的生态环境中,人们对物质消费品(包括吃、穿、住、用、行等)的消费,要求无污染、无公害、质量好的、有利于人健康的绿色消费品。[①] 这种消

---

① 尹世杰:《消费文化学》,武汉:湖北人民出版社2002年版,第157页。

费伦理规范和原则是尊重自然、保护生态环境的一种环境良知的表现，它推动了人与自然、社会经济与生态环境的协调发展，促进了人的身心健康和全面发展，是社会文明和全面进步的象征。

如何理解科学消费？所谓科学消费，就是在全社会提倡科学、合理、发展型消费，反对愚昧、颓废、短视型消费。胡锦涛总书记在论述社会主义荣辱观的内容时，明确提出"以崇尚科学为荣，以愚昧无知为耻"。在当代中国社会的消费习惯中，还有与科学、文明、健康消费相悖的陋俗，例如嗜赌如命，沉湎于赌博不能自拔；为死者大办丧事，大修坟墓；占相问卜看风水，把有限的经济收入消费在迷信活动之中；……以科学消费的伦理观念来引导社会消费风尚，还任重道远，必须加强科学消费伦理观念的研究和教育。

（二）消费伦理与节约型社会的建设问题

努力建设资源节约型、环境友好型的社会，是当代中国的基本的国策。在这一建设过程中，不但要实现经济增长方式从粗放型向集约型的转变，也要注重与节约型社会相适应的现代消费伦理观念的培育，以使节约型社会的建设获得强有力的道德支持。面对制约中国经济发展的资源"瓶颈"和生态环境恶化的巨大压力，节约问题已成为当代中国现代消费伦理观念的重点内容。围绕这一问题，需要我们再更深入地理解节约的内涵，不仅仅要从道德价值、经济价值的层面上，而且更要强调从生态价值上去把握，把三者统一起来。要将建设节约型社会和发展经济统一起来，就要在消费伦理观念上教育人们增强社会责任感，鼓励和引导人们使用占用自然资源少的消费方式。这样，一方面减少了消费对生态环境的压力，符合节约型社会的要求，另一方面鼓励消费，拉动了内需，有利于经济的发展。

（三）消费主义的批判问题

消费主义是20世纪中叶以来，在西方发达国家普遍存在的一种生活方式、文化态度和价值观念。消费主义来自西方意识形态的一个基本的教义，即认为个人的自我满足和快乐的第一位要求是占有和消费物质产品。中国经济融入全球化潮流后，消费主义思潮必然或迟或早地扩散至中国，影响中国的消费伦理观念。如何评价消费主义？不同的学者从不同的角度立论，作出了不同的，甚至是针锋相对的评价。赞成者认为，"把消费作为一种生活方式，把商品的购买与使用变成一种宗教形式，从消费中获得精神满足"，是"具有巨大生产率的经济发展要求"，因而是无可非议的。反对者认为，消费主义鼓励人们过度消费，把消费作为一种符号，是一种虚假的需求，扭曲了人性，并不能够给人生带来幸福，同时消费主义大大有害于生态环境的保护。科学地评价消费主义，既有利于生态环境的保护，又有利于经济的发展和人性的满足，并且在理论和实践上达到统一，有着广阔的学术空间。

（四）奢侈的伦理分析问题

在全球的奢侈品销售额不断下降的时候，奢侈品在中国却迅速扩张。奢侈品及其带来的奢侈消费现象的蔓延滋长对当代中国社会产生了诸多负面效应，败坏了社会道德风尚，增加了生态环境的压力，削弱了社会的凝聚力。然而，奢侈问题是个复杂的社会问题，仅仅诉诸道德批判是难以解决问题的。在操作层面上，有许多问题值得研究。例如，如何界定奢侈品？根据消费者主权理论，消费者有权根据自己的意愿选择消费品。在市场经济条件下，市场已细分为高档市场、中档市场和低档市场。而当代中国人的收入已明显拉开了差距，有些消费者若选择高档市场的商品和服务（其中很大一部分属于奢侈消费），这种选择是不是应该容许？奢侈问题的复杂性并不意味着我们只能听之任之，无所作为。对于奢侈品和奢侈消费应容许其在一定的条件下存在和发展，但又要有所限制，决不能提倡和鼓励。如何通过社会主义荣辱观的引导和教育，转变社会消费风尚，培养健康的消费心态，需要大力研究。

（五）消费的自由与社会责任的问题

个人的消费是自由的，它是建立在平等、自愿、自主的基础上的。它可以根据消费者的经济状况、个人性格、生活习惯作出选择。然而，消费是在社会中进行的，个人消费的自由又意味着要承担一定的社会责任。因为权利与义务是统一的，作为一个公民，他有一定的权利和自由，同时也有相应的义务和责任，在消费活动中也是如此——对预防疾病、搞好公共卫生安全的责任。中国人喜欢吃某

81

经济全球化背景下消费伦理观念的变革及其研究

些野生动物，饮食采取"合餐制"，是公共卫生安全的重大隐忧。消费者在消费食品满足口腹之欲的时候，不要忘记公共卫生的责任。要解决这一问题，在运用法规和政策的"硬约束"的同时，如何运用消费伦理观念的力量，自觉增强公共卫生的社会责任感，改变有悖公共卫生安全的消费风俗习惯，是一个需要长期研究的课题。另外，为了促使企业更好地履行社会责任，实现社会公正，海外出现了"消费者社会责任运动"。如何评价这一现象，是消费伦理研究的新课题。

（六）广告在消费活动中的社会责任问题

在市场经济条件下，广告在消费活动中的作用举足轻重。广告通过大众传媒，将商品和服务信息传达到自己的受众。广告沟通企业与消费者的联系，塑造企业品牌，开拓产品市场，扩展产品销路，实现其促销目的。广告在活动过程中，必然会宣传、倡导一种消费观念、消费模式，而这种消费观念和模式又必然会折射出人们一定的道德取向、人生观及价值观。在现实生活中，许多广告主、广告代理商和媒体在利益的驱动下，用误导性、欺骗性、格调低下的广告来打开市场。这些广告有的超越了道德的底线，有的甚至违反了法律的规定，违背了社会的道德良知，对社会公众特别是青少年产生了不良影响。加强广告在消费活动中的社会责任研究，是消费伦理研究中重要的一环。特别是当前中国大众传媒的发展日新月异，使广告以巨大渗透性的力量在社会中发挥作用，必须加强对大众传媒的监管和社会责任感的培育。

（七）大众文化消费与青少年道德教育问题

大众文化的兴起是当代社会的一个显著特点。这里的大众文化是指采取时尚化方式运作、以现代传媒特别是电子传媒为介质大批量生产的当代文化消费形态，其中网络文化、影视文化、广告文化、流行歌曲等是其核心内容。当代青少年在成长过程中，由于其心理和生理特点，对于大众文化这一当代文化消费形态情有独钟。大众文化改变了青少年的生活方式，影视明星、网络游戏、时尚商品等已经成了青少年生活的一部分，大众文化对青少年的道德观念、道德人格产生了深刻的影响。在大众文化消费中，如何教育和引导青少年对待"青春偶像崇拜"，如何文明上网，如何评价消费时尚，如何对待动漫等等一系列问题，是青少年道德教育中的前沿课题。必须进行深入细致的调研，提出对策，学校、社会和家庭三位一体开展工作，才能真正提高这些道德教育的实效性。

中编 慈善伦理

■当代中国慈善事业的伦理追问 ^①

进入 21 世纪以后，中国的慈善事业有了飞速的发展，同时慈善伦理的问题也越来越为公众所关注，甚至成为社会的热点事件。这些热点事件，集中折射出当代中国社会伦理道德的现状。一方面是人们在社会主义市场经济条件下对真善美的呼唤，另一方面却是在价值观上的困惑。对中国慈善事业的研究，可以从慈善活动的事实入手，研究其历史、现状，也可以从慈善的价值观入手，分析慈善的动机及其背后的伦理理念。纵观目前的研究状况，前者的研究成果较丰富，而后者却相对不足。从笔者的观点来看，慈善的本质是伦理的，伦理理念是慈善行为的"发动机""导向器"，必须加强研究。只有做好了这一研究，才能夯实慈善事业的基础，让慈善闪耀人道主义的光芒，推动中国社会的健康发展。

一、慈善事业在改革开放中的伦理价值

慈善是体现人类良知的高尚行为。千百年来，中国社会虽然历经沧桑，但慈善事业绵延不绝，在赈灾、扶贫、济困、安老等方面发挥着重要作用。乐善好施成为中华民族的传统美德，一批热心慈善公益的人士为世人所传颂。鸦片战争以后，中国社会发生剧烈的变化。西方的各种思潮涌入中国，与中国的传统文化发生激烈的碰撞。随着社会的变迁，慈善事业也发生了转型，"促成了由'善举'到'慈善事业'的演变，促成了传统善人善士个体到近代慈善家群

---

① 该论文完成于 2015 年。

体的形成。处在转型期的慈善机构也逐渐融入近代经济社会中"。①
这是中国慈善事业的第一次转型。

中华人民共和国成立后的60多年，中国的慈善事业先后经历
了调整与改造、萎缩和停滞、复兴与发展的过程。在20世纪50年
代，独立的民间慈善机构逐步消亡，慈善救助活动被纳入了政府救
助体系。即使是改组后的中国红十字会和中国福利会也成为官方组
织，它们的工作成为官方社会救助的一部分。特别是50年代中期
以后，阶级斗争为纲的思想路线逐渐占据了意识形态的主流位置，
慈善意识被打入了"另册"。在计划经济管理体制下，社会救济主要
依赖于官方的机构，民间慈善机构缺乏生存的土壤，1949年前30
年的慈善事业走过了曲折的道路。

改革开放后，中国的慈善事业开始复苏。1994年2月，《人民
日报》发表评论员文章"为慈善正名"，重新赋予慈善以合法性。文
中大声疾呼："社会主义需要自己的慈善事业，需要自己的慈善家。"
不久，中华慈善总会成立。在社会主义市场经济发展过程中，中国
慈善事业的第二次转型的序幕拉开了。2008年，汶川大地震是这次
转型的关节点。自然灾害的惨烈情景震撼了中华民族，亿万中国人
民包括海外侨胞组成了抗震救灾的血肉长城。自汶川大地震后，中
国慈善事业的转型在加速。2013年，国家社会组织注册登记制度改
革终于出台，慈善公益事业的转型迎来了一个新的时代。"这个时代
的重要标志是自上而下的计划慈善正逐渐被上下互动的公民公益所
替代，来自民间或者民间化的公益慈善组织及其创新成为中国慈善
事业的主力军。"②

中国慈善事业的第二次转型首先是伦理观念的转变。在社会主
义市场经济条件下，如何对慈善进行正确的伦理评价是核心问题。
换言之，要发展慈善事业，首先要为其"正名"。胡锦涛总书记2008

---

① 周秋光：《中国近代慈善事业研究（上）》，天津：天津古籍出版社2013年版，
第86页。
② 杨团：《中国慈善发展报告（2014）》，北京：社会科学文献出版社2014年版，
第2页。

年在会见中华慈善大会的代表时对慈善事业作出了高度的评价，他指出："慈善事业是改善民生、促进社会和谐的崇高事业。"[①] 党的十七大报告第一次明确了慈善事业在我国社会保障体系中的地位，党的十八大报告提出"支持发展慈善事业"。慈善事业在改革开放中的地位不断被确认，其伦理价值也日益彰显。

（一）慈善事业有利于实现公平正义，推动社会和谐

社会主义市场经济的建立和发展，改变了中国的面貌。国民经济生产总量跃居世界第2位，经济所取得的成绩举世公认。但不可否认的是，中国在取得奇迹的同时，贫富差距拉大了，公平分配的问题成为社会的热点问题。法国经济学家托马斯·皮凯蒂在《21世纪资本论》中对自18世纪工业革命至今的财富分配数据进行分析，他认为："从长期来看，资本收益率（特别是顶级资本的收益率）明显超过经济增长率"，[②] 不加制约的市场经济加剧了财富的不平等，而仅凭市场经济本身并不能完全解决财富分配不平等的问题。尽管有些中国学者对于他的研究成果还不完全赞同，但他的研究成果在当代中国学术界产生了广泛的影响，对于反思当代中国收入分配问题不无价值。对于社会分配差距拉大的问题，要采取多种途径加以解决。充分发挥慈善在调节社会分配中的作用，也是其中一条重要途径。社会分配有初次分配和再分配，初次分配的主体是市场，再次分配的主体是政府，而慈善是社会的第三次分配，主体是社会有良知的公民。这些公民中既包括经济富裕的企业家人士，也包括千千万万社会生活中的普通人士。随着现代文明的发展，第三次分配在社会生活中的作用将越来越为人们所认识。

"没有正义的慈善是不可能的，没有慈善的正义是扭曲的。"[③] 社会要实现公平正义，离不开慈善，慈善和公平正义是结合在一起的。

---

① "胡锦涛会见出席中华慈善大会代表并发表重要讲话"，http://www.china.com.cn/policy/txt/2008-12/05/content_16907704.htm。

② ［法］托马斯·皮凯蒂：《21世纪资本论》，巴曙松译，北京：中信出版社2014年版，第VIII页。

③ ［英］乔格蒙·鲍曼：《后现代性及其缺憾》，郇建立、李静韬译，上海：学林出版社2002年版，第55页。

社会中每一个成员的基本权利得到切实的维护，能够有尊严地生活，是社会公平正义的基本内容之一。由于分配收入的差异，社会上的一些弱势群体仅靠自身的能力难以达到社会认可的基本标准。通过慈善公益事业的扶助，改善了这部分社会弱势群体的生存状况，正是对基本人权的尊重，是社会公平正义的体现。而在一定意义上，慈善公益事业的发展状况也标志着社会公平正义实现的程度。

社会和谐是改革开放顺利发展的必要条件。市场经济中贫富差距拉大的现实，给社会不同阶层之间的关系投上了阴影。社会上滋长的仇富心理表明了贫富阶层在情感上的对立，这种对立势必影响社会的和谐，甚至在特定条件下会引发社会的矛盾和冲突。通过社会的法律和政策的调整，从制度上为实现社会和谐提供基础性保障是必要的，但通过慈善公益为社会一些弱势群体解决一些实际困难，从而为社会和谐创造良好的氛围又是必不可少的。企业家的慷慨捐赠，使弱势群体感受到社会的温暖和人间的真情，自然减少和化解了贫富阶层在情感上的对立，从而有利于社会和谐。

（二）慈善事业有利于建设良好的社会道德风尚，拒绝道德冷漠

道德冷漠作为善的缺乏，是当代中国社会道德建设中令人忧虑的社会现象。几年前，"小悦悦事件"震撼全国，甚至引起了国外媒体的关注。一个2岁的女童悦悦在车祸中被碾倒在地，18位路人见死不救，引起了社会公愤。面对如此不可思议的道德冷漠，舆论对此进行了激烈的批判。"小悦悦事件"后，中国的道德冷漠问题也成为人文社会科学研究的热点项目。中国出现这样的道德冷漠事件，有其深刻的社会背景。改革开放后，人们的价值观念有了深刻的变化，重功利价值、重个人价值成为社会道德风尚中的显著特点。一方面，这样的价值观念调动了个人的积极性，推动了市场经济的发展，另一方面，过于注重功利价值，削弱了人文精神，过于注重个人价值，削弱了社会责任感。与个人功利无关的事，往往视若无睹，道德冷漠获得了蔓延滋长的温床。

拒绝道德冷漠，要有批判性思维，但更重要的是要有建设性思维。要使更多的人拒绝道德冷漠，必须加强法治建设，完善法律制度，使见义勇为等高尚行为得到法律更有力的支持，但最根本的工作是唤醒人们内心的良知，拥有一份爱心。当代中国社会主流意识形态强调的是"以人为本"的理念，要关心人、理解人、尊重人，特别是关心、理解、尊重弱势群体。这是中国社会文明进步的标志，同时也为拒绝道德冷漠，建设良好的社会道德风尚提供了有力的支持。道德冷漠是道德心理的问题，涉及道德情感。道德情感的形成以个体的道德实践为根基，但社会风气对它有重要的影响。

　　慈善事业是以"仁爱"与"同情"为心理基础的道德行为，是拒绝道德冷漠的重要途径。在慈善事业发达的社会里，人与人之间有更多的关爱，社会中有更多的人情温暖，道德冷漠的现象就会大为减少。当代道德冷漠成为中国社会中被人们所痛斥的事实表明，道德冷漠已经成为社会公害，必须在社会的层面上采取对策。慈善事业是有着悠久历史、广泛影响的事业，慈善事业爱的理念的传播与辐射，它的发展对改变社会不良风气，唤醒人们内心的良知的作用，是无法替代的。社会需要正能量，拒绝道德冷漠需要正能量。而慈善是正能量，它给社会以伦理的信念：人与人之间有真情在。它对那些有爱心的社会各界人士的善举以肯定和激励，它倡导人们向这些爱心人士多多学习，正确对待财富与人生，关爱他人，热爱公益。社会风气是可以改变的，但改变又需要一个过程，需要千百万人的努力。当代中国慈善事业的大发展，将带来社会风气的变化，道德冷漠将会更多地被道德关爱所代替。

（三）慈善是道德积累，有利于提升文明素质

　　慈善是具有广泛群众性的道德实践。要提高个体的文明素质，提高认知水平是必要的，但关键是要诉诸实践，做到知行统一。慈善作为道德实践活动，具有鲜明的特点：第一，慈善的主体是多样的，既可以是组织，也可以是个人，既可以是腰缠万贯的名人，也可以是普通的平民。任何人只要愿意，都可以加入慈善的行列中来。从中国目前的情况来看，"人人慈善，全民慈善"的理念得到了广泛的传播和践行。第二，慈善行为的可操作性。慈善行为可以包含多种内容，捐款、捐物、助人等等。有许多慈善行为仅是举手之劳，或者数额之小，微不足道，但所蕴含的道德价值却不能低估。正如习近平总书记所说："无论是个人还是组织，无论是贫穷还是富裕，不

管在什么条件下，不管做了多少，只要关心、支持慈善事业，积极参与慈善活动，就开始了道德积累。这种道德积累，……切实提高全社会的道德水平和文明程度。"①

慈善是善举，是道德积累，是提高文明素质的开端。中国传统文化中有丰富的道德修养的内容，并形成了完整的理论体系和操作模式。其中强调人的道德修养是一个"积善成德"的过程，"不积跬步，无以至千里；不积小流，无以成江海"。一个人的文明素质，不是从天上掉下来的，是在长期的道德实践中形成的。文明素质的提高，是道德积累的结果。道德的积累是一个长期的过程，一个人做点好事并不难，难的是一辈子做好事。慈善必须持之以恒，才能不断攀登道德的阶梯。

现代信息技术的发展，使慈善的践行更为便捷。在微博、微信上，只要有爱心，愿意捐助，动动手指就能完成。"微慈善""微公益"借助网络有了飞速的发展。这些"微"字头的慈善公益活动具有良好的操作性。所做的好事，都是身边的小事，并不占用个人很多的资源，在市场经济条件下是切实可行的，有着强大的生命力。也许每人只做"一点点"，但千百万人行动起来了，它将会影响社会道德风尚，提高人的文明素质。慈善主体在将幸福给予了受施之人，同时自身也获得了心灵的满足和精神的升华。

青少年处于人生观、道德观和价值观的形成时期，具有很大的可塑性。提高公民的文明素质，应该从青少年的德育抓起。通过慈善公益活动，使他们从小就有爱心，关爱他人，关爱社会。学校的德育不仅要使青少年学生懂得做人的道理，而且强调道德实践，特别是强调让青少年学生在慈善公益活动中认识人生的价值，为社会、为他人多做奉献。

二、慈善事业在当代中国面临的伦理新课题

近几年来中国慈善事业有了较快的发展。2013年中国捐赠总

① 习近平：《之江新语》，杭州：浙江人民出版社 2007 年版，第 252 页。

量约为 1250 亿元。这是继 2008 年 1070 亿元和 2010 年 1032 亿元后第三次突破千亿大关。在政策面利好的条件下，基金会 3496 个，比 2012 年的 3029 个增长了 15.4%。[①] 但与之相伴随的是，陈光标高调行善的争议、郭美美与中国红十字会、巴菲特慈善晚宴……成为社会的热点事件。针对这些事件，人们不断地追问：什么样的慈善是符合伦理要求的，值得我们追寻的？

（一）慈善动机伦理评价的争鸣

慈善，"仁慈"与"善良"之谓也。它是基于人道主义精神，通过自愿捐赠钱款、物品和提供行为帮助等各种形式，表达对弱势群体或社会大众仁爱之心的道德实践活动。慈善的本质是伦理的，其"动机应当是'为人'与'无我'，必须是一种无私的奉献。如果含有任何功利的目的，便算不得真正的慈善"[②]。但这是在理想层面上论证的。在现实生活中，社会慈善现象呈现出复杂的情况。

随着中国慈善事业的发展，社会上涌现了一大批慈善明星。这些慈善明星在社会上有很大的影响，但他们的慈善动机在社会中的伦理评价却不尽相同。有些慈善明星，有着高尚的道德理想，以无私奉献的精神献身于慈善。他们的人格，他们的善举，毫无争议地被人们所敬仰。也有慈善明星，例如陈光标的"高调行善"，虽然捐出了真金白银，但他的行善方式却为人诟病，以致人们怀疑他们的动机是否背离了慈善的真谛。更有甚者，打着慈善的旗号，谋取不义之利，激起了社会的公愤，学者们痛批为"慈善异化"。

多样化是当代中国社会的一个显著特点。慈善动机的多样化，正是这一特点的反映。多样化的慈善动机蕴含着道德境界的不同层次。无私奉献的慈善动机体现着高层次的道德境界，是慈善伦理的旗帜，代表着慈善伦理发展的方向，但具有这样动机的慈善者不多。现实生活中，不少慈善捐赠者有做好事、献爱心的动机，但并不纯

---

① 杨团：《中国慈善发展报告（2014）》，北京：社会科学文献出版社2014年版，第4-5页。

② 周秋光：《中国近代慈善事业研究（上）》，天津：天津古籍出版社2013年版，第34页。

粹，夹杂有其他成分。如果用理想的标准来衡量现实，那么许多慈善是难以合格的。慈善的动机隐藏在人的内心深处，考察一个人的慈善动机是否是"无私奉献"是困难的。如果向慈善者发问，"你的慈善动机是否是无私奉献的"，往往会遇到尴尬。

值得注意的是，近几年来，跨界合作模糊了商业与慈善的界限，慈善成为企业社会责任战略的重要组成部分。汶川大地震后，企业家特别是民营企业家开始认识到慈善捐赠是企业改善形象、履行社会责任的重要方式。但近几年的实践发展，又使企业家感到，与企业经营脱节的捐赠是企业履行社会责任的初级形式，企业的慈善公益活动应该与商业结合起来。2013 年，马云在亚布力论坛上的演讲中专门讲了作为企业家对环境保护现状的忧虑，展现了一个企业家的社会责任感。他的这一演讲甚至被认为是企业家参与慈善公益的宣言。随后，一批国内著名企业家集体性进入了慈善公益圈。"影响力投资""社会企业"等概念开始流行，这些通过有经济效益的投资来做公益的方式，成为慈善事业发展的一个新的特点。这在价值观上是义利并举，与传统的慈善公益价值观是不同的。

随着市场经济的发展，企业和企业家的慈善公益行为对慈善事业发展的影响将会越来越大。如何从伦理上评价他们包含有功利内容的慈善公益行为？成为慈善事业发展中必须认真思考的问题。如果让功利意识在慈善事业中横行无阻，慈善事业就会演变成"高级广告"，颠覆慈善的本质。但要完全排除慈善事业中的功利意识，在社会生活中的许多方面，特别是企业方面，难免缺乏现实的操作性。

在承认慈善动机多样化的前提下，应该尊重差异，包容多样，同时又要坚持伦理的底线。无私奉献的慈善动机，是高尚的，是值得倡导的，但它是建立在自觉自愿基础上的。慈善动机的伦理底线就是不能损害国家社会和他人的利益，违背人道主义精神。如何通过制度的安排，在慈善活动中追求高尚，坚守底线，是社会治理现代化过程中的一项重要课题。

（二）慈善组织公信力的质疑

慈善组织是捐助者和受助者之间的"桥梁"，它在现代慈善事业的发展中的地位和作用是不容置疑的，慈善组织的发展标志着社会慈善事业的发展。然而，公信力是慈善组织的灵魂，是慈善组织赖以生存的基础。公信力的缺失，是慈善组织的致命伤。某一个慈善组织的丑闻受损的不仅是整个社会慈善组织的声誉，也影响着慈善事业的未来发展。郭美美事件为什么会对中国红十字会产生那么大的负面影响？这不是偶然的。尽管中国红十字会多次用事实撇清与郭美美的关系，但很多民众不愿认可，这是为什么？当代中国道德失范，诚信缺失，人与人之间的信任受到了猛烈的冲击。慈善组织公信力的问题，是社会道德状况的一个缩影，但同时又有其自身的原因。本文从制度伦理和德性伦理两个角度分析：

制度伦理是对制度的正当、合理与否的伦理评价。当代中国有关慈善组织的制度还不够完善，存在着明显的缺陷，突出地表现在信息公开透明的缺乏上。中国社会不缺少善心，缺少的是对慈善组织的信心。"郭美美事件"后，媒体公布的调查数据表明，"在回答'认为中国红十字会陷入信任危机的深层原因是什么'的问题时。46.2%的人表示红十字会内部情况长期不透明、不公开、组织神秘"。① 社会公众在慈善捐赠的时候，必然要了解该慈善组织的公信力情况，考虑是否值得托付，然后作出个人的决策。如果慈善组织信息公开、透明，捐赠人对慈善组织的运作信息了解充分，就会产生信任感，就会提高慈善积极性和慈善热情，反之，就会降低慈善积极性和慈善热情。国外专家认为慈善组织要有"玻璃做的口袋"，口袋里有多少钱，做了什么，都要让捐助者一目了然。这一比喻是非常生动和确切的。民政部主管的中民慈善捐助信息中心《2014年度中国慈善透明报告》显示，尽管有超过77%的公众认为我国公益慈善组织的信息披露工作有一定程度的进步，但五成公众对慈善组织信息披露仍然不满意，有77%的公益慈善组织透明指数得分不及格。要增强慈善组织的公信力，必须完善有关制度，并加强执行力。

慈善组织是由人来运作的，人的素质如何直接影响到慈善的公信力建设。慈善组织与其他经济组织不同，其需要更多的责任心和

① 章轲：慈善组织公信力追问：透明为何那么难？《第一财经日报》2011年7月15日。

奉献精神。调研发现，当代中国慈善组织大部分规模较小，全职人员在3人以下的超过40%。工作时间长，劳动强度大，薪酬待遇偏低困扰着从业人员。政府要通过政策调整，改善慈善组织从业人员的工作环境和经济待遇，但他们无法获得基于市场机制提供的具有竞争力的薪资。这对他们的人生观、道德观和价值观是一个严峻的考验。意志薄弱者可能为了私利而违规操作，如挪用、滥用善款，甚至以慈善为名干违法的勾当。因此，提高慈善组织从业人员的职业道德素质，是慈善组织公信力建设的重要内容，必须把这一工作提到重要议程上来。换言之，就是要充分发挥德性伦理的作用，通过道德自律来引领、规范慈善组织从业人员的行为。在唾手可得的利益面前，坚持职业的操守，不为诱惑所动，慈善组织的公信力才会为公众所认可，才能塑造慈善组织的良好形象。"中国母亲"胡曼莉将善款据为己有，汶川地震中有些善款不知去向……慈善中发生的这些令人痛心的丑闻告诉人们，在运用法律制裁的同时，也需要道德制裁的支持。

（三）传统慈善伦理的尴尬

慈善是人的伦理观念和伦理行为的统一体，是人类的传统美德。中国传统文化中有丰富的慈善伦理思想，儒家讲"仁爱"，道家讲"积德"，佛教讲"慈悲"。但在中国历史长期发展过程中，儒家的慈善伦理思想影响最大。儒家的创始人孔子以"仁爱"为核心，创立了儒家慈善伦理思想体系。孔子主张"爱有差等"，首先是"爱亲"，然后才是"泛爱众"。孟子提出"老吾老以及人之老，幼吾幼以及人之幼"的"推己及人"的行为路线，也是对孔子"爱有差等"思想的继承。儒家的仁爱说是其慈善伦理思想的核心，它是建立在宗法血缘关系基础上的，强调人际关系中有亲疏、尊卑的差别。因为有血缘关系，仁爱首先是爱自己的亲人，身后的财产是留给子女的。巴菲特来中国举行慈善晚宴，一些企业家避之不及，唯恐被劝捐。在几千年历史发展中形成的中国慈善伦理深深地打上了血缘、族缘、地缘的烙印，至今在中国还是根深蒂固的。慈善捐献更多的是给予亲人、族人、同乡、同事、熟人，这种慈善伦理体现的是"小爱"的精神，与现代社会的"大爱"是有明显区别的。这种"小爱"的精神植根于中国的传统文化，不能否定，但仅仅停留在"小爱"的层面上，与现代文明的发展要求不相符合，有时也会遇到尴尬。有位司机在驾车途中，发现路上有位老人被其他车辆撞到，倒在血泊中。他以为这与他无关，于是径直回家。回家后发现老母亲不见了，后来才发现倒在路上的老人竟是他的母亲。母亲因为没有及时得到救治而撒手人寰，而他也捶胸顿足，悔恨不已。如果这位司机有"大爱"的精神，事情的结局也许不会是这样了。

改革开放后，地域之间的人员流动其规模和数量是以往任何时代难以比拟的，特别是亿万农民工进入城市，猛烈地冲击着传统的宗法血缘关系。中国从传统的"熟人社会"进入现代的"陌生人社会"，传统的慈善伦理面临着深刻的变革。在这场变革中，慈善中的感恩问题引起了争鸣。"滴水之恩，涌泉相报"，受助者感恩施助者，这是中国传统慈善伦理的基本内容之一。而这种感恩在"熟人社会"中，又是以个人对个人即"点对点"的方式进行的，无疑会对受助者产生压力。有学者认为，感恩提升了人的精神境界，有利于达到人性的自觉。也有学者认为，勿以感恩理解慈善，慈善无关感恩，无关回报。在感恩问题上的不同观点，折射出传统文化与现代文明、理想与现实的冲突。但在这场争鸣中，也可以达成某种共识，即施助者与受助者应该是平等的、相互尊重的。中国古代的"不吃嗟来之食"，体现了受助者捍卫人格平等和尊严的意志。感恩不能损害双方特别是处于弱势的受助一方的尊严和平等，这是毫无疑问的。有的企业家"高调行善"，为社会舆论所诟病。他捐出了真金白银应该肯定，但其行善的方式却有许多瑕疵，难以体现尊严和平等的要求。

在不同的文化背景中，对于慈善活动中"施"与"受"的观点也有不同。英国著名文学家莎士比亚说："慈悲不是出于勉强，它是像甘露一样从天上降下尘世；它不但给幸福于受施的人，也同样给幸福于施与的人。"① 国外文化更倾向于"施"与"受"的平等，而中国传统文化强调"施"是恩赐，在上位，而"受"是接受恩赐，在下位。

① 莎士比亚:《威尼斯商人》，朱生豪译，北京：人民文学出版社1977年版，第137页。

因此，实现当代中国慈善中的平等，"施"与"受"的传统观念也需要变革。

三、现代社会治理体系下的慈善伦理建设思路

慈善伦理要置于社会宏观背景下，才能正确认识其发展的思路。当代中国社会的深刻变革，推动了国家行政方式的转型，这种转型突出地表现为从管理升华为治理。治理与管理的明显差别之处在于治理的主体是多元的，不仅有政府，而且有社会、企业和公民。在多元主体的共同治理下，社会走向民主、文明。从全局性、根本性的意义上说，国家在治理中依然占据着主导地位，但它不是唯一的，是与其他主体共同承担着治理的重任。激发社会组织活力，是推进国家治理体系和治理能力现代化的重要举措，慈善公益类的社会组织处于重点培育和优先发展的地位。在新的形势下，慈善公益类的社会组织将有较大的发展，必然带来慈善事业的繁荣兴旺。中国的现代社会治理是"法治"与"德治"的统一，首先要从这一点来反思、谋划慈善伦理建设的思路。

（一）慈善伦理建设的制度支撑

制度是强制性的外在规定，或称"硬约束"。慈善组织在运作过程中，必然涉及多方面的伦理关系，例如慈善组织与捐助者之间的伦理关系，慈善组织与政府管理部门之间的伦理关系，慈善组织与社会公众之间的伦理关系。在这些复杂的伦理关系中，如何保证、评价、监督慈善组织的公信力？基础性的工作是制度性的安排，这些制度是强制性的、必须遵守的。慈善组织根据制度的要求开展工作，根据制度的要求接受社会的监督和评价，并改进工作。慈善组织要有公信力，其有关信息要透明，这是中外慈善组织建设的基本经验和社会的共识。多年来，中国有关文件只是确定了信息公开原则，但没有将慈善组织强制性信息披露作为规则，因而失去了制度的保障。但2011年以后情况发生了变化，民政部于2011年发布了《公益慈善捐助信息公开指引》，明确规定："在工作评价和表彰奖励等工作中，将信息公开主体的信息公开状况作为重要指标。"2014年4月上海市民政局发布了首个指导社会组织信息公开

的地方性文件《上海市社会组织信息公开指引》，其他一些省市虽然没有公开出台专门的文件，但在关于慈善公益事业的文件中，都对慈善公益类社会组织的信息公开提出了具体的规定。慈善公益组织信息通过制度性的安排，使其公开透明，在阳光下运作，揭开了慈善事业发展的新一页。但这仅仅是开始，在制度的内容上，在制度执行力方面还有不少新问题需要研究。例如，慈善组织的信息应该公开透明，但透明到什么程度？有的学者提出"透明要有边界"，那么"边界"如何确定？有些慈善组织在信息公开透明方面走在了前列，但信息公布后，受到了社会公众的猛烈质疑。究竟是慈善组织方面的问题呢，还是公众对慈善组织评价的伦理观念方面需要改变？这些问题需要深入研究，使制度不断地完善。另外，对慈善组织公信力的管理和监督，需要充分运用大数据时代的技术优势。不仅有利于慈善公益组织公开相关信息，而且管理部门和社会公众能够更便捷地获得相关信息。当然，大数据时代使慈善组织能够通过海量的信息分析研究和发展趋势预测，提高慈善组织的效率和工作质量。

慈善伦理的问题在某种意义上说，是财富伦理的问题。如何处置自己的财富，是由个体的人生观、价值观所决定的，但同时受国家法律和政策的深刻影响。国外慈善事业发达的国家，税收制度起了较大的调节作用。例如，在美国，巨额财产税、捐款抵税制双管齐下，有力地推动了企业家对慈善事业的热情。中国的国情与美国不同，但他们在慈善事业方面的某些思路，可供我们借鉴。党的十八届三中全会"关于全面深化改革若干重大问题的决定"中指出："完善慈善捐助减免税制度，支持慈善事业发挥扶贫济困积极作用。"这里明确地肯定了慈善捐助减免税制度在慈善事业发展中的积极作用，同时又要求完善这一制度。

慈善事业的发展，需要加强慈善伦理建设，同时需要更为完善、细致、包容、与时俱进的制度支撑。2014年全国人大启动《慈善法》立法工作。全国有关学术机构纷纷组织讨论研究，并提供了不同的《慈善法》版本。但这些版本都强调《慈善法》要成为促进中国慈善事业发展的"良法"，体现法律与伦理的统一。随着将来《慈善法》

的正式出台，中国的慈善事业将迎来一个新的时代。

（二）分类分层次与建构慈善伦理规范体系

面对现实社会中慈善动机的多样化，慈善伦理建设必须分类，分层次进行。在英语中，慈善可以翻译为"charity"，也可以翻译为"philanthropy"。在许多情况下，两者可以当作同义词使用。但严格地说，它们是有区别的。"charity 指称由宗教机构发起的、有宗教动机的慈善活动，而 philanthropy 一般是以世俗的人道主义为动机，并由一些非宗教组织发起的慈善活动。"[①] 从词源中不难得出这样的结论：英语中的慈善有宗教慈善和世俗慈善两类，宗教慈善（charity）通过宗教机构运作，而世俗慈善（philanthropy）以美国著名企业家卡内基为代表的基金会作为运作的主要形式。中国在历史上，有宗教慈善、国家慈善、社会慈善、儒家慈善等等。慈善是有类别的，类别不同，其伦理建设的要求也应该有所区别。例如，世俗慈善（philanthropy）主要是企业家群体，应该宽容他们在慈善动机上的一定限度的功利考量。

不同的慈善主体在价值观上是有区别的，主体的慈善动机可以分为不同的层次：无私奉献，义先利后，义利并举，见利忘义。建构慈善伦理规范体系的宗旨就是规范人们的慈善行为，并引领人们在慈善活动中攀登道德的阶梯，从低层次走向高层次。这一伦理规范体系的基本原则是人道主义。慈善是建立在人的同情心基础上的，是人性的表达。对于他人，特别是处于贫穷、困难中的弱势群体，义无反顾地伸出关爱之手。这种蓝天下的至爱，闪耀着人性的光芒，是文明社会亮丽的风景线。慈善，真正的慈善之所以被人们所称颂，是因为它的人道主义精神。尽管社会要尊重差异，包容多样，但绝不能违背人道主义精神来考量慈善动机。慈善动机往往具有模糊性、不可测性，强调慈善伦理规范体系的基本原则是人道主义，就是要引导人们更多地以"良心"的冲动，而不是更多地以"经济"的冲动投身于慈善事业。考虑到慈善动机的多样化的现实，底

---

① [美]乔治·恩德勒：美国的慈善伦理与财富创造，《上海师范大学学报（哲学社会科学版）》2014 年第 1 期。

线是应该把人道精神置于功利考量之前。

慈善伦理规范体系不仅包括基本原则，也包括具体规范，基本原则贯穿于具体规范中，而具体规范是基本原则的实践表达。慈善伦理以三大规范为基础：自愿奉献、平等互尊和诚实守信。第一，慈善是建立在个人自愿基础上的，要尊重个人的愿望。违背个人愿望的"强捐""索捐"都是违背慈善伦理要求的。慈善是发自内心的要求，是爱的奉献，慈善事业具有捐献者意愿至上的特点。捐献者在捐献时表达了自己的意愿，只要这些意愿不违背法律法规与社会公德，慈善机构必须按照这些意愿行事。第二，慈善双方是平等的，要互相尊重。在平等的基础上，才能实现互相尊重。在慈善事业中，捐助者一般处于强势地位，受助者往往处于弱势地位，但在人格上双方应该是平等的。捐助者的傲慢往往会损害受助者的自尊，即使捐助者真心捐助，也会不被人们所首肯。当然，受助者也应该理解、尊重捐助者的意愿。第三，慈善活动要以诚实守信为本。慈善组织的公信力最深层的基础是对诚实守信规范的践行，没有诚实守信，就没有慈善组织的公信力。慈善组织公布的信息应该是真实的、全面的，是可信的。慈善捐助者对捐助的承诺，应该切实得到执行，而受助者也应该以诚实守信的精神使用善款。

（三）从内容和形式上升华传统慈善伦理

慈善伦理的建设，事关社会伦理风尚、公民伦理素质等诸多问题，是国家和民族文化建设的内涵之一。当代中国的慈善伦理是在中国几千年文化发展中形成的，传统文化对其有着深刻的影响，甚至是其中的一部分。正如国外学者所言：传统文化"是现在的过去，但它又与任何新事物一样，是现在的一部分"。① 中国传统儒家的"仁爱"精神，成为培育乐善好施的中华传统美德的乐土，同时直到现在依然激发着人们投身于慈善事业的热情。毫无疑问，中国现代慈善伦理的建设必须弘扬中华传统美德，但在此基础上又必须根据时代发展的要求加以升华。

① ［美］爱德华·希尔斯：《论传统》，傅铿、吕乐译，上海：上海人民出版社2009年版，第13页。

在内容上，要从"小爱"升华到"大爱"，倡导"陌生人伦理"。中国传统儒家的慈善伦理的"爱有差等"是建立在自给自足的自然经济基础上的，与"熟人社会"的人际交往、社会风俗相适应。现代社会是一个高度流动的社会，人们活动的范围大大地超过了以往任何时代。血缘关系受到了猛烈的冲击，是一个"陌生人"的社会。在慈善伦理观上，要求倡导无特定对象，无远近亲疏，无需相识相见的"陌生人伦理"，其实质是"爱无差等"。这种"爱无差等"的思想在中国历史上曾经出现过。先秦时期的墨家主张"兼相爱，交相利"，其中的"兼相爱"就是不分人我，不辨亲疏、贵贱、强弱、智愚地彼此相爱。可惜，由于种种历史原因，墨家的"兼爱说"沉寂了几千年。在当代中国慈善伦理的升华中，可以在历史的追寻中，发现墨家"兼爱说"思想的现代价值，并需要从中吸取营养。在欧洲文艺复兴史上，"自由、平等、博爱"是一面伟大的旗帜，也是人类文明的重要成果。"陌生人伦理"既表达了人与人之间的平等要求，同时也体现了博爱精神，是平等与博爱的统一。在现代慈善伦理建设中，吸收中外历史上的思想精华，走出传统思维的窠臼，就能进入一个新的境界。

当代世界慈善事业在迅速发展，大众慈善的理念不断深入人心。为了吸引更多的社会成员加入慈善行列，必须在形式和途径上有所创新。2014年夏天，"冰桶挑战赛"风靡欧美，同时也迅速蔓延到中国。它的游戏规则是，参加者需要将一桶冰水倒在自己头上，并且将整个过程拍成视频上传至社交网络。参加者完成挑战的同时，另可最多点名三人要求其仿效此行为；被点名者须于24小时内接受"挑战"，或者要向慈善团体捐款100美元。短时间内，慈善团体获得了大量的捐款。"冰桶挑战赛"以创新性、娱乐性、互联网化等特征，宣告了慈善公益进入了2.0时代。传统的慈善募捐方式往往是呆板的，而"冰桶挑战赛"融入了娱乐性，使人感觉耳目一新，但也有人认为娱乐的色彩盖过了慈善的本意。如何从伦理观念上接受这种"轻松、轻便"的"轻公益"，也将是慈善伦理建设的一项重要课题。

■慈善：功利性与非功利性的追问

慈善是人类良知的表达，体现了社会的文明程度。传统的慈善伦理观念认为，慈善应该与无私奉献联系在一起的。但是"是"与"应该是"两者是不能画等号的。在现实生活中，慈善的伦理评价呈现出复杂的情况。在社会热议的慈善事件中，人们面临着不少伦理的困惑。要对这些社会事件中的伦理困惑给予有说服力的回答，必须从伦理学的理论层面加以深刻的反思。其中的关键之点是在21世纪市场经济条件下，如何正确认识和处理慈善与功利的关系。

一、小慈善、大慈善与功利

慈善事业是一项伟大而崇高的事业，千百年来绵延不绝，形成了悠久的历史传统。在中国古代慈善救助中，政府承担着主要的角色，而民间慈善组织则是辅助和补充的角色。到了近代，中国的慈善事业发生了重要变革。随着西方慈善伦理思想从各种渠道传入中国，中国的近代慈善事业注入了新的内容。慈善不仅包括救助贫困和弱势群体，而且要大力发展社会公益事业。进入了21世纪之后，中国的慈善公益事业进入一个大发展时期，对慈善伦理的研究也进入了一个崭新的阶段。

慈善的本质是伦理的，那么"慈善伦理"是否是同义反复？有的学者曾经有这样的疑问。但慈善不仅要从概念上认识，而且要将慈善理解为活动。在慈善活动中，必然涉及人的伦理观念和伦理关系，涉及人们的慈善动机和行为的伦理评价。这样"慈善伦理"命题的成立就可能无异议了。慈善伦理的研究可以分为人们"为什么做慈善"和"怎样做慈善"两大内容，本文抓住慈善与功利的关系，

103

慈善：功利性与非功利性的追问

着重研究这两大内容中的伦理评价问题。从逻辑上看，必然首先要界定什么是慈善。

人们总是把慈善与公益联系起来，那么慈善与公益究竟是什么关系？据国外学者研究，慈善与公益的纠缠不清已经有几千年的历史。应该承认，这两者有着利他主义的共同特点，在一定条件下，可能难以完全区分开来。但两者的不同点，突出地表现在慈善以弱势群体为对象，而公益顾名思义是社会公众，既包括弱势群体，也包括非弱势群体。这样，从对象上说，公益中包含了慈善。1999 年全国人民代表大会常务委员会通过了《中华人民共和国公益事业捐赠法》。该法第三条规定了"公益事业是指非营利的下列事项：（一）救助灾害、救济贫困、扶助残疾人等困难的社会群体和个人的活动；（二）教育、科学、文化、卫生、体育事业；（三）环境保护、社会公共设施建设；（四）促进社会发展和进步的其他社会公共和福利事业"。在该法中，"救助灾害、救济贫困、扶助残疾人等困难的社会群体和个人的活动"这些慈善活动被归入到公益事业中，它表明慈善是公益的一部分。这里的慈善是狭义的慈善，是小慈善。

然而，2016 年全国人民代表大会通过了《中华人民共和国慈善法》。该法对慈善的内容作了概括，一共 6 条。前 3 条是"扶贫、济困；扶老、救孤、恤病、助残、优抚；救助自然灾害、事故灾难和公共卫生事件等突发事件造成的损害"，而后 3 条是"促进教育、科学、文化、卫生、体育等事业的发展；防治污染和其他公害，保护和改善生态环境；符合本法规定的其他公益活动"。后 3 条中列举的公益活动被明确地放入了慈善的内容中。可见，这里的慈善是包含公益内容的，是广义的慈善，是大慈善。

考虑到《中华人民共和国慈善法》是全国人民代表大会通过的法律，比《中华人民共和国公益事业捐赠法》的法律效力更高，是最新颁布的法律，而且内容更丰富。因此，本文所采用的是广义的慈善概念，以大慈善概念立论，将公益置于从属于慈善的地位。大慈善的概念能够更好地适应当代中国慈善事业发展的要求，更好地阐述慈善与功利的关系。

2013 年，国家有关方面推出了慈善公益组织直接登记注册的改革政策，释放出体制对慈善公益组织全面接纳的信号。一大批企业和企业家通过慈善公益组织纷纷进入了慈善公益领域，他们的慈善公益行为在社会上产生了越来越广泛的影响。据中国慈善联合会《2015 年度中国慈善捐助报告》统计，2015 年企业捐赠额达到783.85 亿元，约占捐赠总额的七成，民营企业和国有企业是捐赠的主力军。报告的分析样本中，民企和国企的捐赠均有较大涨幅，分别占企业年度捐赠总额的 52.24% 和 32.77%。这些都说明，企业在中国慈善中扮演着越来越重要的作用。特别是在"防治污染和其他公害，保护和改善生态环境方面"，企业捐赠有着广阔的发展空间。有些人认为，企业是经济实体，是追求盈利的，其社会责任不包括慈善公益，慈善公益是政府部门的责任。但当代中国的情况已经发生了重大变化，一些走在时代潮流前沿的企业家，他们是企业的掌舵者，面对生态环境与人类的紧张关系，他们感到"睡不着觉了"。例如，马云在 2013 年亚布力论坛上说："让我睡不着觉的是我们的水不能喝了，我们的食品不能吃了，我们的孩子不能喝牛奶了，这时候我真睡不着觉了"，"这个世界其实不缺投诉者，不缺抱怨者，不缺批判者"，"需要一种行动"。[1]马云在这一论坛上的讲话，被誉为企业家参与慈善公益的宣言书。马云身体力行，次年他个人出资在国内设立非公募基金会，以"促进人与自然、人与社会的和谐发展"为宗旨，"让天更蓝，水更清，身体更健康，思想更阳光为使命"。2015 年，马云在联合国气候变化巴黎大会上发表主题演讲。他指出：生态环境问题"不是我的责任还是你的责任，而是共同的责任。政府，企业家，科学家，都要学会合作"[2]。对生态环境的高度责任感，打开了企业慈善公益发展的新局面。

值得注意的是，企业慈善公益发展中，产生了"影响力投资"的概念。"影响力投资"实质是通过有经济效益的投资来做慈善公益，

慈善：功利性与非功利性的追问

---

① 马云 2013 年亚布力论坛演讲稿：污染让我睡不着觉 http://www.cz88.net/fanwen/jianghua/1523203.html。

② 马云：如果地球病了没有人会健康 http://tech.ifeng.com/a/20151206/41518426_0.shtml。

力图把资本的利润诉求和慈善公益的价值诉求熔于一炉，这被国外权威人士誉为"自税收优惠政策被引入慈善公益事业以来该领域出现的最有力量的创新之一"。[①]这一概念已经进入了实践层面，国内第一支以社会价值为导向的股权投资基金——"社会价值投资基金"已经诞生。

一方面，将"影响力投资"作为企业慈善的新概念表明了随着社会文明的进步，有社会责任感的投资人和投资机构不断增多。许多社会问题的解决面临资金不足的困难，发挥市场机制的作用，也是解决困难的一种思路。另一方面，也引起了不少有识之士的深深忧虑。企业在功利的驱动下做慈善，是否会阉割慈善的灵魂？在功利原则"野蛮生长"的情况下，慈善是否会堕落为"高级广告"？企业慈善公益出现的新情况表明商业与慈善的界限日益模糊，传统的慈善伦理面临着新的挑战，促使理论工作者更深入地反思慈善与功利的关系。

二、慈善动机伦理评价的分类和分层次

对人的行为进行伦理评价，无非是考察其动机和效果。慈善是人的自觉自愿的行为，它是由动机所发动的。对个体或组织的慈善行为进行伦理评价，首先考察的是其动机。在慈善活动中，人们把具有善良动机的慈善行为才称为合乎道德的。根据传统的观点，这种善良的动机主要是指无私奉献的境界。但是，随着时代的发展，慈善动机呈现出多元化的特点，这一观点需要进一步丰富和发展。在为什么要做慈善的问题上，慈善与功利的关系需要给予新的论证。而这种论证的前提是从变化了的客观实际出发，将慈善分类和分层次。

中国古代主要有官方慈善和民间慈善。官方慈善以儒家的仁政为治国的理论基础，以行政的赈灾济困为主要形式。而民间慈善包

---

① 顾远：影响力投资的理想与现实，《世界经济导报》2015 年 10 月 20 日。

括家族主导和宗教团体主导两种形式。① 唐宋以后，儒佛道三家合流，家族主导和宗教团体主导的民间慈善活动中，既有儒家的仁爱之心，也有佛教的慈善情怀，以及道家的行善求仙之憧憬，而且往往是相互糅合在一起的。在中国古代民间慈善伦理文化中，一方面有"施恩不图报"的慈善动机，完全排除功利，另一方面也有"善有善报"的慈善动机，不乏个人功利的考虑。

在传统西方伦理文化中，慈善与宗教联系在一起。西方人"所理解的慈善，可以概括为基督精神感召下谋求一种贫富差距问题之解决的义务"。② 英语关于慈善含义的单词有两个，一个是"charity"，另一个是"philanthropy"。前者与宗教联系在一起，更多的是无私奉献的精神，而后者主要是与企业家和基金会联系在一起，体现的是公益精神，不拒绝功利。现在，中国企业家通过基金会做的慈善公益，假如翻译成英文的话，应该是"philanthropy"，而不是"charity"，这样更确切些。

中西慈善伦理文化表明，尽管慈善的内容和形式不同，但慈善具有不同的类型。只有从不同类型的特点出发进行慈善动机的伦理评价，才能更有说服力和操作性。笔者提出，将慈善分成非功利性慈善和含有一定功利性的慈善。前者相似于"charity"，后者相似于"philanthropy"。这里，含有一定功利性的慈善主要是指企业公益慈善。不同类型的慈善公益活动有其自身鲜明的特点，对于它们在慈善公益活动中功利观的评价标准应该有所区别。例如，企业做慈善公益能不能有功利的考量？如果完全没有功利的考量，当然是理想的、值得欢迎的，也许在某些特殊的情况下是可能的。但市场经济的竞争是残酷的，企业要实现自己的经济利益，才能在市场经济中立足，并得以发展。因此，在多数情况下，企业在经济上的付出，必然要考虑一定的回报。这也就是说，企业的慈善动机中或多或少地

---

① 朱贻庭、段江波：善心、善举、善功三者统———论中国传统慈善伦理文化，《上海师范大学学报（哲学社会科学版）》2014 年第 1 期。

②［美］乔治·恩德勒：美国的慈善伦理与财富创造，《上海师范大学学报（哲学社会科学版）》2014 年第 1 期。

会有功利的考量，通常这种回报的主要形式就是企业品牌影响力的扩大。但在此基础上，必须进一步追问，那么慈善与商业有什么区别呢？界限在哪里？"君子爱财，取之有道。"这句名言为世人所津津乐道。同样也应该说："企业逐利，得之有道。"这个"道"，就是道德维度和法律维度，也就是说，要用道德和法律对其进行规范化的约束。

这一维度就其价值观而言，是建立在"义利统一"的基础上的。这一价值观是企业做慈善有最大可接受性的价值选择路线。也就是说，企业做慈善可以将其纳入企业发展战略中，但不可以违背道德与法律的要求，在慈善的旗号下追求不义之财。诚实守信是企业慈善的基本准则。例如，有些企业在捐助中，"口惠而实不至"，借慈善为名，以做广告为实，不履行承诺的事件在社会生活中时有发生，造成了不良的影响。这是触碰慈善底线的，"义利统一"是基础性的要求。过去，一些企业家认为，做慈善不是企业的事，但是从国际企业伦理发展的新潮流来看，这样的观点是片面的，至少是不合潮流的。企业是经济实体，也是伦理实体，企业的发展离不开社会的支持。企业的社会责任包括经济责任，也包括慈善责任。企业要将慈善公益行为作为其履行社会责任的重要形式，"得之于社会，还之于社会"，从这样的高度认识慈善，才能更好地在社会中树立良好的形象，并为企业的发展赢得良好的社会条件。

上述的分类是基于慈善的形式和特点，但慈善活动的主体是人，人是有不同的道德境界的，其慈善动机具有不同的层次。当代中国是个全面改革开放的社会，中西伦理文化互相碰撞。文化多元化，慈善动机多样化。处在不同经济地位、有着不同的家庭和社会背景、有着不同信仰的人们，对于财富与人生有着不同的理解，对"为什么要做慈善"持不同的观点。慈善动机可以分为三大层次：

第一层次，建立在无私奉献基础上的高尚慈善动机。在社会生活中，一些道德高尚的人们，在慈善活动中，奉献了自己的全部财富，而且不求回报，真正做到了无私奉献。这一群体虽然人数不多，但他们是人类良知的代表，是道德的楷模，体现了社会的正能量。这些道德高尚者超越世俗功利之心，毅然挺身而出，扶贫、助学、救灾、济困，资助各类公益事业，成为社会佳话。这一群体来自各个行业，身份也不尽相同，但有着一个共同点，即高尚的人格。这种高尚的人格表现为强烈的仁爱之心和高度的社会责任感。在贫富差距扩大的今天，还有一部分社会成员因为疾病、贫困等各种原因，需要社会救助。恻隐之心使他们坐不住了，他们慷慨解囊，伸出了援助之手。在生态环境形势严峻的背景下，他们以高度的社会责任感，通过基金会、志愿者活动等形式为生态文明建设出力。在这个群体中，活跃着不少企业家的身影。他们已经积累了巨额的财富，但是他们把大量的财富投入于社会慈善事业中，而不是留给子女和亲人，体现了高尚的道德情操。无私奉献基础上的高尚慈善伦理动机是世界观、人生观和价值观的体现。人活在世界上有什么意义？怎样处置财富？怎样履行社会责任？他们以高尚的道德境界回答了这些问题。社会将会越来越文明，那么无私奉献的慈善者肯定会多起来。

第二层次，含有一定功利内容的普通慈善动机。在现实生活中，不是所有人都是道德圣人，大多数情况下许多慈善捐献者还有一定的功利考量。对这一层次的慈善伦理动机的评价，关系到慈善事业的更大发展问题。做慈善的人，在一定前提下有功利的考量，是应该给予理解和宽容的。不断拷问捐献者的动机，会造成慈善者的尴尬。做慈善被人求全责备，而不做慈善的人却悠闲自在，这对慈善事业的发展是不利的。一个人的慈善动机是复杂的多面体，有仁爱心，抑或有功利心；有利他心，抑或有利己心……但必须指出的是，慈善是以仁爱和利他为主导的，离开了这一基本条件，慈善的本质就被阉割了。这也就是说，理解和宽容是有限度的。另外，对"高调慈善"的伦理评价也必须加以讨论，慈善的"高调"还是"低调"，看起来是个慈善形式的问题，但在它背后有利己心的慈善动机推动。一般说来，过于高调的慈善是令人嫌恶的，是有缺陷的慈善。但对于这种慈善，也必须进行辩证的分析。如果他的确拿出了真金白银，履行了捐赠义务，那就得在整体上肯定他的慈善行为。但也必须指出其慈善行为的缺陷，以便改进和提高。

第三层次，超越道德底线的异化的慈善动机。在慈善事业大发展中，难免鱼龙混杂。有些人打着"慈善"的招牌，借"义卖""募捐"等慈善之名，行诈捐之实。假慈善、伪慈善现象的蔓延滋长，极大地败坏了慈善的名声，受到了社会舆论的猛烈批判和有识之士深深的担忧。透过这些现象，不难看到，这些为功利心所推动的假慈善、伪慈善，已经违背了诚信的原则，超越了慈善的道德底线，是被异化了的"慈善"。其实质是极端的利己主义取代了慈善的利他主义，从动机的角度分析，谋取不正当的私利是这些人的"慈善"初衷。当然，慈善动机的问题，主要是道德问题，是教育和引导的问题，但动机在推动人们行为产生后果后，法律将会出场，界定行为的合法性与否。违反法律的话，将会受到法律的制裁。有些人搞假慈善、伪慈善，用虚构事实、隐瞒真相的手段获取公私财物，就有可能涉嫌诈骗罪。但从动机入手，以道德滋养法治精神，不失为解决慈善异化的基础性工作。

三、行善过程中要注重功效

慈善不仅包括善心，更包括善行。人们将善心付诸行动，使慈善落到了实处。在行善的过程中，是否要讲功利呢？功利论是一种效果论，主张将效果作为评价事物的根据。对于功利，不仅要从道德价值角度认识，而且要从效果论角度加以认识。从功利论就是效果论的角度讲，行善讲功利、讲效果是无可厚非的。慈善是"做好事"和"做得好"的统一。"做好事"是指做有利于社会和他人的善事，"做得好"是在"做好事"的过程中，使慈善资源的分配更合理、更有效。因此，从慈善运作的角度出发，要肯定企业对功利（效率）的追求。

现代市场经济是效率经济，现代市场经济条件下的慈善活动必然需要专业化和市场化运作，讲求效率。从历史的发展看，现代慈善公益基金会的建立，反映了市场经济发展的内在要求，是传统慈善走向现代慈善的一个重要标志。20世纪现代慈善公益基金会在美国诞生。美国慈善公益之所以采取基金会的形式，是市场经济发展的产物，也是美国文化孕育的结果。实用主义是20世纪美国社会的主流思潮，而实用主义是功利主义的变种。重功利、重效率的社会文化和个人主义、精英主义相结合，成为美国慈善公益基金会诞生的文化土壤。

100多年来，基金会在吸引更多的资金进入慈善、更有效地管理慈善组织方面走在了潮流的前列。它表明，慈善公益不仅是仁慈之善举，也是企业理性经营的一种战略智慧。进入21世纪以后，国际上出现了新的慈善公益模式。这与传统的慈善公益模式有着很大的不同，其最大的特点是"通过以市场为基础的创新为全球弱势群体服务"。这种新的慈善公益模式，强调规模效应，因而着重资助可复制的模式，即重视效果。

现代信息技术为慈善公益提高效率提供了平台。20世纪初的基金会尽管已经有了"科学地"做慈善的概念，但手段和范围很有限，与今天大数据时代的条件不可同日而语。现在，各个国家的巨大数据库，有海量的信息。这就为更加精确地了解社会需求、客观地评估基金会工作的效益，提供了便利和可靠的保证。现代信息技术也为慈善公益的多样化、娱乐化提供了条件。例如，"冰桶挑战赛"借助网络进行慈善捐助活动，风靡全球。不仅开拓了慈善捐助的新形式，而且产生了广泛的影响，收到了良好的捐助效果。

近几年来，尽管政府和靠近政府的社会组织仍然主导着中国的捐款市场，但慈善公益组织在慈善事业中的地位已经发生了很大的变化。甚至有学者认为："来自民间或者民间化的慈善公益组织及其创新成为中国慈善事业的主力军。"[①] 如雨后春笋般涌现的慈善公益组织在运行中有相互协作的一面，同时也会产生相互竞争的一面。科学地评价慈善公益组织的工作，有利于政府对慈善公益组织的引导和管理，并使慈善公益组织在竞争中良性发展。而有效性是慈善公益组织评价的主要内容之一，是其活力的体现。

"慈善法"第五十四条规定了"有效性"是"慈善组织为实现财产保值、增值进行投资的"应当遵循的原则之一，并在第五十六条中作了具体规定："慈善组织应当合理设计慈善项目，优化实施流

① 杨团:《中国慈善发展报告（2014年）》，北京:社会科学文献出版社2014年版，第2页。

程，降低运行成本，提高慈善财产使用效益。"

"合理设计慈善项目"是实现慈善项目有效性的前提。一个慈善项目的成功，80% 取决于前期设计，20% 取决于后期执行。现在需要实施的慈善项目不少，如何选择对社会对捐助者产生最大影响和最佳效果的项目，并进行精心设计，考验着慈善组织的智慧。这里的"合理"包括多方面的要求：首先，对社会需求的准确把握。帮扶与需求的对位，才能获得良好的效果。在立项时，要做好深入的调查研究工作，掌握受助者需求的第一手资料，以受助者需求为导向进行项目设计。同时，也必须考虑项目与政府政策的相关性以及社会的关注度，以获得更多的政策支持和社会认可。其次，对自身优势的准确把握。不同的慈善公益组织有着不同的社会背景、不同的人员结构、不同的管理经验，只有充分发挥自身的优势开展和实施慈善公益项目，才能轻车熟路，游刃有余，达到事半功倍的效果。再次，对可行性的准确把握。项目设计的创意很好，但实施难度高，会产生更多的风险，复制和推广也不易，结果难以产生良好的效果。要充分考虑可行性，才能保证慈善公益项目的成功及其效果。

"优化实施流程"是提高慈善公益项目有效性的基础。在慈善公益项目实施的流程中，必然会有相互联系的各个环节。项目设计为项目实施提供了蓝图，但在实施的过程中，将蓝图变为现实，也需要解决各种问题。各个环节是否达到了设计的要求，即使达到了设计的要求，是否还能优化？这就要求慈善公益组织的从业人员有良好的职业操守和对工作精益求精的精神。

"降低运行成本"是提高慈善公益项目有效性的内在要求。慈善公益项目在实施的过程中必然要发生各种费用，形成运行成本。提高慈善公益项目的有效性，不仅指其获得更大的社会影响和效果，也指在获得同样效果前提下运行成本的降低。这就意味着，要减少甚至杜绝运行过程中时间、人力、物品等各种资源的浪费，并使这些资源得到充分的利用。

四、德法并举，引领和规范慈善

社会生活的迅速变化，给慈善救助等活动提出了不少新问题。

"罗一笑事件"引起了社会的热议，推动了人们对慈善活动中道德与法律问题的反思。女童罗一笑患重病，值得社会的同情。但其父通过企业的运作，在网络上以"打赏"的形式，获得数目不菲的捐款，却挑战了法律与道德的底线。其父在家庭经济情况和女儿住院日消费等细节上有夸大虚构的成分，违背了诚信原则，这是显而易见的。而更值得思考的是《慈善法》规定公开募捐需要通过慈善组织，禁止个人公开进行募捐，但法律没有禁止公民在经济困难的情况下可以向亲戚、朋友进行求助的行为。互联网的兴起，微信等社交平台的普及与活跃，使可求助的范围迅速扩大。网络求助和公开募捐的实际区别变得模糊了，"打赏"在一定条件下成为"救助"的代名词，慈善行为的规范、监管遇到了新的挑战。而在慈善救助乱象背后，深层次的原因是价值观的问题，是功利的道德维度和法律维度的问题。

社会主义市场经济中，功利原则在社会生活中起着基础性的作用。慈善是人类良知的体现，但在慈善的动机中，功利的考量还不能完全否定。在理想层面上，要鼓励慈善中的无私奉献精神，但在现实层面上，特别是企业慈善中，还必须给予一定的宽容。功利是人们行为最强的动力，但不是最好的动力。在慈善活动中，对功利的过度追求，必然导致慈善的异化，这是社会必须加以警惕的。在中国慈善事业大发展的今天，必须德法并举，引领和规范慈善活动。

慈善是建立在自愿基础上的人类文明活动，慈善的自愿原则是"慈善法"所确认的。离开了自愿原则，搞摊派或者变相摊派，既违背了慈善的本意，也是违法的。而要贯彻这一原则，需要法律进行及时的干预，但从更深层次的角度而言，主要是通过道德的作用来实现的，即激发人们内心的良知，激发人们的慈善热忱，自愿从事慈善实践。任何他人或社会组织都不能强求某个人进行捐助，捐助应该是捐助主体意愿的表达。人是理性的社会动物，人在从事某项活动的时候，都要问一个为什么，即一定的动机推动人们的活动。道德通过社会舆论和内心信念，推动人们形成慈善意识，引领人们追求高尚的慈善动机。慈善动机是慈善行为的"发动机"，隐藏在人们心灵的深处，而且人们的慈善动机具有复杂性。人们的真实的动机难以被他人直接观察，而更多地依赖于主体的道德修养。道德在慈善活动中的价值更多地体现在引领人们的慈善动机中。

法律以明确的条文告诉人们，哪些是允许做的，哪些是不允许做的。法律对人们行为的制裁以事实为根据，并且具有强制力。在规范人们的慈善行为中，法律是"硬约束"，而道德是"软约束"。在当代中国，全面依法治国就是要充分发挥法律的威慑力，规范人们的行为。对于慈善活动中的合法行为，要给予坚决的支持，而对于那些违法的行为，要坚决给予处罚。但要真正落实到位，必须将法治和德治结合起来，将"硬约束"和"软约束"结合起来。

例如，《慈善法》第四条中规定"开展慈善活动，应当遵循合法、自愿、诚信、非营利的原则"。第九条规定，慈善组织应当"不以营利为目的"。简言之，商业是以"营利"为目的的，而慈善是以"非营利"为原则的。"非营利"是慈善的底线，违反了"非营利"原则的慈善是违法的。但在实践中如何落实"非营利"原则，又面临不少具体的问题。世界各国对于"非营利"的法人是否能从事营利的商业活动的问题，有着不同的立场。有关学者将其分为三类：第一类是绝对禁止主义，也就是禁止非营利法人从事任何营利活动；第二类是原则禁止主义，也就是原则上禁止非营利法人从事营利活动；第三类是附条件的许可主义，也就是在一定条件下允许非营利法人从事营利活动。① 从当前中国的《慈善法》规定情况看，中国的情况属于第二类，即从原则上、目的上规定非营利法人不能从事营利活动。

在现实生活中，包括慈善组织在内的非营利法人要实现增值，难以拒绝商业活动。许多情况下，将商业活动中的收益用于公益，而不是用于慈善组织内部成员的分配，社会有关方面不会提出异议。但是，由于市场活动中的逐利性，由于当代中国道德失范和诚信缺失，慈善组织的许多商业收益经过变通，进入了个人的腰包，滋生了慈善的腐败。同时，相对于不享受各种政策优惠的一般企业

---

① 金锦萍：论非营利法人从事商事活动的现实及其特殊规则，《法律科学》2007年第5期。

来说，也是不公正的。中国需要进一步加强法律建设，围绕着《慈善法》建立完整的相关配套的法律，以更好地规范慈善活动。但法律是相对抽象的条文，是需要通过人来执行的，这样就必然提出价值观上伦理引导的问题。这种引导的前提是承认慈善价值理念的多元。在对待慈善与功利的问题上，企业及其企业家有着不同的价值理念和不同的境界是正常的。关键是要引导企业及其企业家在坚持义利统一的基础上，走向高尚，更好地反映慈善的本真。这里的"利"要作两方面的深入理解。利有私利和公利之分，慈善公益讲利，更多的应是社会之公利，而不仅仅是个人的利益、企业的利益。这是其一。其二是在理解利益的内涵时，不仅要理解为满足物质生活的利益，也要理解为满足精神生活需求的利益。这样，才能以高尚的境界理解慈善。

▌共同富裕的慈善伦理支持

　　共同富裕是社会主义本质的要求，是中国式现代化的重要特征。中国特色社会主义引领当代中国社会的发展，创造了世界经济的奇迹，大大提高了人民群众的生活水平。曾经贫穷落后的中华民族迎来了从站起来、富起来到强起来的伟大飞跃，但同时也面临着如何更好地满足日益增长的美好生活需要，在高质量发展中进一步促进共同富裕的重大课题。这一重大课题不仅是经济的、政治的，同时也是伦理的，是分配伦理的重大课题。要促进共同富裕，必须"构建初次分配、再分配、三次分配协调配套的基础性制度安排"[①]。其中初次分配是市场分配，再分配是政府分配，而三次分配是道德分配，主要是指慈善事业。慈善事业已经是促进共同富裕基础性制度安排的内容之一，加强慈善伦理的研究，对于促进共同富裕意义重大。

一、慈善伦理在共同富裕中的价值

　　先富和共富理论是邓小平理论的重要内容。改革开放初期，邓小平以"贫穷不是社会主义"为理论依据，提出共同富裕是社会主义追求的根本目标和本质要求。他提出"一部分地区、一部分人可以先富起来，带动和帮助其他地区、其他的人，逐步达到共同富裕"[②]，在社会经济发展到一定阶段，在先富带动共富的过程中，"要利用各种手段、各种方法、各种方案来解决"分配不公和两极分化

---

① 习近平：扎实推动共同富裕，《求是》2021 年第 20 期。

②《邓小平文选（第三卷）》，北京：人民出版社 1993 年版，第 149 页。

的问题。他认为，一部分人、一部分地区先富起来的政策包含着先进地区有"义务"帮助落后地区，这种义务主要是道德义务。他提出"提倡有的人富裕起来后，自愿拿出钱来办教育、修路。当然，决不能搞摊派，现在也不宜过多宣传这样的例子，但是应该鼓励"①。从鼓励先富的人们自觉自愿履行从事慈善公益事业的道德义务中可以得出这样的结论，慈善伦理在邓小平共同富裕理论中占有重要的地位。

习近平总书记在长期的治国理政中，非常重视慈善在社会发展中的作用，有不少关于慈善伦理的重要论述。习近平在 2007 年发表了在"在慈善中积累道德"一文，该文不足千字，但精辟地阐述了中国特色社会主义的慈善伦理观，是研究习近平总书记关于中国特色社会主义道德建设重要论述的经典文献。在这篇文章中，他明确指出慈善是"一种具有广泛群众性的道德实践"，"要树立慈善意识、参与慈善活动、发展慈善事业"，"切实提高全社会的道德水平和文明程度"。同时，他号召企业家，特别是民营企业家，"应以'兼济天下'的精神，更加主动、勇敢地承担起相应的社会责任和义务，积极加入到慈善事业中来，以自己的爱心和善行，提升自身的社会价值，以自己的实际行动扎实推进和谐社会建设"②。在 2016 年全国"两会"召开期间，习近平总书记强调广大民营企业要积极投身光彩事业和公益慈善事业，致富思源，义利兼顾，自觉履行社会责任。这里的"光彩事业"是以广大非公有制经济人士和民营企业为参与主体的开发式社会扶贫活动，它为扶贫做出了重大贡献。据不完全统计，中国光彩事业促进会共牵头举办"光彩行" 34 次，辐射全国 16 个省区市，11800 人次民营企业家参加，落地项目 1483 个，实际投资额 7959.07 亿元，公益捐赠 9.92 亿元，实施公益项目 872 个，受益人数达 79 万人。③

习近平总书记关于慈善伦理的作用的重要论述，主要分为两大

共同富裕的慈善伦理支持

---

① 《邓小平文选（第三卷）》，北京：人民出版社 1993 年版，第 111 页。
② 习近平：《之江新语》，杭州：浙江人民出版社 2007 年版，第 252 页。
③ 慈善之路怎么走，《瞭望》2010 年第 35 期。

方面，一方面是"提高全社会的道德水平和文明程度"，另一方面是"有助于促进整个社会的公平、福利与和谐"。以习近平同志为核心的党中央在党的十九大报告中明确提出完善"社会救助、社会福利、慈善事业、优抚安置等制度"，十九届四中全会中提出"重视发挥第三次分配作用，发展慈善等社会公益事业"。2021 年，习近平又提出"构建初次分配、再分配、三次分配协调配套的基础性制度安排"①。习近平从"促进整个社会的公平、福利与和谐"的高度，把作为三次分配的、以慈善公益等事业为内容的道德分配，纳入到"基础性制度安排"中，可见慈善公益事业在习近平治国理政的整体布局中的地位不断提高，开始进入一个新阶段。

反思四十多年中国改革开放的历史不难认识到，当代中国慈善伦理的形成和构建是建立在中国特色社会主义事业发展基础上的，是中国社会经济迅速发展的反映。在改革开放初期，中国共产党总结正反两方面历史经验，为了推动解放发展生产力，反对平均主义，允许一部分人和一部分地区先富起来，并最终实现共同富裕。邓小平先富与共富理论包含着慈善伦理思想。党的十八大以来，成为世界第二大经济体的中国，全面建成小康社会，打赢了脱贫攻坚战，逐步实现全体人民共同富裕研究处于更加重要的位置。习近平将三次分配纳入基础性制度安排，将开创慈善公益的新局面。同时表明，时代已经发出强音，共同富裕需要慈善伦理的支持。

（一）慈善伦理以社会分配中的"柔性调节"支持共同富裕

善是愿望的对象，慈善是建立在自愿前提下的伦理行为。在社会贫富差距扩大的情况下，通过慈善运用伦理的手段调节社会的分配关系，不失为社会发展中追求共同富裕的必然选择。充分发挥市场在配置资源中的基础性作用，大大提高了经济发展的效率，大大促进了社会生产力的增长。但在做大蛋糕的同时，也必然会提出如何分好蛋糕的问题。效率的提高并不必然包含着公平，市场经济机制中蕴含着两极分化的风险。在实现社会公平和谐、追求共同富裕

---

① 习近平：扎实推动共同富裕，《求是》2021 年第 20 期。

的过程中，国家需要对社会财富的分配调节进行顶层设计，形成一系列相互协调配套的政策方针。现在，国家根据初次分配、再分配和三次分配的理论，构建配套的基础性制度安排。这一安排是多方面的，包括市场、政府、企业与个人。初次分配依靠的是市场的力量，再分配依靠的是政府的力量，而三次分配依靠道德的力量。市场的力量、政府的力量对于个体来说都具有强制性，而道德的力量是通过人内心的良知来实现的。前两种力量具有"刚性调节"的特点，而道德的力量具有"柔性调节"。"刚"和"柔"协调互补，使调节的手段更为丰富和全面，能够更好地支持共同富裕。

　　三次分配主要是在道德力量的感召下，通过个人缴纳和捐献等非强制方式再一次进行分配，这表明慈善公益是三次分配的主角。虽然冠之以"柔性调节"，但作用不可小觑。在社会整个收入分配体系中，市场调节和政府调节举足轻重，但也有弊端和不足。市场调节存在差距扩大化和不公的弊端，而政府调节存在覆盖面不足与力量不够。作为三次分配的慈善公益，对于克服前两次分配中的弊端和弥补不足，具有直接的效应。例如，在抗击新冠疫情中，慈善捐献的款物有效弥补了政府财政拨款和物资储备的不足。在平时社会生活中，一些经济拮据的大病患者通过大病求助平台筹集善款，缓解了经济压力。慈善公益在调节个人财富中的重要作用是有目共睹的客观事实。

　　实现共同富裕是全社会的大事，需要放在国家治理体系的大格局中加以定位。实现共同富裕的过程，也是国家治理的过程。在这一过程中，要发挥各方面的作用，政府、市场、社会要共同治理。要整合各方面的力量，发挥各方面的作用，形成"协调配套"的机制。慈善公益事业是社会力量的重要组成部分，不可或缺。中国的慈善公益事业在近二十多年来已经有了长足的发展，但与世界上一些发达国家相比还有较大的差距，在减少收入差距、推动共同富裕的实现方面，还有较大的空间，慈善伦理大有可为。随着国家有关共同富裕的协调配套的基础性制度安排，这一事业将会展现出更为灿烂的光辉前景，在推进共同富裕中发挥为人瞩目的重要作用。应该特别指出，由于慈善公益和信息技术的结合，越来越多的社会成员进入了慈善公益的行列。每个人捐献一点点,世界就会大改变。无数水滴汇成的江河,具有无坚不摧的力量。千万人汇聚成的慈善公益,将推动中国共同富裕时代早日到来。

（二）以大慈善的概念立论理解慈善伦理对共同富裕的支持

要正确把握慈善伦理对于共同富裕的支持,必须确立大慈善的概念。慈善概念可以分为狭义或广义的,或者说是小慈善和大慈善。传统的观念主要把慈善理解为"扶贫、济困、救灾"三大内容,并定性为救助弱势群体的人道行为,是小慈善的范畴,而现代慈善观念大大拓展了慈善的内容和对象,是大慈善的范畴。2016年全国人民代表大会通过的《中华人民共和国慈善法》（后简称"慈善法"）采用了大慈善的概念,不仅把"扶贫、济困;扶老、救孤、恤病、助残、优抚;救助自然灾害、事故灾难和公共卫生事件等突发事件造成的损害"作为慈善的内容,而且把"促进教育、科学、文化、卫生、体育等事业的发展;防治污染和其他公害,保护和改善生态环境;符合本法规定的其他公益活动"也作为慈善的内容。[1]换言之,将传统慈善和公益都统摄于大慈善之下,即"慈善是个人或组织通过各种形式,有益于社会弱势群体或所有群体福祉的活动"[2]。

大慈善将慈善与公益融为一体,大大有利于慈善事业的发展。国家有关方面的改革政策,释放了体制对慈善公益组织全面接纳的信号。一大批企业和企业家通过慈善公益组织进入了慈善公益领域,慈善事业中的伦理关系发生了大变化。个人—个人即点对点的慈善捐助方式还会存在,但通过捐助者—慈善公益组织—受助者的慈善捐助方式将会成为主流,慈善公益组织的诚信、透明将会受到社会的更多关注。共同富裕是全体人民共同富裕,是人民群众物质生活和精神生活都富裕。大慈善概念下的慈善,不仅涉及与物质生活相关的衣食住行等问题,而且涉及与人们精神生活相关的教育、科学、文化问题,涉及保护和改善生态环境的问题,有利于慈善伦

---

[1]《中华人民共和国慈善法（2016年）》第三条。
[2] 周中之:《慈善伦理:文化血脉与价值导向》,上海:上海三联书店2012年版,第5页。

理对共同富裕更全面、更有力的支持。

（三）慈善伦理为共同富裕创造公正和谐的社会环境

从价值理念来说，共同富裕的目标是与社会的公平正义联系在一起的。社会的每个成员都有基本的生存权利和追求美好生活的权利，这些权利是不容剥夺的，这是社会公平正义的必然要求。慈善公益改善了社会弱势群体的生存状况，体现了社会公平正义的要求，同时也为共同富裕创造了公正和谐的环境。与市场经济相伴随的贫富差距扩大的现实，给社会经济收入不同的群体之间的关系投下了阴影，为社会群体中的仇富心理提供了温床。仇富心理造成贫富阶层之间的感情对立，在特定的社会条件下有可能演变成社会矛盾和冲突，冲击着社会和谐稳定的社会环境。慈善公益中捐助者的慷慨解囊，在经济上帮助了弱势群体的同时，也在一定程度上消解了贫富群体在情感上的对立，从而有利于建立和谐稳定的社会环境。

二、从传统走向现代：中国慈善伦理在支持共同富裕中的变革与升华

慈善之举出自主体的自愿，包括善心、善行和善功三大方面。主体的善行是由善心所推动的，要让慈善在共同富裕中发挥更大的功效，必须激发人的善心，产生慈善的热忱，并诉诸行动。然而，主体的自愿和善心的激发，受到民族文化传统的深刻影响。慈善伦理是在长期的历史长河中形成和发展起来的，人们的善举无不具有不同民族文化的特点。因此，在当代中国要研究共同富裕的慈善伦理支持，一项基础而又重要的工作是站在几千年的传统文化血脉的大视野中找到发动人们善心的"密码"。

（一）中国传统文化血脉中以儒家为主导的慈善伦理

近代慈善家熊希龄指出："吾国立国最古，文化最先，五千年来养成良善风俗者，莫不由于儒、释、道之学说所熏陶。"[1]此言不虚。

---

① 周秋光:《熊希龄传》，长沙：湖南师范大学出版社1996年版，第558页。

儒家创始人孔子反思了夏商周三代的文化传统，继承了前人有关慈善伦理的思想，创建了以"仁爱说"为基础的儒家慈善伦理理论。孟子和荀子作为儒家慈善伦理思想的代表人物，从不同的人性假设出发，发展了孔子的慈善伦理思想。孟子以性善论立论，认为"仁义礼智根于心"①，仁之根源是恻隐之心即人的同情心。他从性善论中推演出"仁政"和"民本"思想，将慈善伦理贯彻到治国理政中，同时又强调在社会生活中"达则兼善天下"②，其中内含要求富者承担扶贫济困的社会责任。荀子主张性恶论，提出"积善成德"，通过生活中善行的积累，改造人性，成为有道德之人。"泛利兼爱德施均"③是荀子慈善伦理思想的核心。

道家与儒家不同，它从"自然天道观"中演绎出人道观，为慈善伦理建立形而上的哲学基础。老子认为"天之道损有余而补不足"，他运用辩证的方法将"损"和"补"、"余"和"不足"两对矛盾范畴引入到慈善伦理中去，在观照社会现实、实现社会的公平分配中展现他的伦理智慧。道教是由中国古代的老子道家学说和巫术、神仙方术、阴阳五行说、谶纬神学发展而来的。以善恶报应说为主要内容的道教慈善伦理，对于推动中国古代民间社会力行善事义举方面，产生了广泛的历史影响。佛教自东汉末年由西域传入中国内地后，经过魏晋南北朝时期的发展，在隋唐进入了鼎盛时期。佛教主张修慈悲，讲因果，强调"诸恶莫作，众善奉行"，其慈善伦理思想将因果报应与道德教化结合起来，以达到改善人性、完善人格之目的。尽管佛教是外来文化，但其慈善伦理在民间影响不小。

在中国古代历史发展中，儒佛道三家从最初的相互斗争演变为合流，体现了中国传统文化的包容性。这种包容，是建立在"以心为主"基础上的。"明心见性之道，三教一理。不过立名微异，而入步之功无他。儒云忠恕，佛谓慈悲，推及道教，则云感应。按此六字，则皆以心为主。"④纵观中国古代慈善伦理中，人们行善的动机

---

① ②《孟子·尽心上》。
③《荀子·成相》。
④ 超生丹，《藏外道书》第28册，成都：巴蜀书社1992年版，第708页。

和推动力是复杂的，既有儒家的仁爱之心，也有佛教的慈悲情怀，以及道家的行善求仙之憧憬，而且往往是相互糅合在一起的。儒家认为"百善孝为先"，把"慈"和"孝"紧密联系起来，而佛教"修三福"的第一条就是"孝养父母"，道家也主张"忠孝和顺仁信为本"。在佛教、道家的慈善伦理中已经渗透了儒家的伦理观念。

必须指出的是，在儒佛道三家合流的中国古代文化中，儒家代表着国家的意识形态。在古代慈善伦理中，以"仁爱"为原则的儒家慈善伦理占据着主导地位。换言之，儒家以"仁爱"为原则的儒家慈善伦理统摄全局。研究中国文化血脉中的慈善伦理，必须着重从儒家慈善伦理切入。

（二）对儒家"仁爱"慈善伦理原则的反思

以"仁爱"为原则的儒家慈善伦理，深深地植根于中国历史文化发展的土壤中。中国古代社会与世界上许多国家不同，是在没有摧毁原始氏族组织的情况下直接进入奴隶制国家的，国家的组织形式和伦理秩序与血缘氏族制是紧密结合在一起的。中华民族对仁爱的文化认同与中华民族的这一历史发展特点密切相连。在前孔子时代，古人对根基于宗法血缘关系的亲子之爱作了概括，提出"爱亲之谓仁"[①]。孔子继承了前人的思想，提出"仁者爱人"，在生活实践中首先是"爱亲""孝悌"，然后是"泛爱众"，即爱父兄以外的氏族其他成员。可见，孔子的"仁爱"是有层次的，有亲疏之别。著名社会学家费孝通将建立在血缘、地缘基础上中国传统社会的结构概括为"差序格局"，而孔子为代表的儒家主张"爱有差等"正是这种"差序格局"的反映。先秦时期是百家争鸣的时期，当时儒墨是显学，围绕着"爱有差等"和"爱无差等"，儒墨两家进行了激烈的争鸣。墨子的伦理思想以"兼爱"为中心，要求不分人我，不辨亲疏，同等地爱一切人，他主张的"爱无差等"与孔子为代表的儒家是根本对立的。孟子作为孔子的忠实继承人，坚持"爱有差等"的观点，并认为这是捍卫建立在宗法血缘关系基础上的伦理关系及其制度。他点名

共同富裕的慈善伦理支持

[①]《国语·晋语》。

批判墨子的观点，认为"兼爱""是无父也"，"是禽兽也"。[1]慈善是对他人、对社会的关爱，慈善伦理离不开关爱这个关键词。"爱有差等"和"爱无差等"仅是一字之差，但关系到完全不同的慈善伦理理念。当儒家在中国古代社会取得了独尊地位后，以"仁爱"为原则的儒家慈善伦理占据了社会的主导地位，而墨子的"兼爱"说为原则的慈善伦理被打入了冷宫。

在追求共同富裕的道路上，慈善作为三次分配，其伦理也可以说是分配伦理、财富伦理的问题。作为一个社会成员来说，他的人生经历必然会经历多个阶段。在年轻的时候，通过奋斗打拼开创了事业，其中一些人在这一过程中获得了成功，积累了不菲的财富。在晚年的时候，必然会遇到身后财富处置的问题。捐给社会，还是传给子女？是一道人生的选择题。在不同的文化背景下，处置的态度和做法迥然不同。国外有一些成功人士，例如比尔·盖茨将创立微软公司获得的一大笔巨额财富建立基金会，从事慈善公益事业，服务社会。由于受宗教文化的影响，国外一些慈善家甚至认为"在巨富中死去是一种耻辱"。而21世纪中国，慈善事业已经有了较大的发展，但与实现共同富裕中三次分配的要求还有不小的差距。儒家的"爱有差等"的慈善伦理观念，在社会生活中有着较为广泛的影响。人们往往希望尽可能多地把财富传给自己的子女。慈善捐助深深地打上了血缘关系基础上的族缘、乡缘、地缘的烙印，对于同族、同乡、同地的人们遇到了困难和不幸，人们更愿意献爱心，慷慨解囊。慈善事业的发展，要求社会更深入地反思以"仁爱"为原则的儒家慈善伦理。

（三）共同富裕呼唤构建21世纪中国慈善伦理理念体系

共同富裕是一项伟大而又艰巨的事业，慈善事业支持这项事业需要千百万社会成员胸怀一颗人道文明之心积极参与，履行社会责任。这些成员既包括社会的成功之士，也包括社会的普通成员。同时，也需要通过社会各方共同努力，建立有利于慈善事业发展的社

---

[1]《孟子·滕文公下》。

会伦理风尚，推动社会的和谐稳定。共同富裕呼唤构建21世纪中国慈善伦理理念体系，让伦理之光引领慈善事业的发展。这一慈善伦理理念体系应以"新仁爱"为基本原则，包含平等、尊重等重要内容。

"仁爱"是中国传统文化中最重要的伦理精神之一，无论是过去还是现在，它对于中国人民慈善伦理的影响是全面而又深刻的。中国古往今来的仁者爱人[1]、与人为善[2]、扶贫济困、乐善好施等慈善伦理都打上了仁爱精神的印记，都与"爱有差等"融为一体。慈善伦理是以自愿为原则的，作为个体的社会成员如何处置个人的财富是个人权利范围内的事情，社会尊重公民在财富问题上的合法选择。但现代文明社会是有温度的共同体，有强烈仁爱之心的公民对于社会弱势群体遇到的困难，特别是遇到突如其来的自然灾害、公共卫生事件时不会无动于衷。社会鼓励更多的公民投入到慈善公益事业中，弘扬人道主义精神，推进社会文明和进步。

改革开放以后，中国城乡之间、地区之间的流动大大加快和增强，社会迅速从"熟人社会"走向"陌生人社会"，千年以来的血缘、族缘、地缘的纽带受到了猛烈的冲击。这不能不对建立在"爱有差等"上的"仁爱"理念提出时代的挑战。"爱有差等"的"仁爱"理念是"小爱"，这样的"小爱"在现代慈善伦理理念中还有它的位置，但随着时代的进步，与此相适应的是慈善伦理要从"小爱"走向"大爱"，国家和社会要鼓励更多的公民践行"大爱"的慈善伦理理念，倡导无远近亲疏、无需相识相见的"陌生人"伦理，实现"蓝天下的至爱"。总之，传统慈善伦理"爱有差等"的价值取向要变革与升华，"仁爱"要走向"新仁爱"。

平等和尊重是21世纪中国慈善伦理理念体系不可缺少的重要内容。捐助者和受助者尽管在经济地位上有较大的差异，在财富上有多寡，但在人格上是平等的，享受社会基本生存权益方面是平等的。这种平等的关系在实际生活中要真正落实，却需要作出许多努

①《孟子·离娄下》。
②《孟子·公孙丑上》。

力。社会主义市场经济条件下,功利意识的增强和拜金意识的滋长,也会助长捐助者作为强势一方的优越感,从而引起受助方的不快。捐助方在"高调"行善中必须重视受助方的感受,用平等的态度处理双方的关系。在慈善伦理关系中,人与人是平等的,那么必然要建立相互尊重的关系。中国古代就有"不食嗟来之食"之说,体现的就是受助人在慈善捐助中要求获得人格尊严的伦理要求。这种伦理要求不仅在中国古代社会有其重要价值,在现代社会也是如此。在现代生活中,尊重受助者的隐私权成为重要内容。信息技术大大加快了信息的传播速度和传播范围,在公示受助者的信息中,如何掌握"度"是必须充分重视的。受助者信息不能过分透明,以致损害受助者的自尊心。

三、慈善伦理支持共同富裕的道德评价与制度保障

道德评价是人们依据一定的道德标准对他人和自己的行为进行善恶、荣辱等道德价值的判断和评论,它对于引领人们进行道德实践活动、建设良好的社会道德风尚意义重大。在慈善伦理支持共同富裕的道德实践活动中,要充分发挥慈善道德评价的作用,大力加强慈善文化建设,引领社会主义市场经济条件下慈善事业的健康发展。

(一)慈善伦理支持共同富裕的慈善道德评价

道德评价的根据是什么?是动机,还是效果,抑或是两者的统一?这在慈善的道德评价中,有着重要的现实价值。一大批有着不菲经济实力的成功人士(其中包括知名的商业人士)进入了慈善行列,捐款捐物,受到了社会的欢迎,但他们中的一些人的慈善动机也受到了不少质疑,甚至成为社会热点问题。这种情况过去有,将来也许还会有。在现实社会里,慈善动机是多样化的。在传统的观点看来,慈善应该是无私奉献的行为,这固然是正确的。这样的高尚动机在社会生活中是值得倡导的,具有理想性,但同时又是少数先进分子所具有的。"是"和"应该是"两者不能画等号,在现实生活中不少捐助者的慈善动机是复杂的,难以完全排斥功利的考量。

对慈善的道德评价要坚持动机与效果相结合的原则,"合其志

功而观焉"。①但在这种相结合原则的基础上，还有动机与效果之间何者优先的问题。笔者认为，应该有较多的理由选择"效果优先、兼顾动机"的方针。第一，这是由慈善动机和效果的特点所决定的。慈善动机隐藏在人们心灵的深处，不易为他人所直接把握，但慈善效果具有客观现实性，有利于人们形成比较明确的标准，从而作出正确的道德评价。第二，这是由慈善事业的发展所决定的。当前中国慈善捐助的总量还不够大，在道德评价中充分肯定捐助者拿出真金白银的行为，有利于吸引更多的人以实际行动为慈善事业做贡献。第三，有利于加强言行一致慈善捐助风气的建设。慈善捐助中，常常发生"口惠而实不至"的情况，信誓旦旦地承诺捐助，后来却不履行承诺，以致败坏了慈善捐助的名声。强调"效果优先"的方针，要言行一致，无疑也有利于推动这一问题的解决。

在慈善的道德评价中，必须从实际出发，贯彻分类分层次的方针。所谓分类，就是要将慈善分成非功利性慈善和含有一定功利性的慈善，不同类型的慈善在进行道德评价中要有所区别。企业公益慈善属于后一种慈善。企业作为经济主体，在多数情况下，在经济上的付出必然要考虑一定的回报，换言之，企业慈善或多或少地会有功利的考量。把企业慈善中的一切功利考量都归之于道德失范的范畴，是缺乏说服力的。古语云："君子爱财，取之有道"，这个"道"就是道德的维度和法律的维度。在道德的维度和法律的维度中追求利，实际是坚持"义利兼顾"的价值原则。习近平总书记在强调广大民营企业要积极投身公益慈善事业时，就强调了"义利兼顾，自觉履行社会责任"②。

道德活动的主体是人，生活在现实社会生活中的人有不同的道德境界，其慈善动机具有不同的层次。所谓分层次，就是要根据不同层次的慈善动机给予不同的评价。多年来，慈善公益事业中涌现了一批"明星"。他们具有强烈的仁爱之心和高度的社会责任感，为了扶贫、济困、救灾、助学，慷慨解囊，不计回报。他们的慈善动机

① 《墨子·鲁问》。
② 慈善之路怎么走，《瞭望》2010年第35期。

是高尚的，他们的慈善行为受到了社会的赞扬，他们的慈善动机属于先进性的层次。当然，在生活中，每一个慈善捐献者并不都是道德圣人，或许有某些功利的考量，但只要他们履行了捐赠义务，那就得从整体上肯定他的慈善行为。不断拷问慈善者的动机，甚至求全责备，不利于慈善事业的发展。对于含有一定功利内容的慈善动机，应该基本肯定并加以引导。应该指出的是，社会生活中还存在着超越道德底线的异化的慈善动机。这种慈善动机的实质是见利忘义，通过假慈善、伪慈善获不义之财。这种动机产生的行为后果，不仅涉及道德问题，还将涉及法律问题。总之，慈善伦理在支持共同富裕中，要用无私奉献的慈善动机引领社会，同时兼顾差异，包容多样，反对慈善异化。

（二）慈善伦理支持共同富裕的制度保障

慈善是建立在自愿基础上的道德实践活动，慈善的本质是伦理的。共同富裕中慈善伦理的支持需要制度的保障，才能更好地运行。习近平提出的"构建初次分配、再分配、第三次分配协调配套的基础性制度安排"的重要论述，有两层含义：一是慈善公益事业要进入"基础性制度安排"，二是三层次的分配在制度安排上要"协调配套"。这种"协调配套"意味着要从慈善公益的特点来考虑制度的保障问题。2016 年出台的《中华人民共和国慈善法》是当代中国慈善事业发展中的里程碑事件，它为慈善伦理支持共同富裕提供了坚实的制度保障。但在实施过程中，还存在问题和面临挑战。近年来，全国人大常委会开始启动修改慈善法的工作，慈善伦理支持共同富裕的制度保障问题研究提到重要议事日程上来了。以下三方面是必须重点思考的问题：

一是慈善组织公信力建设的制度保障问题。慈善组织先天蕴含着道德色彩与价值判断，社会公众对慈善组织的公信力的关注往往超过了其他社会机构，如果将公信力视为慈善组织的生命，是丝毫不夸张的。慈善组织公信力直接影响社会公众参与慈善的积极性，直接决定慈善事业发展的步伐。全国人大常委会执法检查组认为，"慈善法制定后，失信失序事件有所减少，但社会各界对慈善的信心仍处于低位。调查显示，当前慈善行业公信力一般。2018 年和

2019年，慈善捐赠总量停滞不前，慈善组织公信力偏弱是其中重要因素之一"①。解决慈善组织公信力建设的制度保障问题，必须从两方面着手：一方面是理念问题。慈善组织与经济组织不同，是不以营利为目的的。但在现代市场经济条件下，慈善组织要提高功效，必须吸收和运用一些市场机制，才能做大做强。这就提出了一个重大问题：商业和慈善的界线在哪里？制度如何来规定？另一方面是监管问题。监管不足，制度执行不力；监管过度，慈善发展受限。新形势下必须明确界线，依法依规进行慈善治理。

二是慈善文化与教育的制度保障问题。慈善文化孕育了慈善精神，慈善精神激发了善行善举，慈善文化是慈善事业发展的肥沃土壤。《中华人民共和国慈善法》第八十八条规定："国家采取措施弘扬慈善文化，培育公民慈善意识。学校等教育机构应当将慈善文化纳入教育教学内容。国家鼓励高等学校培养慈善专业人才，支持高等学校和科研机构开展慈善理论研究。"这一规定很好，但这一规定的充分落实必须有制度的保障。《中华人民共和国慈善法》颁布以后，慈善文化的普及也受到了更多方面的重视。公民慈善意识的普及需要从娃娃抓起，需要在青少年幼小的心灵中播下爱的种子，并不断培育。这就需要对青少年的慈善文化教育进行专题研究，顶层设计，使不同年龄段的教育内容相互衔接，形成系统。有关教育部门应该出台政策，规定教学时间和教学内容。同时在高等学校培养慈善专业人才，开展慈善理论研究方面给予政策支持。各类社会组织培育孵化基地应当优先培育孵化公益慈善类和社会服务类社会组织，那么在培养慈善人才和开展慈善理论研究方面，为了更好地推进共同富裕，政府也应该给予适当的倾斜。

三是回应公共卫生事件和现代科技对慈善伦理挑战的问题。突如其来的新冠疫情肆虐全球，极大地危害了人类的生命和健康，对慈善组织运行的公正与效率提出了严峻的伦理挑战。尽管《中华人民共和国慈善法》对慈善组织专门作了规定，但这些法规内容还比

---

① 全国人大常委会执法检查组：慈善组织发展不平衡不充分 https://baijiahao.baidu.com/s?id=1680604201029085453&wfr=spider&for=pc。

较原则化，对于重大公共卫生事件中如何公平地分配捐赠资源的问题还不够具体。重大公共卫生事件是突发事件，慈善组织要在这些突发事件中有所作为，必须与时间赛跑，提高效率，这就对慈善组织在人员、工作能力方面提出了更高的要求。而这些要求必然要反映到制度建设中去。网络慈善是近年来开展慈善募捐的新平台，它大大地提高了慈善捐助的便捷性。它的优势是明显的，但短板也是突出的。"你永远不知道网络的对面是一个人还是一条狗"，慈善捐助双方的诚信面临极大的考验。由于网络慈善是新生事物，各种法规还不够健全。要认真研究网络慈善面临的新的伦理问题，对突出的诚信问题用不断完善的法治手段加以解决。

四、结语

在向第二个百年奋斗目标迈进之际，促进全体人民共同富裕成为为人民谋幸福的着力点。要使共同富裕获得更为明显的实质性进展，必须充分运用市场的力量、政府的力量、社会的力量，将"刚性调节"和"柔性调节"有机结合起来。在第三次分配中，慈善伦理对于促进共同富裕起着"不可或缺"的重要作用。而要更好地发挥这种重要作用，需要从理念和实践两大层面发力，一是变革与升华中国的慈善伦理理念，构建21世纪中国慈善伦理理念体系，二是在实践中加强慈善伦理的道德评价和制度保障，将慈善文化建设和法治建设有机结合起来。慈善伦理助力共同富裕的实现，而社会对共同富裕的追求又为慈善伦理的发展提供了强大的推动力和开创了新的广阔发展空间。

■当代中国慈善伦理的理想与现实 ^①

　　慈善作为社会的第三种分配方式，对于改善民生，推动和谐社会的建设，有着重要的价值。改革开放以来，中国的慈善事业开始复兴，并且有了较快的发展。特别是 2008 年汶川大地震以后，中国的慈善事业进入了一个新阶段。但是，在新的形势下，如何让伦理之光照耀 21 世纪中国的慈善事业发展道路，成为时代的重要课题。当代中国的慈善伦理必须追求理想，保持健康的发展方向，避免异化，同时又必须立足现实，包容多样的慈善伦理观，使其拥有雄厚的社会基础。如何在理想与现实的统一中认识和发展中国的慈善伦理，进而推动中国特色社会主义慈善事业的发展，是本文要探讨的核心之所在。

一、慈善的本质是伦理的

　　慈善代表着人类的良知，指对人关怀且富有同情心，仁慈而善良。据考证，"慈善"两字，出自《魏书·崔光传》："光宽和慈善，不逆于物，进退沉浮，自得而已"。慈善及其事业是人类社会最悠久的传统之一，源远流长。在西方，慈善的传统源自古希腊的社会救助。美国在独立战争后，慈善事业空前兴盛，对美国社会的发展产生了深远的影响。古代中国儒家的"仁爱"思想、道家的"积功累德、慈心于物"（《太上感应篇》）都构成了慈善事业的伦理基础，在此基础上，在几千年的中国古代历史中，尽管战火不断，王朝更替，但济贫

¹³¹

---

① 该论文完成于 2011 年。

赈灾、医疗救助、养老扶幼等慈善事业绵延不断。纵观古今中外慈善事业的发展，不难得出这样的结论：所谓慈善是人们基于同情心，通过自愿捐赠物品和提供行为帮助等各种形式，表达对弱势群体仁爱之心的道德实践活动。慈善行为涉及社会的分配，是经济的，但同时又是伦理的，其本质是伦理的。为什么说慈善的本质是伦理的？（"伦理"和"道德"在严格意义上来说，是有区别的。但本文为了叙述的方便，将两者在同等意义上使用。）

第一，从慈善形成的过程分析，慈善基于人的基本道德情感——同情心。同情心是人的基本道德情感，是作为一个社会的人的最简单、最基本的本能特征之一，同时又是在社会活动中形成和发展起来的社会性情感，具有伦理性。中国古代的思想家孟子认为"恻隐之心，人皆有之"（《孟子·告之上》），"恻隐之心"即同情心。西方著名思想家休谟认为，"人性中任何性质在它的本身和它的结果两方面都最为引人注目，就是我们所有的同情别人的那种倾向"，他断定"同情是人性中的一个很强有力的原则"。① 同情心是慈善行为最重要的心理驱动力，"强有力"地推动着人们形成慈善的意向，并诉诸慈善的行为。因为处于一个社会共同体的人们，情感是相通的。当看到他人遭受痛苦和不幸时，自然会产生想象，感受到他人那种痛苦和不幸的感觉，从而伸出援助之手。2008年汶川大地震是一场山崩地裂的大灾难，无情地夺去了数以万计同胞的宝贵生命，摧毁了美丽富饶的家园。当人们看到地震造成的惨不忍睹的景象时，无不洒下同情的眼泪。海内外的中华儿女纷纷慷慨解囊，捐款超过100亿。对不幸的人们的同情心，特别是对不幸的同胞的同情心，演绎了永载史册的汶川大地震的慈善动人情景。

第二，从慈善的形式分析，慈善是自愿奉献的道德行为。在经济生活中，人们追求利益的最大化，各种利益群体之间是利益交换的关系，体现的是工具理性。而慈善更多体现的是价值理性，为了社会的人道、公平和正义，自愿奉献，从而获得精神的满足。慈善

---

① ［英］休谟：《人性论》，关文运译，北京：商务印书馆1980年，第352、620页。

行为在形式上具有两个明显的特点，一是自愿性，是出自人的内心而诉诸行动的。二是奉献性，不是商品交换，更多的是不计回报的付出。人们在履行社会义务的时候，有合法性和合道德性两个层次。合道德性与合法性是两个相互联系又相互区别的概念。道德是不成文的法律，法律是最低限度的道德，体现的是道德与法律的联系，但是法律与道德又不是一回事。在著名德国哲学家康德看来，合法性不等于合道德性，只有具备善良意志、排除功利考虑的行为才是合道德性的。也就是说，考察行为是否合道德性，关键是动机。他的观点是有价值的，在中外思想史上独树一帜。慈善强调的是自愿奉献，追求的更多的是行善的动机，而不是功利和回报，是高层次的道德行为。即使以康德合道德性的要求衡量，慈善也具有充分的道德含金量。在当代中国慈善事业中，一大批志愿者活跃在抗灾赈灾、助贫济困、支教帮教的第一线上，无私奉献，体现了高尚的道德境界，他们不愧为当代中国的道德榜样。

第三，从慈善的过程分析，慈善具有提高个体道德素质的育人价值。慈善所弘扬的是自愿奉献的伦理精神，投身于慈善活动的人们在过程中无时无刻不受到这一伦理精神的熏陶、激励、感化和教育，从而提高了自身的道德素质。在市场经济条件下，"人不为己，天诛地灭"的人生信条在社会生活中蔓延滋长，关心他人、帮助他人的精神淡薄了。道德的冷漠，成为提高个体道德素质迫切需要解决的问题。一个文明健康的社会里，不仅需要经济冲动，而且更需要道德的冲动，强调道德的热忱。但是，这种冲动和热忱并非仅仅是个体从书本上阅读和掌握一些知识就能获得的，它需要个体对生活的体验，需要通过慈善等道德实践来培育。青年学生处在世界观、人生观和价值观的形成时期，慈善的育人价值在青年学生中体现得特别明显。一批大学生志愿者利用节假日期间，开展社会实践活动，其中一个重要内容是帮助弱势群体解决各种困难。例如，师范大学的学生举办爱心学校，以"献大学生一份爱心，给孩子和弱势群体一份关心，唤社会一份热心"的服务精神坚持了多年，在为社会志愿服务的过程中，贡献了知识，也显著地提高了道德素质。

第四，从慈善的功能分析，慈善具有调节社会关系的伦理功能。

在社会生活中，不仅需要通过市场手段、政府手段，而且需要通过道德手段来调节社会财富的分配。这里，道德手段调节的基本途径就是慈善活动。社会分配过程中的市场调节和政府调节，有其优势的方面，但也有其不足。改革开放30多年来，中国人民的生活水平有了较大的提高，但贫富差距也明显拉大了，影响了社会的和谐稳定和进一步发展。当代中国迫切需要通过慈善事业，让更多的人通过献爱心的形式，即通过道德手段弥补市场手段和政府手段在调节社会财富方面的不足。以慈善为主要内容的道德调节，缓解了贫富差距拉大的矛盾，满足了社会发展的需求。这主要表现在两方面，一方面，慈善事业确实为解决社会弱势群体的困难做了不少工作，使弱势群体感到了社会的温暖，另一方面，慈善事业弘扬了"仁爱"精神，对于缓解和改变分配差距带来的社会贫富阶层的对立情绪，有着重要的推动作用。当代中国的经济有了跨越式的发展，社会中确实有一部分有经济实力的人们，当然还有更多的虽然经济不富裕、但充满爱心的人们，愿意用实际行动投入到慈善事业中去。总之，慈善在发挥其调节社会关系的伦理功能方面，有着广阔的空间。

以上对慈善的伦理本质进行了论证和阐述，这种论证和阐述是在对社会慈善现象概括和提炼基础上形成的，具有抽象性、纯粹性、理想性的特点。在当代中国现实生活中，慈善事业情况是复杂的。慈善机构主要是以基金会的形式出现的，基金会可以分成政府层面的公募基金会和民企或个人出资的非公募基金会。后者在捐助时，往往带有广告、好处、拉关系的利益考虑。对这种慈善动机如何进行伦理评价？在市场经济社会中，人们所从事的活动往往基于功利的考虑，这是很容易理解的。但带有功利的捐赠与慈善的伦理本质是有距离的，过分功利的捐赠甚至会使慈善变味、异化。人们往往在慈善中遇到理想与现实的矛盾：过于理想化的慈善理念使慈善的发展缺少现实的基础，而过于功利化的慈善理念又难以使慈善沿着健康的方向前进。我们必须在理论与实践的结合上研究和解决这一矛盾。

改革开放以后，中国的经济成分多样化，必然要反映到思想文化观念上来，形成各种思想文化的相互激荡。在慈善伦理上的不同观点是社会多样文化的一个缩影，必须以理性的态度进行分析。当代中国慈善伦理动机可以分成三大类：

第一类是建立在无私奉献基础上的慈善伦理观，这类慈善伦理观真正体现了慈善伦理的本质，但在现实生活中是少数。

第二类是带有一定功利色彩的慈善伦理观，这类慈善伦理观在社会生活中有着广泛的基础。

第三类是将慈善作为实现某种功利的工具，打着"慈善"的招牌，借"义演""义卖""募捐"等慈善之名，牟取不正当私利。

第一类的慈善伦理观要鼓励和提倡，它代表了慈善事业发展的方向。第二类的要宽容理解，但这种宽容和理解也是有一定限度的。而对于第三类则要旗帜鲜明地反对，并大喝一声"此路不通"。在当前中国多样化文化并存的条件下，对于慈善伦理观要尊重差异，包容多样，但同时必须坚持正确的导向。慈善是一种境界，体现的是一种崇高的人道主义的、理想主义的精神，慈善事业在其社会运转过程中应该更多地注入精神的东西，以奉献为导向，抑制和减少功利的冲动。

二、慈善伦理理想与现实冲突的文化动因

以仁爱为核心的慈善伦理，寄托着人类的美好理想，千千万万个有慈悲心怀和善良品德的公民是文明社会的标志。慈善伦理是社会意识形态的组成部分，受一定物质生活方式的制约和规定，同时又是在一定的民族文化传统基础上形成和发展起来的，因而，不同的社会、不同的文化传统，造就了不同特点的慈善伦理。在当代中国社会中，慈善伦理在发展过程中遭遇到的许多尴尬，实质上是传统文化与现代文化、中国文化与西方文化的矛盾与冲突的表达。

中国传统文化中慈善伦理的鲜明特点，是对建立在宗法血缘关系基础上的仁爱的文化认同。中国古代社会是在没有摧毁原始氏族组织的情况下直接进入奴隶制国家的，国家的组织形式与血缘氏族制是紧密结合在一起的。[①]中国的伦理思想集中体现了这一特点。

---

① 朱贻庭：《中国传统伦理思想史》，上海：华东师范大学出版社2009年版，第16页。

孔子是中国传统文化中首屈一指的代表人物,他的思想的核心是"仁爱"。但他的仁爱,首先是"爱亲",即把基于血缘关系的亲子之爱置于仁爱的首位,然后才是"泛爱众"。"泛爱众"与"爱亲"所涉及的父子、兄弟关系不同,涉及的是氏族成员间的关系,本质上也是对整个氏族的爱。总之,无论是"爱亲"还是"泛爱众",尽管是建立在不同的伦理关系层面上,但宗法血缘关系是其基础。

孔子为代表的儒家思想是西汉以后中国古代社会的主流意识形态,在宗法血缘关系的基础上形成,同时又为代表这种宗法血缘关系的政治制度服务,贯穿于社会生活的各个方面。慈善伦理以仁爱为核心,儒家仁爱观给予中国古代的慈善伦理以深刻的影响。儒家认为,人有亲疏之分,因而"爱有差等"。[1]但中国古代的墨家以"兼爱说"为立论,反对建立在宗法血缘关系基础之上的"爱有差等",主张"爱无差等"。然而,墨家的这一富有理想色彩的观点并没有被中国古代大多数人所接受。在中国几千年的慈善事业发展中,人们更多地接受的是儒家的"爱有差等"的慈善伦理观念。人们往往希望尽可能多地把财富传给自己的子女,特别是儿子,直到现在,这种观念依然对社会生活有着深厚的影响,而对捐献财富给社会往往缺乏足够的热情。在血缘关系的基础上,对于族缘、乡缘、地缘的文化认同也是推动民间慈善事业发展的动因。面对同族、同乡、同地的人们遇到的困难和不幸,人们更愿意奉献爱心,给予各种捐助。几年前,有一份调查数据显示,当自己在路上遇到伸手向自己求援的陌生人时,194人回答"绕过去,不理睬",占45.9%;146人回答"给予帮助",占34.5%;该题无效答卷83份,占19.2%。而在问到"如果您周围的同事、同乡、同学、朋友需要帮助,您是否会给他们捐助"时,347人回答"会给予捐助",占82%;41人回答"不会",占9.7%;35人未回答,占8.3%。八成以上的人表示愿意救助自己周围遇到困难的同事、同乡、同学、朋友,而只有三成多的人表示愿意救助陌生人,近半数的被调查者表示自己对伸手向自己求援的陌

---

① 周中之:伦理学视域中的当代中国慈善事业,《江西社会科学》200年第3期。

生人会采取绕过去、不理睬的态度。①这表明，中国民间慈善愿意施助的对象更多的是"熟人"，而不是"陌生人"。

与中国古代建立在宗法血缘关系基础上的"爱有差等"的慈善伦理观不同，西方的慈善伦理与宗教有着不解之缘，它是建立在"上帝之爱"的基础上的。在基督教教义中，人生来有罪。为了赎罪，必须爱上帝，信仰和顺从上帝。人应该彼此相爱，这是上帝的命令。上帝就是爱，彼此相爱，上帝就在人们心中了。换言之，基督教教义把做善事，作为基督教信徒不可推卸的义务和责任。每个虔诚的基督教信徒都努力把慈善作为日常生活的一部分，把捐助他人作为人生的快乐。国外人群中向慈善机构捐赠的比例，有宗教信仰的人群比例最高。在西方，教会通过志愿者群体，以义工形式为慈善事业服务。总之，在西方的慈善事业中，大多有宗教的背景，人们对慈善捐赠的热忱，大多有宗教伦理的激励。

在中西方不同文化背景下形成的慈善伦理，差异是明显的。传统中国的慈善事业以代表宗法血缘关系的儒家伦理为核心，其特点之一主要是面向"熟人社会"。这样，现代意义上的社会慈善组织的发展就缺乏现实的土壤。人们可以通过血缘关系、族缘关系、乡缘关系、地缘关系结成施助者和受助者的关系，作为中介的、独立的社会慈善机构的作用被弱化了。施助者和受助者往往是熟悉的，甚至慈善活动是面对面的，固然适应了中国文化传统的需求，但同时也会带来一些棘手的问题，例如感恩问题。

在西方，慈善是建立在"上帝之爱"的基础上的，感恩首先要感恩上帝，而且施助者和受助者没有直接的联系，难以谋面，是通过慈善机构完成捐助工作的，慈善中的感恩难以成为社会问题。但是，中国则不然。中国的慈善活动往往是在"熟人"中进行的，尽管当代中国社会发展后，捐赠等慈善活动突破了血缘关系、族缘关系、乡缘关系、地缘关系，在更广泛的社会范围内进行，但由于社会的诚信状况不尽如人意，施助者往往担忧善款是否能完整无误地到达

---

① 许琳、张晖：关于我国公民慈善意识的调查，《社会学研究》2004年第5期。

受助者手中，因此更青睐施助者和受助者"点对点"的联系。这样的联系难免会出现尴尬：施助者希望自己的捐助能得到回报，渴望感恩，而受助者尽管得到了帮助，但往往感觉到人格的压抑，缺乏感恩的主动性和积极性。慈善需要不需要感恩，成为这几年来慈善伦理研究的热点。有的学者认为，勿以感恩来理解慈善，这是有见地的观点。慈善的本质是伦理的，是自愿奉献的，因而是不求回报的，但这种理想主义的观点在现实生活中并未被大多数人所接受。在当代中国，传统文化主张的"施恩图报"观点对社会成员还有很深的影响，"施恩不图报"甚至成为某人不仗义的表现，为人所唾弃，而"滴水之恩，当以涌泉相报"才是人们所赞赏的。而从人性的角度看，受助者是弱势群体，他们需要人格的尊严，感恩的要求也许会给他们带来更多的心理压力。有些贫困者，不愿意接受好心人的捐助，与这种心理压力不无关系。如何通过慈善伦理来调节施助者和受助者的关系，是当代中国慈善事业要解决的热点问题。

改革开放后的中国，是走向世界的中国。在中国与海外文化交流的过程中，以各种文化为背景的慈善伦理也相互激荡。2010 年 9 月，美国大富翁盖茨和巴菲特来到中国，并在北京举行慈善晚会，邀请中国 50 位企业家出席。在这具有历史意义的慈善晚会的前前后后，西方的慈善伦理观念和中国传统的慈善伦理观念不断发生碰撞。在宴会前，甚至有人预测由于中国的慈善伦理与西方不同，"有一半富翁将拒绝出席"。结果，并未如此。通过中西方文化的交流，面对面地讨论慈善伦理，推进人类的慈善事业，毫无疑问是有益的。中国必须大胆借鉴和吸收人类文明发展过程中有价值的慈善理念，同时在弘扬民族仁爱精神的同时，将传统的慈善伦理提升为现代社会的慈善伦理。当然，将全部财富留给子孙后代的理念转化为把财富回馈给社会的理念，还有很长的路要走。

中国的慈善伦理要继承民族文化中的优秀传统，同时要注入时代的元素，要有国际的视野。在国际活动中，慈善代表着人类的文明，也代表着一个民族、一个国家的形象。尽管各个国家的政治制度、经济制度和文化传统不一样，但在地震、海啸等自然灾害面前，世界各国有许多共同的利益，可以相互合作和相互支持。慈善伦理不能仅仅停留在狭隘的民族范围内，还要有国际的视野。2004年12月，印度尼西亚苏门答腊岛附近海域发生了8.7级巨大地震，并引发大规模海啸，东南亚、南亚和非洲多个国家遭受地震海啸的严重袭击。这场罕见天灾中的死亡人数超过10万人，亟待援助的灾民总数超过500万人。中国人民慷慨捐赠，彰显了中华民族的博大爱心。随着中国经济的发展和国际地位的提高，中国的慈善事业也要更多地走出国门，把仁爱之心洒向世界，以符合发展起来的中国作为世界大国的形象。

三、伦理之光照耀中国慈善未来之路

在建设中国特色社会主义的事业中，为了弘扬人道精神，实现公平正义，构建和谐社会，中国必须加强慈善事业的建设。中国特色的慈善事业植根于中华民族的传统文化，同时又要在这一基础上实现现代的转化，体现21世纪时代的精神。要实现这一目标，必须探讨具体实现的路径。这一路径包括慈善法规建设和慈善伦理文化建设两方面，两者是相互支持、相互补充的。改革开放后，中国内地的慈善事业逐步走向了复兴。一方面，一些有关慈善的法规开始建立起来了，但还很不完善，"中华人民共和国慈善事业法"还未正式出台，这与形势的发展还不相适应。但另一方面，慈善的伦理文化建设还很薄弱，人们对慈善伦理的理解，慈善文化的社会氛围，与和谐社会建设的要求还有不少距离。[①] 大力弘扬慈善伦理精神，让伦理之光照耀中国慈善未来之路，是理论工作者和实际工作者的重大任务。本文从伦理的角度探索21世纪中国慈善事业的建设。

（一）以财富观、人生观为突破口，多一点爱心，建立良好的慈善伦理意识和社会风气

慈善以财富为载体，在表达对他人的爱心的同时，也体现了施助者的财富观和人生观。改革开放以后，中国的经济发展改变了中国人民的财富状况。一部分人先富起来了，并经过多年的积累，这

---

① 王银春："21世纪中国慈善事业与慈善伦理"研讨会会议综述，《探索与争鸣》2011年第1期。

部分人的财富达到了不菲的数量。如何认识这些财富？如何消费这些财富？是这些财富拥有者的一道无法回避的人生课题。邓小平在 20 多年前在提出"让一部分地区先富裕起来，让一部分人先富裕起来"观点的同时，也指出："提倡有的人富裕起来以后，自愿拿出钱来办教育、修路。"①一部分先富裕起来的人"自愿"出钱从事慈善事业，不是摊派的结果，而是财富观、人生观驱动的结果。大凡那些热心慈善的企业家财富数量不尽相同，但财富观和人生观有几多相近之处，既认为财富是"取之于社会"，也应该"用之于社会"，用自己的财富帮助他人，既表达了爱心，但同时也实现了自己的人生价值。

中华民族历来是勤劳刻苦的民族，改革开放中的一系列方针政策又极大地提高了他们致富的劳动积极性。为了获得更多的财富，他们辛勤奔波，用自己的汗水去浇灌人生的成功。在他们的人生背后，支撑他们的朴素理念往往是"要造福于子孙"。当他们功成名就，财产殷实时，更多想到的是把财产传给子孙。从中国文化的背景来考虑，这些想法是很自然的，无可厚非的。但问题是人们在中国财富代际传承的过程中，发现了一个规律，中国的富人往往"富不过三代"。为什么会出现这种情况？巨额的财富留给后代，会给他们带来优裕的生活条件，但也容易使他们滋长不思进取，甚至好逸恶劳的生活作风。因此，给后人留下适当的遗产，使他们在开始人生道路的时候有较好的物质基础，是人之常情，但过多的遗产未必对后人的成长有利，甚至会对他们的人生幸福产生负面影响。国际大富翁比尔·盖茨的财产达数百亿，曾多次名列福布斯排行榜第一名，他只给子女留下了少量的财产，而把绝大部分财产捐给了社会。在当代中国社会主义市场经济条件下，"多赚点钱"已经成为老百姓的普遍心态，但作为一个文明健康的社会，还必须弘扬人道精神，提倡"多献点爱心"，并使之蔚然成风。从理想与现实相统一的角度来说，作为财富拥有者的中国人来说，要造福于自己的子孙后

① 邓小平：《邓小平文选（第三卷）》，北京：人民出版社1993年版，第111页。

代，更要造福于社会，让爱心通过慈善事业传递到社会的各个角落。

（二）以诚实守信为重点，多一点真心，夯实慈善伦理的道德基础

诚实守信是社会健康运转的最基本道德要求，也是个体道德人格之本。渗透伦理精神的慈善事业，诚实守信更是其内在的要求。不讲诚信，何来"慈"和"善"？当代中国道德建设中，最突出的问题是诚实守信问题，慈善事业也不例外。在当代中国，重大自然灾害发生后，成千上万的企业和个人纷纷捐款捐物，慈善的热流在中国大地上涌动。多数的企业和个人用实际行动兑现了捐赠的承诺，但也有相当一部分企业和明星却爽约了。对这种现象，不能简单地都冠之以"诈捐"，但违背诚信要求，却是不争的事实。"一诺值千金"，捐助方既然做了承诺，就必须对这承诺承担责任。国内有一位著名影星，承诺了七位数的捐款，实际却不到位，捐款的诚意受到了众多网民的质疑，这是很自然的结果。不仅捐助者要讲诚信，受助者也要讲诚信。受助者应该真实客观地反映自身的困难状况，同时当自己个人的困难状况改善了以后，也应该如实相告。有位四川私营业主，四年如一日，资助了一位青年攻读国内著名大学的研究生。不料，这位青年读了一年就退学了，并且隐瞒实情，把受助款挪作他用，结果被推上了法庭被告席。这些失信行为的实质是见利忘义，它亵渎了慈善的伦理精神，造成了不良的社会影响。而要解决这一问题，必须从义利观的误区中走出来，确立以义为上的道德信念。

值得注意的是，随着中国慈善事业的发展，公民捐献的善款越来越多。近几年来，这笔善款全国每年已经超过一百亿元。如何用好这笔巨额的善款，成为慈善事业中的重大课题。由于中国具有社会公信力的、能够承担起慈善重任的社会慈善机构还不多，而通过行政渠道，把这些善款与行政拨款混合在一起发放，又是不妥的，因为这两笔款项的性质明显不同。因此，慈善款的分配和落实，必须建立和健全法规，建立更多的有公信力的民间慈善机构，同时培养一大批具有诚信人格的从事慈善事业的工作者。而这一切，需要慈善伦理的支持，加强诚实守信的道德建设。诚实守信的道德建设要唤醒道德主体内在的良知,用神圣的道德义务感和责任感来引领慈善工作者。现在,要解决中国社会中不诚信的问题,关键不在于诚信道理的灌输,而在于如何用有效的途径实现诚信的知行统一。为此,需要将道德的内部制裁和外部制裁结合起来,加强监督。善款在各个环节流动时,要公开、透明,以利于舆论和群众的监督。现代高科技为这种监督创造了技术的条件,但需要投入财力和精力,借助网络实现有效监督的目的。

(三)以尊重人格为前提,多一点换位思考,建立互相尊重的文明行善方式

慈善中的感恩问题引起了社会的热议,推动了人们对慈善伦理的认识。要协调好施助者和受助者的伦理关系,必须从感恩的伦理评价中走出来,讨论人格尊重的问题。在当代中国,由于贫富差距的拉大等诸多因素,不同群体的心理状态是非常复杂的。施助者是强势的一方,在慈善中的一言一行,都会对对方的心理产生微妙的影响。要尊重受助者的人格,让他们体面地接受捐助。中国古代的"不食嗟来之食"之说,就形象地表现了要求施助者尊重受助者人格的诉求。在行善方式上,低调行善比高调行善更接近于慈善的伦理本质。施助者应该认识到,捐助不仅帮助了他人,但同时也有益于施助者本人,使施助者的心灵得到了升华。同时,受助者作为弱势的一方,也要尊重施助者的愿望,满足施助者合理的心理需求。慈善活动中,不管是施助者或是受助者,都是建立在自觉自愿基础上的。因此,索捐违背了尊重施助者愿望的要求,也是不可取的。

市场经济带来了利益的分化,各种不同的利益群体思想观念上具有明显的差异性,但渴望他人的尊重是共同的。古人云:"己所不欲,勿施于人",人与人之间,要相互沟通交流,换位思考,特别是强调施助者对受助者的换位思考。在地震、洪水等自然灾害中,许多人遭受的苦难超出了人们的想象。用自己的一些财力和精力,哪怕是微薄之力,减轻他们的苦难,是其他社会成员应尽的义务和责任。许多贫困地区的孩子由于经济拮据,失学在家,有了慈善助学款,他们就能背起书包上学,他们的人生轨迹就会发生变化。施助者站在受助者的位置思考心胸就会更加开阔,道德境界就会跃上一

个新台阶。

全社会需要加强慈善意识的宣传教育。慈善不仅仅是一种施舍，更是一种仁爱，一种尊重。人与人之间，尽管经济条件、社会地位等状况不尽相同，但在人格上是平等的。居高临下的施舍有悖平等的原则，尊重他人的慈善才是慈善的本真。这种慈善意识应该写入学校教科书，成为学生思想道德教育的重要内容。当代中国社会弘扬"以人为本"的精神，慈善意识的内容是这种精神的直接体现。让孩子们从小就接受慈善意识的教育，培养仁爱之心，建立尊重他人的道德观念，不仅能改善当前学校思想道德教育，使之更生动形象，更具有可接受性，[①] 而且预示着未来中国的慈善事业后继有人，中国社会将更加文明健康。

当代中国慈善伦理的理想与现实

---

① 朱小蔓、刘次林：转型时期的中国学校德育，《上海师范大学学报（哲学社会科学版）》2009 年第 6 期。

当代中国慈善伦理规范体系建构研究

慈善事业是一项崇高的事业,代表着人类的良知和文明。它对于实现社会公平正义、促进社会和谐、提高公民的道德素质有着重要的意义。改革开放以后,中国的慈善事业开始复苏,并在21世纪后获得了迅猛的发展。在新的历史条件下,为了适应新的形势发展的需要,回答时代提出的新问题,推动慈善事业沿着健康的方向发展,不仅要从某一个现象、某个专题具体地研究慈善伦理规范,而且必须上升到慈善伦理的全局,研究当代中国慈善伦理规范体系的建构问题。

一、中国特色慈善伦理规范体系的特点与社会价值

2016年4月,《中华人民共和国慈善法》(以下简称《慈善法》)在第十二届全国人民代表大会第四次会议正式通过,并于当年9月1日起施行。这是中国慈善事业发展的里程碑事件。这部基础性、综合性的法律内容全面,不仅对慈善活动作出了界定,同时对慈善组织设立、运营、慈善财产来源和使用、慈善服务等都进行了规范,系统地确立了国家慈善事业发展所需要的法律规范。然而,当代中国发展慈善事业,不仅需要建构中国特色的慈善法律规范体系,而且需要建构中国特色慈善伦理规范体系。

法律规范体系与伦理规范体系是人类社会生活的两大行为规范体系,两者之间是互相联系、互相支撑的。前者是外在的约束,后者是内在的约束;前者是"硬"约束,后者是"软"约束。治理国家必须德法并举,即将外在约束和内在约束结合起来,将"硬"约束和"软"约束结合起来。这些法律和伦理的一般关系,需要我们认真把

握，然而在建构中国特色慈善规范体系问题上，要深刻认识慈善伦理规范体系的特点，才能更好地发挥德法并举的社会价值。

慈善伦理规范体系是人们在慈善活动中应当普遍遵循的道德价值观念和行为准则，它与其他社会规范体系有着许多共同之处，但也有着明显的不同。慈善的本质是伦理的，这是其根本的特点。伦理道德作为行为规范，通过人的内心信念、传统习惯和社会舆论来调节人们的观念和行为，发挥其社会功能，在慈善活动中有着特殊的意义。

在对社会慈善行为进行伦理评价的时候，人们往往会追问"什么是慈善？"根据《慈善法》对慈善活动的界定，慈善不仅包括扶贫、济困、扶老、救孤、恤病、助残、优抚等内容，也包括自然灾害的救助、保护生态环境、推进社会事业发展的其他社会公益活动。但追根寻源，所有这些慈善活动最根本的推动力都应该来自人内心的良知，否则慈善将被异化。孟子云："人皆有不忍人之心者。今人乍见孺子将入于井，皆有怵惕恻隐之心，非所以内交于孺子之父母也，非所以要誉于乡党朋友也，非恶其声而然也。"[1] 孟子认为救困境于井下的孩子的慈善救助行为，其推动力来自人性内部的同情心，而不是外在的利益的诱惑，例如和这小孩的父母攀结交情，或在乡里朋友中间博取名誉。孟子在这里，道出了慈善的真谛是人内心的良知。尽管当代社会的状况与几千年前的中国古代社会难以相提并论，但孟子这一思想的光辉穿越时空，对于指引社会慈善事业的健康发展有着积极的意义。

主体从事慈善活动时，总是由一定的动机所推动的。这些动机隐藏在主体的行为背后，存在于主体思想观念中，反映着主体的价值取向。古人云："礼者禁于未然之前，法者禁于已然之后。"[2] 慈善法律规范体系着重对行为进行制裁，而慈善伦理规范体系更多地通过思想道德观念，特别是动机的评价，在行为选择中发挥"导航器"的作用，防患于未然。简言之，慈善伦理规范体系的特点和作用反

当代中国慈善伦理规范体系建构研究

---

① 《孟子·公孙丑上》。
② 《汉书·贾谊传》。

映了慈善伦理本质的客观要求。

在经济有了跨越式发展的 21 世纪中国，慈善伦理规范体系的建设迎来了发展的最好契机。一方面，社会许多成员不再囊中羞涩，有富余的经济收入可投入于慈善捐赠。社会一些有良心的企业家也慷慨解囊，走在慈善公益活动的前列。另一方面，由于社会贫富差距的扩大，影响了社会的和谐稳定。整个社会对公平正义的呼声强烈，要求慈善作为社会的第三次分配更多地发挥作用。慈善伦理规范体系将在当代中国呈现多方面的、无可替代的社会价值，这主要表现在：

第一，引领多元慈善伦理动机。慈善的本质是伦理的，慈善捐赠应该是自愿奉献的行为。但社会生活中，"应该是什么"和"是什么"不能画等号。在社会主义市场经济中，所有制多样化，分配方式多样化，就业方式多样化，人们处在不同的经济地位中生活，深刻地影响着人们的慈善伦理动机。同时，即使在相同的经济地位中生活，由于社会经历不同、道德境界不同、心理特点不同，慈善伦理的动机也不尽相同。有些人的慈善动机是高尚的，自觉自愿而且无私奉献，非常低调，甚至连自己的名字都不愿见诸媒体，但也有些人捐出了真金白银，但高调慈善，或许还有程度不同的利益考量，反映了不同层次的慈善伦理动机。不可否认的是，也有些人以"慈善"为名，图不义之财，受到了社会舆论的谴责，甚至被推上了法律被告席。在慈善伦理动机上，要尊重差异，包容多样，才能扩大慈善事业的队伍，推进慈善事业发展。

慈善伦理规范体系承担着光荣的使命，要引领多元慈善伦理动机。一是要倡导高尚的慈善伦理动机。尽管具有无私奉献精神的慈善者还不多，处于少数人的地位。但他们的精神是慈善伦理的旗帜，他们的道德人格是慈善事业的骄傲。二是在坚守底线基础上，宽容那些低层次的慈善伦理动机。这里的底线是"义利兼顾"，个人功利的考量不能损害社会和他人的利益。同时鼓励他们在慈善伦理的动机上攀登道德的阶梯，追求高层次的慈善伦理。三是对于慈善活动中，违背伦理要求的"伪慈善"必须给予坚决的批判和抵制。要让崇德向善的正能量成为慈善事业的主旋律。当然，对于触犯法律的"伪慈善"，不仅需要诉诸道德规范体系，更要诉诸法律规范体系。

第二，回应多方面慈善伦理挑战。当代中国慈善事业有了飞速的发展，特别是近几年来，国家有关方面推出了改革政策，一大批企业和企业家通过慈善公益组织进入了慈善公益领域。慈善活动中的伦理关系出现了复杂的情况，不仅有施助者与受助者的伦理关系，而且有施助者与慈善公益组织的伦理关系，受助者与慈善公益组织的伦理关系等等。企业作为慈善活动的生力军，将慈善活动作为"影响力"投资，使慈善与商业的界限日益模糊。这不能不对传统的慈善伦理关系发生挑战。

在慈善伦理关系中，讲诚信是基本的要求。这就要求慈善伦理关系中的各方面都恪守诚信，以面向社会开展慈善活动为宗旨的慈善组织要讲诚信，慈善者也要讲诚信。不仅施助者要讲诚信，而且受助者也要讲诚信。有些是施助者不讲诚信，"口惠而实不至"，有些是受助者不讲诚信，为了获得捐助，隐瞒部分真实情况，误导公众。诚信问题在慈善伦理关系比较突出，但在慈善伦理关系上，还有尊重和平等的问题。有些企业家"高调行善"，缺乏对受助对象的尊重，以致引起了社会舆论的非议。尽管这些企业家对慈善事业做出了贡献，但这种"高调行善"也会对慈善的声誉产生不少负面影响。因此，在慈善伦理建设中不仅要重视"内容"，而且必须重视"形式"，在平等的基础上建立慈善活动双方的伦理关系。"形式"不符合伦理要求的慈善活动也是不可取的。

简言之，多方面慈善伦理挑战不是仅仅某一伦理规范所能完全解决的，它需要一套比较完整的慈善伦理规范体系加以应对，才能获得良好的效果。

第三，支撑慈善法律规范体系。法律是最低限度的道德，慈善法律规范体系为慈善活动确立了大的框架和底线，但是这些框架内和底线上还有广阔的道德选择的空间。例如，慈善法规定了慈善公益组织不以营利为目的，但在具体执行中有许多问题需要解决。是绝对禁止，还是原则禁止，还是在一定条件下的禁止？中国采取的是原则禁止，显然在原则禁止的底线上还有不少空间。慈善公益组织通过商业活动实现增值，将收益用于公益，社会有关方面也不会提出异议。但在现实情况下，慈善组织的许多商业收益却进入了私人的口袋，滋生了慈善的腐败。慈善事业在义利兼顾的过程中，如何把握好"度"？这需要慈善伦理规范体系发挥作用，支撑慈善法律规范体系。

慈善法律规范体系以国家机器的强制力为后盾，调节人们在慈善活动中的行为。相关的法律要经过严格的程序，才能确立。法律具有相对的稳定性，而现实生活却每天在发生变化。特别是信息技术日新月异的时代，互联网的发展对慈善规范体系不断提出新的挑战。慈善法第二十六条规定了公开募捐需要通过有资质的慈善组织按照法律规定的程序进行运作，个人无权公开募捐。但法律没有禁止公民在遇到困难时，可向亲友求助。而在互联网的社交平台上，可求助的朋友范围迅速扩大，网络求助和公开募捐的实际区别变得模糊了。有些人利用"打赏"的形式，行募捐之实，绕过了法律的规定。孟子说："徒法不能以自行。"①法律需要通过人来运作的，而人的道德素质如何，直接影响到法律规范体系运作的成效。面对迅速变化的社会生活，慈善伦理规范体系对慈善法律规范体系的支撑作用将越来越显著。

二、当代中国慈善伦理规范体系的构建

当代中国慈善伦理规范体系包含丰富的内容，它是在传统的慈善伦理基础上形成和发展起来的，但同时又吸收了世界文明的优秀成果。它可以分为慈善伦理原则和慈善伦理规范两大层面，慈善伦理原则是慈善伦理规范体系的基础，贯穿于各项慈善伦理规范之中，而慈善伦理规范则依据慈善伦理原则，着重提出慈善活动中具体的行为准则，是慈善伦理原则的具体化。

（一）当代中国慈善伦理规范体系的基本原则——仁爱

在几千年的历史发展中，以孔子为代表的中国儒家学说对中国

---

① 《孟子·离娄上》。

的思想文化产生了深刻的影响，是中国传统社会的主流意识形态。孔子的伦理思想如果一言以蔽之，就是"仁"。"仁"体现了孔子伦理思想的特征。孔子又把"仁"规定为"爱人"，在仁爱的基础上，孔子形成了完整的伦理思想体系。可见，把仁爱作为当代中国慈善伦理规范体系的基本原则，有着深厚的历史文化底蕴。同时，在世界各民族的文化传统中，慈善总是与爱联系在一起，并且成为它的核心内容。"慈善"在现代英语中通常被定义为"因爱而生的情感及其行为"。① 无仁爱不成慈善，是慈善认知的不二法则。

古往今来，慈善首先作为对弱势群体的仁爱，然后推及至更广泛的社会成员。在这种"因爱而生的情感及其行为"的背后总是有着一种价值观念在支撑着它。慈善"肯定了一种价值，一种对他人福祉的关心，对公益的关心"②。人是生活在社会中的人，关爱他人，关爱社会，是人性的内在需要。"鸟兽不可与同群，吾非斯人之徒与而谁与?"③ 人与人的关系和人与动物的关系有本质的区别，因为人有德性，所以人与人之间应该相互关爱，而动物则没有德性，人与动物之间的关系与人与人之间的关系截然不同。即使在保护生态环境和野生动物的当代世界，人与人之间的关爱与对动物的关爱也不在一个层面上。慈善体现着人的价值，闪耀着人文精神的光辉。

慈善作为一种爱的情感，首先是同情之心、恻隐之心。见到他人处于困难或危险之中，慷慨解囊或奋不顾身施救，是同情之心的驱动。休谟认为，"人性中任何性质在它的本身和它的结果两方面都最为引人注目的，就是我们所有的同情别人的那种倾向"，他断定"同情是人性中的一个很强有力的原则"。④ 情感对个体行为所产生的驱动力是巨大的。例如，21 世纪以后，中国发生的几次大地震激发了无数中华民族儿女的民族感情，他们以"血浓于水"的民

①② ［美］罗伯特·佩顿等:《慈善的意义与使命》，郭烁译，北京:中国劳动社会保障出版社 2013 年版，第 50 页。

③《论语·微子》。

④ ［英］休谟:《人性论》，关文运译，北京:商务印书馆 1980 年版，第 352、620 页。

族情怀，组成了抗震救灾的血肉长城，在中华民族慈善史上写下了光辉的一页。在现代文明社会中，慈善是公民的义务和责任。而同情心是公民将慈善动机转化为慈善行为、履行公民义务的强大心理动力。

慈善是爱的行为，这种行为是可以分为层次的。既有小爱，也有大爱。中国儒家的爱是建立在宗法血缘关系基础上的，主张爱有差等。首先要"爱亲"，爱自己的亲人，然后再"泛爱众"。这样的爱是"小爱"，它植根于传统文化的土壤，有着旺盛的生命力，但随着时代的发展，"小爱"应该升华为"大爱"，不仅爱自己的亲人，也要爱社会的其他人，不管是熟人还是陌生人，慈善事业才能更好地发展。

简言之，理解和把握作为当代中国慈善伦理规范体系的仁爱原则必须将价值、情感和行为结合起来，才是全面而又深刻的。

（二）当代中国慈善伦理规范体系的四大规范：自愿、诚信、平等、尊重

第一，自愿：慈善伦理行为的前提。西方古代著名伦理学家亚里士多德说"善是愿望的对象""德性总是自愿的""德性由于我们自己，出于我们的自愿"。[1]一个人是否行善，应该出自本人的愿望，是个人意志的表达。在人的行为过程中，作为主体的人总会面临多种选择。如何选择，体现了个体的道德境界。人应当行善，"应当"两字包含着深刻的内容。"应当是"和"是"之间有着明显的不同，"应当是什么"要成为现实生活中主体的道德行为，必然要经过主体的选择。而主体的选择系于意志，基于自愿，可以这样选择，也可以那样选择，"应当是什么"是其中的一个选择项。根据康德伦理学的理论，出于人的"善良意志"选择的行为，才是道德的行为。尽管这一观点具有理想主义的倾向，但却是反映了慈善等道德行为的本质。违背了当事者的自愿，慈善活动就偏离了伦理的方向、道德的精神。

---

[1] 周辅成：《西方伦理学名著选辑（上卷）》，北京：商务印书馆1964年版，第305、309、310页。

自愿作为慈善伦理的重要规范，得到了法律的强有力的支持。《慈善法》将"自愿原则"写入了第一章第四条，并在第三章第三十二条中规定"开展募捐活动，不得摊派或者变相摊派"。在中国，运用行政力量通过"摊派或者变相摊派"开展募捐活动，引起了不少当事者的"吐槽"。另外，也有些有实际困难的社会成员，通过"索捐""逼捐"，强制要求当事者捐款、捐物，造成了慈善中的尴尬，为人所诟病。当然，违反自愿规范的慈善活动还有其他的形式，但"摊派或者变相摊派"和"索捐""逼捐"这两种是比较常见的。

要使更多的人自愿投入慈善捐助中来，必须增强公民的慈善意识。而增强公民的慈善意识，重要的是提高建立在理性基础上的认知意识。人们常把自觉和自愿联系起来，个体在认识到慈善是公民应尽的社会义务和责任后，就会更好地激发慈善的愿望，以慈善捐赠为荣。同时，个体的慈善愿望受到社会道德风尚的深刻影响，因此，建设乐善好施的社会慈善文化，才能使更多的社会成员自愿加入慈善活动的队伍中。

第二，诚信：慈善伦理规范的基础。诚信是全部社会生活的基本道德规范，但在慈善生活中这一道德规范有着特殊的意义。近十年来，在中国关于慈善活动中的伦理问题的社会事件中，慈善组织的公信力成为热点。中国社会正从"熟人社会"走向"陌生人"中，当施助者和受助者往往不再是"点对点"的联系，他们之间往往不再相识，而是通过慈善组织为中介，发生慈善伦理关系。慈善组织的公信力成为慈善事业发展的关键点。郭美美事件之所以产生了恶劣的影响，因为它严重地损害了慈善组织的公信力。著名的"塔西佗陷阱"的典故告诉人们，当公权力失去公信力时，无论发表什么言论、无论做什么事，社会都会给予负面评价。政府是这样，慈善组织何尝不是这样呢？在当代中国慈善组织大发展的今天，公信力是慈善组织的生命线。国外提出使慈善组织成为盛装爱心的"玻璃口袋"，这是非常有见地的观点。慈善组织要不断加强自身建设，坚持规范、高效、透明，坚持阳光运作，才能获得社会的认可和支持。

个人作为慈善施助者或受助者都要讲诚信。"一诺值千金"，当

捐助者通过广播、电视、报刊、互联网等媒体公开承诺捐赠的，或者
在其他慈善活动中签订书面捐赠协议的，都要履行承诺或协议。如
有特殊情况不能履约的，应该公开向社会说明情况，以求得到公众
的谅解。而受助者的诚信也很重要，必须全面、客观地提供情况。
通过虚构事实等方式欺骗、诱导募捐对象实施捐赠，不仅是违背道
德要求的，而且可能是违法的，有可能被送上法律的被告席。在获
得善款后，受助者应该根据相关协议加以使用，违背了捐助者对于
善款使用的要求，是不诚信的缺德行为。有位青年人考上了国内著
名大学，并得到了某企业经营者的助学贷款，但不料一年后，他退
学了。可是他依然接受贷款，并把这笔钱挪作他用。事件真相被披
露后，受到了社会舆论强烈的道德谴责。

第三，平等：慈善伦理规范的核心。慈善是人与人关系在人格
上平等的伦理行为。尽管在现实生活中，人们的经济地位不同，财
富有多寡。有些人处在社会的强势地位，有些人处在弱势地位，但
不管是处于强势地位的人们还是处于弱势地位的人们，他们在人格
上是平等的。慈善事业是实现公平正义的事业，它认定每一个社会
成员都有基本权益得到维护的权利。社会上一些弱势群体仅靠自身
能力难以达到社会认可的基本生活标准，因此需要慈善救助。自古
以来，扶贫济困历来是慈善的首要任务，其立足点是享受社会基本
生存权益的平等。

从道理上讲，施助者与受助者应该是平等的关系，但在实际生
活中要真正落实，却不是很容易。改革开放以来，人们的价值观念
有了深刻的变化，突出地表现在功利意识的增强，但同时对金钱的
崇拜现象也在蔓延滋长，这必然要反映到慈善活动中人与人的关系
中。在经济上处于强势地位的施助方自觉和不自觉地流露出某种优
越感，以致受助者感到压力和不快。中国传统文化中有"施恩不图
报"的道德境界，但更为普通民众所认可的是"滴水之恩，当以涌泉
相报"的感恩情怀。在成语中，"忘恩"是与"负义"联系在一起的。
施助者与受助者的感情是双向流动的，做了善事，帮助了别人，同
时希望得到回报，这是人之常情。但放在平等的天平上，过多地要
求受助者的感恩不利于双方的平等。因此，现代文明在讲施助者与

受助者的伦理关系时，讲感恩要把握"度"。讲感恩，更要讲平等。

第四，尊重：慈善伦理规范的特点。慈善伦理关系中，人与人之间是平等的，那么在平等基础上必然要建立相互尊重的关系。中国古代有"不食嗟来之食"之典故，因灾害处于饥饿状态的古人宁愿死亡，也不接受有辱人格尊严的施舍，体现了中国传统文化中乐善好施的美德中要求包含尊重受助者的人格尊严的内容。受助人或因受灾、疾病等原因处于困境之中，但他们也有自尊心，希望在保持人格尊严的同时被人同情，而有损人格尊严的施舍是难以接受的。从现代政治伦理的视域来说，人格尊严是人权的基本内容之一。尊严是生命权和自由权的合理延伸，尊严权主要要求人们在社会交往中互敬互爱，文明礼貌。特别是在处理与弱势群体关系的慈善活动中，更应该强调这一点。

尊重包含多方面的内容，其中包含在慈善活动中要尊重受助者的隐私权。慈善募捐中常常需要公示受助者的信息，必然涉及当事者的个人隐私。这种公示的程度和范围如何掌握，必须考虑当事人的愿望，尊重当事人的意见。有些学校为了使贫困学生的慈善捐助更为"透明"，张榜公布贫困学生的个人详细信息。在某些情况下，有可能损害贫困学生的自尊心。因此，慈善捐助的"透明"要充分顾及对象的心理感受，把善事做好。有些企业家为了扩大社会影响力，让受助的对象举着人民币与他合影，在媒体上广为转发。也许这样的企业家的初衷是向社会证明他拿出了真金白银，是诚实守信的，但客观上或多或少地对受助者的自尊心造成了伤害。物质上的支持和精神上的尊重结合起来，使受助者感到实实在在的温暖，这才能成为"没有遗憾的慈善"。

三、当代中国慈善伦理规范体系实践路径之探索

慈善伦理规范体系要发挥其社会功能，必须诉诸实践，以慈善伦理规范体系来规范、指导、引领慈善生活。概念的厘清和诠释是重要的，有助于提高人们对于慈善伦理的认知，但认识的目的在于指导实践，在实践中将慈善伦理规范转化为行动的指南。因此，不仅要从学理上研究慈善伦理规范体系的建构，而且要探索其实践

路径。

（一）弘扬中华传统文化慈善美德，吸收代表人类文明的慈善理念，推动慈善伦理规范体系的躬行践履

慈善伦理深深地扎根于民族文化的土壤中，其规范体系打上了鲜明的不同民族文化传统的烙印。中国传统文化在几千年的发展中，形成了以儒家为主导、儒道佛为一体的慈善伦理。在中华民族慈善伦理规范体系中，形成了两大层面的慈善伦理规范。一是以"性善论"为基础的慈善伦理，强调"仁者爱人"，倡导"守望相助"，并以推己及人的具体实施步骤实践慈善伦理规范体系。二是以"善恶报应"为基础的慈善伦理，强调"善有善报，恶有恶报"，"诸恶莫作，众善奉行"。前者更多的是儒家伦理思想的表达，理想主义的色彩浓厚，而后者基本上是道教和佛教伦理思想的结合，在社会底层民众中有广泛的影响。在当代中国，慈善伦理规范体系的躬行践履，必须弘扬中华传统文化中的慈善美德，坚持理想主义的精神，追求"仁者爱人"的道德境界，同时又要立足现实，用舆论宣传和制度安排使社会更好地实现"善有善报，恶有恶报"的期待，使更多的社会成员自觉自愿地投入慈善事业中去。

慈善是人类文明的结晶，是世界各民族所公认的美德。世界各民族的慈善伦理中有许多反映人类文明进步的道德观念值得中国学习借鉴。例如，一些欧美的企业慈善家自认为是财富的管理者，他们不是把大量的财富留给子女后代，而是建立慈善公益基金会，服务于社会公益事业。而在中国，这样的企业慈善家太少了。随着中国社会精神文明的发展和对外开放的扩大，中国的慈善伦理观念将会更多地吸收世界其他民族在慈善事业中的道德智慧，中国将会涌现出更多的具有高尚人文情怀的慈善家。

（二）加强对青少年的慈善意识教育，推动慈善文化纳入学校教育教学内容，从小培养慈善伦理规范体系躬行践履的自觉性

慈善意识教育必须从小做起。青少年处于世界观、人生观、价值观的形成时期，可塑性很强。从小对他们进行以"仁爱"为主要内容的慈善教育，并使他们认识到慈善是公民应尽的责任和义务，对他们道德人格的形成和确立有着重要意义。《慈善法》第八十八条规定："国家采取措施弘扬慈善文化，培育公民慈善意识。学校等教育机构应当将慈善文化纳入教育教学内容。"在目前学校的教育教学内容中，有一些与慈善意识教育相关的内容，但未形成系统，未上升到作为一个公民必须具备的责任和义务的意识之中，与《慈善法》的要求还有距离。但从学校德育的实践层面看，各个学校在助贫济困、志愿者服务的活动中做了大量的工作。现在关键的问题是，在青少年学生的思想道德教育中，如何通过整合资源，建立慈善、公益、志愿者服务的统一的德育实践平台。《慈善法》出台后，应采用大慈善的概念来理解慈善。《慈善法》界定慈善、公益、志愿者服务均属于慈善范畴，因此，这种实践平台的建立，既是必要的，也是可能的。

慈善意识教育要取得成效，不能仅使用概念演绎的方法，而更多地要诉诸生动活泼的形式，以情感人；不能仅在思想政治课中开展教育，而且也要渗透进人文、历史等其他课程中。要借鉴国外的德育经验，将教育对象在慈善活动中的表现作为学生德育评价的重要指标，甚至在名牌大学录取的条件中占有重要的分量。

（三）倡导"勿以善小而不为"的伦理精神，将仁爱之心转变为慈善之举，打造躬行践履慈善伦理规范体系的良好社会风尚

躬行践履慈善伦理规范要落细、落小、落实，从身边的小事做起。不能认为慈善公益仅仅是那些有经济实力的"成功人士"的事情，它也是每个公民应尽的责任和义务。诚然，社会需要更多的比尔·盖茨那样的企业家慷慨解囊，为社会慈善公益事业做贡献，但社会大多数人的经济实力有限，通过做符合自身经济状况的善事，也是值得称道的。行小善能积大德，要用辩证的观点来认识"小"与"大"。个人行小善，数年乃至数十年坚持不懈，那他的道德境界就不一般了，必然被世人所仰慕。行小善在现代的语言中往往也就是"微公益"。"众人拾柴火焰高"。在网络发达的当今世界，"微公益"借助网络将会发出异彩。假如每人通过网络捐出1元钱，当数以万计的网民都加入同一慈善公益活动中，微公益产生的效果及其影响将是惊人的。

慈善是道德的积累。"行小善""微公益"不仅升华了个体的道德境界，同时也改造了社会风气。市场经济推动了中国社会生产力的跨越式发展，创造了经济的奇迹，但同时也给社会带来了负面效应，道德失范、人情淡薄为人所诟病。"行小善""微公益"具有良好的操作性，具有广泛的群众基础。建立良好的社会风气，往往不是少数人做了很多，而是每个人做了一点点。当更多的社会成员投入"行小善""微公益"中去的时候，必然对社会风气产生广泛而又深刻的影响。展望21世纪中国慈善事业，其健康发展必然会提高公民的文明素质，使中国的社会风尚展现出一派新气象。

慈善公益与社会主义核心价值观的
培育和践行 [①]

　　培育和践行社会主义核心价值观是当前思想理论教育的重大任务，是中国主流意识形态建设的重大工程。为了更好地完成这一重大任务，必须认真搞好有关研究和宣传工作，必须努力探索更多的有效途径，真正落到实处。慈善公益活动是广大群众特别是青少年的重要道德实践活动，是培育和践行社会主义核心价值观的有效途径。在当代中国，面对社会发展的新形势，必须大力推进和拓展慈善公益活动，使之在培育和践行社会主义核心价值观的塑造新人和引领社会风气中发挥更大的作用。

一、慈善公益活动的价值取向体现向上向善的正能量，与社会主义核心价值观的导向相一致

　　21世纪的中国，以世界第二大经济体的新形象矗立在世界的东方。改革开放的巨大成就已经被世界所公认，但伴随中国经济的跨越式发展，中国的道德状况却不容乐观。道德失范、诚信缺失，为世人所诟病。必须对道德领域的突出问题进行教育和治理，有效解决困扰中国发展的这一时代课题。从思路上说，可以从"扶正"与"驱邪"两方面着手。一方面，要"驱邪"，对违背人类良知的社会丑恶现象进行道德的批判，并从制度上加以安排，使更多的社会成员远离缺德的事，对于严重违反社会道德底线的事更是"不敢做、不

---

① 该论文完成于2015年。

想做、不能做",但是另一方面,要"扶正",要用社会主义核心价值观的强大正能量引领社会风气,提高公民道德素质。正能量是一种健康乐观、积极向上的动力和情感,更好地发挥正能量的作用,才能增强人们的道德信心。而慈善公益是正能量的表达。

市场经济推动了中国的发展,这已经为历史和事实证明,但市场经济也给社会带来了不少负面效应,例如贫富差距的扩大。法国经济学家托马斯·皮凯蒂在《21世纪资本论》中指出:"从长期来看,资本收益率(特别是顶级资本的收益率)明显超过经济增长率。"① 可见,贫富差距的扩大与市场经济的发展相关联。要有效地解决这一问题,实现社会的公平正义,必须充分发挥社会第三次分配的作用。第三次分配是道德分配,慈善公益是其中主要的形式。20世纪90年代以后,特别是2008年汶川大地震以后,中国的慈善公益活动越来越活跃。一方有难,八方相助,慈善公益活动传播的是仁爱精神、奉献精神。面对弱势群体,伸出援助之手,助学、济贫、安老、救灾……。慈善公益活动不仅有效推动了不少社会困难问题的解决,而且热心慈善公益活动人士展现的精神风貌,猛烈地冲击着金钱至上、道德冷漠的不良社会风气。

社会主义核心价值观倡导的"友善"是慈善公益活动的灵魂,而慈善公益活动是社会主义核心价值观倡导的"友善"的最直接的道德实践。"只要人人都献出一片爱,世界将变成美好的人间"。千百年来,友善被视为人类社会人与人之间交往的基本美德。中国儒家的孔子主张"仁者爱人",古希腊的亚里士多德认为友爱是"生活中最必需的东西"。在中西伦理思想史上,强调人际关系中的友善原则比比皆是。当代中国共产党道德教育的理论与实践,都强调了"友善"的重要地位。在2001年的《公民道德建设实施纲要》中,"团结友善"明确作为基本道德规范的重要组成部分。在2006年《中共中央关于构建社会主义和谐社会若干重大问题的决定》中,"诚信友爱"是构建和谐社会的总要求之一。在社会主义核心价值

---

① [法]托马斯·皮凯蒂:《21世纪资本论》,巴曙松译,北京:中信出版社2014年版,第VIII页。

观的个人层面上倡导"友善",继承了人类文明的积极成果,也是21世纪中国特色社会主义理论关于思想道德建设理论的一贯方针。

　　社会主义核心价值观倡导的"和谐""公正""文明",是当代中国慈善公益活动的目标,而慈善公益活动是实现这一目标的有效途径之一。社会和谐是中国特色社会主义的本质属性。要推进中国的改革开放事业,实现中华民族伟大复兴的中国梦,必须加强和谐社会建设。贫富差距的扩大,是和谐社会建设的重大隐患。贫富阶层之间的不信任,产生了情绪上的对立。而以这种对立为导火线的社会恶性事件,直接威胁了社会的和谐稳定。世界银行行长沃尔芬森指出:"与穷人分享财富,否则一大批找不到合法途径发泄怒火的穷人,会做出对抗性反应。只有双赢,才能共同维护社会稳定。"① 要解决贫富差距过大的问题,需要国家法律和政策的调整,但也需要通过慈善公益活动创造良好的社会氛围,化解社会各阶层之间的情绪对立,减少社会矛盾和冲突。从社会的现实情况来看,这不仅是必要的,也是可能的。社会成员中,不少企业家或者经济并不富裕却热心慈善公益的社会各界人士,愿意慷慨解囊。慈善公益推动了社会的和谐,也为社会成员奉献爱心提供了舞台,使他们在这一舞台上获得了精神的满足。

　　社会主义核心价值观倡导的"公正"反映了当代中国亿万群众的心声,具有强烈的现实意义。公平正义与慈善公益是紧密结合在一起的,"没有正义的慈善是不可能的,没有慈善的正义是扭曲的"。② 我国正处于社会转型时期,如何解决弱势群体问题成为社会的热点问题。弱势群体有三大特征:第一,他们的生活状况达不到社会认可的基本标准;第二,弱势群体的弱势地位仅靠自身力量或能力是难以改变的;第三,弱势群体的生存和发展状况,只有通过国家和社会的支持和扶助才能得到改变。③ 公平正义的内涵是丰富

　　① 戴维·墨菲:太多成功带来的危险,《远东经济评论》(香港)2004年6月10日。

　　②[英]乔格蒙·鲍曼著:《后现代性及其缺憾》,郇建立、李静韬译,上海:学林出版社2002年版,第55页。

　　③ 李昌麒:弱势群体保护法律问题研究,《中国法学》2014年第2期。

的，其中包括使社会中的每一个成员的基本权利得到切实的维护，能够有尊严地生活。慈善公益事业改善了社会弱势群体的生存状况，伸张了社会的公平正义。慈善公益事业对弱势群体的扶助，不应该被理解为某种恩赐，而是应该理解为对基本人权的尊重，是实现社会公平正义的应有之义。慈善公益事业的发展是社会公平正义的实现及其水平的标志。

现代文明社会是千百万有爱心的文明公民所组成的，作为一个文明的公民，应当自觉地把慈善公益作为自己应尽的义务和责任。当人类的祖先走出丛林的时候，开始了文明的脚步。文明时代的人与动物不同，人有同情心。当我们目睹那些处于自然灾害中而受苦受难的手足同胞时，当我们看到那些身患重疾的病人求助的眼神时……我们会被感动，同情之心油然而生，推动着我们伸出援助之手。西方哲学家休谟指出："人性中任何性质在它的本身和它的结果两方面都最为引人注目的，就是我们所有的同情别人的那种倾向"，"同情是人性中的一个很强有力的原则"。[1] 人类的同情心是慈善公益的心理基础和道德动力，慈善公益是文明的生活方式。社会主义核心价值观倡导"文明"，慈善公益是与这一倡导完全契合的群众性实践，理应大力推崇。

二、慈善公益活动的内容与社会主义核心价值观的实质与内涵相吻合，是中华优秀传统文化的继承与发展

习近平总书记指出："核心价值观，其实就是一种德，既是个人的德，也是一种大德，就是国家的德、社会的德。"[2] 社会主义核心价值观的三个倡导既包含了个人的小德，也包含了国家和社会的大德，其实质"就是一种德"。这种"德"是建立在中华优秀传统文化基础上的，是中华优秀传统文化的继承和发展。

---

① [英]休谟：《人性论》，关文运译，北京：商务印书馆1980年版，第352、620页。
② 习近平：青年要自觉践行社会主义核心价值观——在北京大学师生座谈会上的讲话 http://news.xinhuanet.com/2014-05/05/c_1110528066_2.htm。

中华文化源远流长，积淀着中华民族最深层的精神追求。它与西方文化有着显著的不同，其鲜明的特征是伦理型，强调道德对国家、社会和个人的重大价值。孔子是中华文化最重要的代表人物，他创立的儒家文化体系，成为中国几千年历史发展进程中的主流意识形态，影响着中国人的思想方式和行为方式。孔子思想的核心是"仁"，那么什么是"仁"呢？他告诉弟子"仁"就是"爱人"①。以孔子为代表的儒家的仁爱思想是建立在宗法血缘基础上的，主张"爱有差等"，首先是"爱亲"，然后是"泛爱众"。孟子继承和发展了孔子的"仁爱"思想，他提出"事，孰为大？事亲为大。……事亲，事之本也"②，并明确地把"仁爱"的实践概括为推己及人的过程，即"老吾老以及人之老，幼吾幼以及人之幼"③。在先秦时期，墨子提出"兼相爱"的学说，主张"爱无差等"，主张不分人我，不辨亲疏，以及不别贵贱、强弱、智愚地彼此相爱。可见，墨子的观点与儒家是截然对立的。但墨子的观点过于理想化了，难以被中国古代大多数人所接受，以致在以后几千年的历史发展中难见踪影。

在中国传统文化中，道教和佛教中都有丰富的慈善伦理思想。道教认为，"损有余而补不足"是天道，有道德的人要施舍多余财物以济贫扶困。佛教主张"善有善报，恶有恶报"的因果报应论，要求信徒善待众生，广行善举。儒道佛是中国传统文化中最有影响力的三大流派，它们在慈善伦理方面的主要观点深刻地影响了中华民族的行善理念和方式。但在宋代以后，三家合流。儒家吸收了道教和佛教的思想，成为其中的主流。

儒家的思想有其鲜明的民族特色，是中华优秀传统文化的重要组成部分。儒家认为，"仁者爱人""己所不欲，勿施于人""与人为善""出入相友，守望相助""老吾老以及人之老，幼吾幼以及人之幼""扶贫济困"。像这样的思想和理念，明显地属于慈善公益伦理的范畴，其中"仁者爱人""己所不欲，勿施于人"是中国慈善公益伦

---

① 《论语·颜渊》。
② 《孟子·离娄上》。
③ 《孟子·梁惠王上》。

理的核心内容。毫无疑问，中华优秀传统文化与慈善公益有着深刻的内在联系，在内容上两者是吻合的。大力加强慈善公益建设，弘扬中华优秀传统文化，正是践行和培育社会主义核心价值观的有效途径。

社会主义核心价值观在个人层面上，倡导人与人之间的"友善"，是对中国几千年来儒家"仁爱"思想的继承，但同时在社会主义市场经济的发展中，有着强烈的现实针对性。市场经济的价值规律是无情的，但市场经济所处的人类社会应该是有情的，充满爱心的。然而，近几年来中国社会中发生的种种道德冷漠现象，却使人们对此充满了深深的忧虑。跌倒的老人该不该扶，处于险境的陌生人该不该救，成为社会讨论的热点。在热烈的社会大讨论中，折射出社会人文精神的失落。市场经济中，资本的逻辑对社会生活产生了广泛的影响，人们在行为选择中，往往把利益的考量置于首位，而对于与个体利益无关的事往往漠然置之。换言之，功利冲动有余，良心冲动不足。解决道德冷漠，需要外在制裁，健全和完善法律，但最根本的是弘扬以仁爱为主要内容的人文精神，大力开展慈善公益活动，形成良好的社会道德风尚。

时代在前进，社会在发展。中国古代儒家的"仁爱"思想在新的历史条件下，面临着一系列新的挑战。建立在宗法血缘关系基础上的儒家的慈善伦理思想，打上了血缘、族缘、乡缘、地缘的深刻印记，更多的是在"熟人社会"中运转的。人们把爱首先洒向自己的亲人，把财富首先传给自己的子女。这种"小爱"是慈善伦理的一个层次，但与现代文明的要求还有距离。现代的社会是"陌生人"社会。改革开放后的中国，频繁的跨地区的经济活动打破了地域的界限，人们相互之间的交往不再局限于亲戚、同乡、同事、朋友等熟人。在更广阔的社会生活中，人们更多地与陌生人打交道。现代信息技术的发展，为与陌生人打交道提供了快捷、便利的条件，大大拓展了社会交往的范围。中国慈善伦理在传统的基础上要发展，要升华，从"小爱"走向"大爱"，走向"陌生人伦理"。这种"陌生人伦理"是建立在平等基础上的现代慈善伦理观，在当代中国是以社会主义核心价值观为引领的。

社会主义核心价值观在社会层面上，倡导"自由、平等、公正、法治"。平等对于当代中国慈善伦理的发展有着重要的价值。它要求在慈善活动中不问受助者是谁，不管血缘、族缘、乡缘、地缘，一视同仁。它不仅表明了行善者道德境界的提高，同时有利于解决慈善伦理活动中的尴尬。中国传统慈善活动主要是通过"点对点"方式进行的，施助者和受助者是"熟人"。那么，受助者是否应该感恩呢？根据中国传统伦理要求，"滴水之恩，当以涌泉相报"。但一些施助者高高在上，这使受助者备受压力，感恩中会出现尴尬。对于施助者来说，施恩不图报的是少数，因此，难以要求多数人免俗。现代慈善伦理走向"陌生人伦理"，必然要以基金会等组织作为中介，减少或者避免这种感恩的尴尬。

在慈善活动中，一般说来，施助者是强势一方，对受助者要多一点尊重的态度，少一点恩赐的色彩，这才符合以平等为基础的现代慈善伦理。中国古代有"不食嗟来之食"之典故，即宁愿饿死，也不愿丧失尊严接受施舍。在人类文明发展到 21 世纪，在行善过程中更应该强调平等和尊重，这是时代的要求。国内某位企业家的慈善捐助受到了非议，其中原委是他的行善方式不妥。平心而论，这位企业家捐出了不菲的真金白银，这是应该肯定的，但在"为善必为人知"的"高调行善"的理念下，他行善的方式却被人诟病，集中到一点，就是对受助者的尊重不够。

综上所述，中华民族传统慈善伦理是中华优秀传统文化的重要组成部分，培育和践行社会主义核心价值观必须弘扬中华民族传统慈善伦理，同时社会主义核心价值观要引领当代中国慈善伦理的继承和创新。

三、慈善是道德的积累，表达了社会主义核心价值观落细、落小、落实的要求

社会主义核心价值观作为思想观念的范畴，决不能停留于空洞的口头之上，而应该贯穿落实于人们的日常生活之中。只有与广大人民群众的生活紧密结合，社会主义核心价值观才能发挥它应有的价值，从而指导和约束人们的实践。正如习近平总书记指出的："一

种价值观要真正发挥作用，必须融入社会生活，让人们在实践中感知它、领悟它。要注意把我们提倡的与人们日常生活紧密联系起来，在落细、落小、落实上下功夫。"①培育和践行社会主义核心价值观，必须生活化，做到"落细、落小、落实"。慈善是道德的积累，表达了社会主义核心价值观落细、落小、落实的要求，是培育和践行社会主义核心价值观的有效途径。

中国传统文化有积善成德的传统，认为"不积跬步，无以至千里；不积小流，无以成江海"，"勿以善小而不为，勿以恶小而为之"。著名学者季羡林先生说："慈善是具有广泛群众性的道德实践。慈善可以是很高的层次，无私奉献，也可以有利己的目的，比如图个好名声，或者避税，或者领导号召不得不响应；为慈善付出的可以很大也可以很少，可以是金钱也可以是时间、精神，层次很多，幅度很大，不管在什么条件下，出于什么动机，只要他参与了，他就开始了他的道德积累。"② 因此，不论秉持什么样的动机，不管通过什么样的方式和途径，只要热爱慈善事业，积极投身到慈善活动中，便开始了点点滴滴道德的积累。这种"道德的积累"不仅会促进道德精神的发扬、传播和传递，更能收获良序的道德社会。因此，"无论是个人还是组织，无论是贫穷还是富裕，不管在什么条件下，不管做了多少，只要关心、支持慈善事业，积极参与慈善活动，就开始了道德积累。这种道德积累，不仅有助于提高个人和组织的社会责任感及公众形象，而且也有助于促进整个社会的公平、福利与和谐，有利于增强社会凝聚力和向心力，使社会主义荣辱观在全社会得到更好的弘扬，切实提高全社会的道德水平和文明程度"③。

慈善是人人可为的，没有门槛，任何人随时随地都可以做，当代中国最普通的百姓只要愿意，都可以参与。这符合社会主义核心价值观落细、落小、落实的要求。例如，前几年成立的深圳壹基金

---

① 习近平：把培育和弘扬社会主义核心价值观作为凝魂聚气强基固本的基础工程 http://news.xinhuanet.com/zgjx/2014-02/26/c_133143680.htm。

② 季羡林：《季羡林谈人生》，北京：当代中国出版社 2006 年版，第 125 页。

③ 习近平：《之江新语》，杭州：浙江人民出版社 2007 年版，第 252 页。

公益基金会，其愿景就是"尽我所能，人人公益"。这个公益基金会的前身是著名影视明星李连杰 2007 年创立的壹基金。从明星富人参与的名人慈善到人人时时可为的平民慈善；不论是组织，还是个人，不管是平民阶层，还是富裕阶层，都有平等的机会参与到慈善事业中来。参加公益慈善的这种人人可为性，从身边的公益小事、细事、实事做起就是社会主义核心价值观贯穿于人们社会生活的具体实际，从而真正发挥社会主义核心价值观的作用。

　　伴随着现代新媒体的迅猛发展，大大拓展了普通公众参与慈善的载体和空间。从恻隐之心的萌动到投身慈善的行动，在过去可能很远，但微博及微信等新媒体使这个距离变得近乎"零距离"。以微博为技术和传播载体的"微慈善"颠覆了传统的慈善结构和形式，不仅使慈善活动触手可及，网民只需写一则少于 140 字的微博，便可能使得慈善参与通过人际网络口耳相传，得到千万次转发，而且让慈善全过程在阳光下运行，减少了公众对于慈善透明度的质疑，从而使得"人人慈善、全民慈善"的理念得到了广泛的传播和践行。以国内首家微公益互动社区——茶缸微博为例，2009 年 12 月，茶缸微博在上海成立，其理念是"积少成多、聚米为谷"。网友每发表一篇微博，该网站就会捐 1 粒米。每当统计捐米量达到 5 公斤后，专门的爱心米小组就会去市场买回一袋等量的米，再通过与慈善机构合作捐给贫困家庭。[①] 实干真做是做人之本，公益慈善这种人人认同，更好的行动性也是社会主义核心价值观最好的落细、落小、落实。

　　慈善不仅是道德的积累，更是道德的传播和辐射。对于慈善主体和客体来说，慈善不单单是一种物质行为，也是一种精神行为。慈善的客体在困难的时候得到了雪中送炭的帮助，得到了心灵的慰藉和精神的鼓舞；慈善的主体在付出的过程中得到了一种社会价值的肯定，获得了一种心灵的满足。生活中我们常说的"赠人玫瑰，手留余香"，说的就是这个道理。现实中慈善的主体和客体也不是

---

① 王舒怀、史迁：当公益注入"微力量"，《人民日报》2011 年 10 月 11 日第 23 版。

固定的,在一定的条件下,可能是一种相互间的转化。也正因为如此,通过慈善,不仅可以完善社会志愿服务体系,形成尊老爱幼、扶危救困、互帮互爱、共享和谐的良好社会风尚,而且对于释放和传递道德正能量也有极为重要的功能。另外,对慈善的双方来说,这种并非出自亲朋好友之间的互助,是道德的互助,是慈善之心的互助。而这些正是在将社会主义核心价值观落细、落小、落实。尤其对于高校来说,在学生中进行培育和践行社会主义核心价值观,应将社会主义核心价值观的理论宣讲与公益慈善以及志愿服务活动等有机结合,才能更好地让学生感知、领悟社会主义核心价值观。在志愿服务、公益活动、爱心捐款等活动中,学生的思想感情、人生观和世界观将会发生变化,在"润物细无声"中正确认识个人和社会的关系、个人和他人的关系。社会主义核心价值观教育落细、落小、落实的过程,也是德育实效性不断提高的过程。一代新人的茁壮成长,实现中华民族伟大复兴的中国梦将指日可待。

■慈善伦理教育：德育新的生长点

　　慈善事业是现代文明社会不可缺少的一项事业，慈善伦理教育是现代文明社会合格公民的基础性教育。多年来，尽管各级学校的德育工作在志愿者活动和社会公益事业方面做出了不小的成绩，但如何从慈善伦理的角度加以整合，从理论与实践的结合上深入研究，却是值得探讨的新课题。随着中国社会的不断发展，德育需要不断地注入新的内容，建立新的生长点，而慈善伦理是新的重要的生长点之一。

一、慈善伦理是反映 21 世纪中国时代需求的德育内容

　　慈善是人们通过自愿捐赠物品和提供行为帮助等各种形式，帮助弱势群体的道德实践活动，本质上是伦理的。慈善伦理包括慈善伦理意识、慈善伦理关系、慈善伦理行为等内容。人们对慈善伦理在社会生活中的重要性的认识，往往是被社会重大事件所激发和推动的。2008 年，中国发生了汶川特大地震，其惨烈的程度震撼了中国，乃至整个世界。在这场伟大的抗震救灾斗争中，中华民族"守望相助"，"一方有难，八方相助"，谱写了一曲曲民族精神的悲壮之歌。同时，也推动了中国的慈善事业进入了一个新的历史阶段。人们在抗震救灾的活动中得到了精神的洗礼，并从中受到了深刻的启示：抗震救灾是座"大学校"，慈善伦理是 21 世纪德育的重要内容。

　　慈善伦理是反映了 21 世纪中国时代需求的德育内容，可以从以下三个方面分析之：

　　第一，在人与自然的关系中，面对新世纪频发的自然灾害，需要用慈善伦理精神培育新人。进入 21 世纪以后，人类社会发生了

空前的变化，但也遇到了一系列自然灾害，特别是特大地震。2004年以来，世界各国发生了一系列强烈地震，印尼9.1级，智利8.8级，中国汶川和玉树地震也都在7级以上。2011年3月，日本发生了9级大地震，引起了海啸，更令人感到不安的是地震引起了核泄漏。有不少专家惊呼，全球进入了另一个新的强震周期。强烈地震给人类带来了巨大的灾难，威胁着人类生命财产的安全。据有关方面统计，20世纪全球地震遇难的总人数为120万左右，而在21世纪的前十年里，地震遇难的总人数已经达到70万以上。面对频发的地震，人类需要用智慧，更需要用道德的力量与自然灾害搏斗。在抗震救灾的活动中，社会以极大的热情呼唤"同情""关爱""奉献"为主要内容的"慈善伦理"。尽管在德育的教科书上，在平时的德育实践活动中，不乏"同情""关爱""奉献"的字眼，但在抗震救灾的特定场合下，人们对"同情""关爱""奉献"的体验、认同和接受，是平时所难以比拟的。

地震等自然灾害对21世纪的中国的德育提出了重大的课题，即为了用道德的力量凝聚人心，呼唤人性，从而有利于战胜自然灾害，如何培养有爱心、有社会责任感的一代新人？而慈善伦理正是契合了这一重大课题的内在要求。一方面，慈善伦理在人的同情心的基础上，演绎出一系列道德观念和道德行为。这些道德观念和道德行为可以为突如其来的自然灾害所激发，但它们需要长期的伦理教育为基础。对他人的关爱、对社会的责任感、高尚的道德境界，不是一朝一夕所能形成的。通过慈善伦理角度的整合，能更好地将德育的理论和实践统一起来，充分运用道德情感的力量实现德育的目标。另一方面，21世纪的中国是一个开放的中国，经济全球化给中国的发展带来了不可多得的机遇，同时也使中国的发展与世界的发展更紧密地联系起来了。国际社会在肯定中国经济成就的同时，也要求中国承担相应的国际义务。为了履行中国的国际义务，中国在国际赈灾的活动中，必须有所作为，以维护良好的国际形象。在2011年日本东部海域发生地震后，中国政府第一时间派出了中国国际救援队，并提供了紧急救灾物资。但网上，也有些青年网民不解，并提出异议。慈善伦理在当今社会的实践又与如何正确理解爱国主义紧密结合在一起，成为德育研究的前沿课题。

第二，在贫富差距拉大的当代中国，为了建设社会主义和谐社会，需要培育慈善伦理精神推动社会的道德分配。

改革开放的30多年来，特别是进入21世纪的十年来，中国的经济获得了跨越式的发展，震撼了世界。在取得世界瞩目的经济奇迹的同时，当代中国也面临着一系列的挑战和社会问题。特别是贫富差距的扩大，引起了越来越多的中国人的思考和忧虑。人们常常会追问："这就是我们梦寐以求的发展模式吗？"当代中国德育不是在封闭的"金字塔"里进行的，不能回避社会生活中的重大课题，况且贫富差距扩大等社会问题已经反映到校园中，影响到学校内部的伦理关系，影响学生对社会与人生的思考。笔者在工作中发现，由于家庭经济状况的差距，学生的生活状况已经发生了较大的分化，不能不影响他们的人生观和价值观。有些学生来自富裕家庭，出手阔绰，甚至开着豪华轿车出入校园，而有些来自贫困家庭的学生，经济拮据，不仅难以承担高额学费，甚至连维持基本的生活开销都有困难。笔者曾遇到两位大学生，由于经济困难，为了节约开支，两人合吃一盘菜，真让人唏嘘不已。网上和现实生活中对一些"富二代"劣迹的声讨，固然有某些偏激的因素，但也应该承认这些声讨多来自青年，与社会贫富差距拉大产生的不满情绪有关。

为了扭转贫富差距拉大的社会状况，以利于和谐社会的建设，必须加强对社会财富分配的宏观调控。社会的分配方式有三大类，通过市场调控的初次分配，通过政府调控的再分配，以及通过道德调控的第三次分配。这三次分配方式需要相互补充、相互支持，才能更好地实现社会财富的公平分配。第三次分配主要是通过慈善等社会公益事业完成的。而社会的慈善事业要实现其道德分配的职能，必须大力加强从慈善观念到慈善制度的建设。人的慈善行为是在慈善意识的指导下完成的，慈善意识是慈善行为的思想基础。在中国传统文化中，儒家、道家有着丰富的慈善伦理思想。如何将这些慈善伦理思想创造性地转化为现代慈善意识，成为当代中国德育改革的新课题。中华人民共和国成立以来，中国的德育中有一些与慈善意识相联系的内容，但是在相当长的一段时间里，"以阶级斗争为纲"的思想路线的错误，使慈善意识的培养和教育受到了很大的干扰。在继承传统美德的基础上，当代中国的慈善意识的培育也要吸收国外慈善伦理的合理因素，才能适应时代发展的潮流。简言之，在德育工作中，不断培养青少年的现代慈善意识，逐步提高实践慈善行为的自觉性，才能更好地建设和谐社会。

第三，在物质生活日益丰富的21世纪，需要慈善伦理满足个体的精神生活。

慈善伦理也反映了当代青年人的精神需求。在中国遭受汶川地震、玉树地震、舟曲泥石流的自然灾害中，一大批青年白领积极投身于慈善事业中，慷慨解囊，鼎力帮助受灾的群众。青年白领在市场经济的大潮中拼搏，他们的利益观念和竞争意识是很强的，而为什么在其中有很多人却对慈善事业情有独钟呢？这不能不引起社会的深思。喧嚣的都市生活环境，是被物质包围的世界。人们需要物质生活的满足是无可厚非的，但精神生活也不可偏废。特别是当物质生活条件达到一定的水平，越来越多的人会思考精神的饥渴，并去追求心灵的慰藉。一大批白领在衣食无忧的情况下，通过慈善活动献爱心，帮助了他人，同时自身也获得了人性的满足。他们说，"送人玫瑰手有余香"，形象生动地表达了他们在从事慈善活动后的愉快心境。

二、慈善伦理教育具有塑造青少年道德人格的重要价值

（一）慈善伦理教育推动了关爱他人的道德追求

人是生活在一定的社会关系之中的，人际交往构成了社会生活的基本内容。青少年要树立良好的道德人格，必须正确处理人际关系。在人际交往中，关爱他人展现了人性的真、善、美，在塑造青少年道德人格中有着重要的价值。市场经济条件下的中国，生存竞争日趋激烈。青少年要在未来的人生发展中拼搏，必须学会生存，这是毫无疑问的。但是人不是冷冰冰的"经济动物"，而是有血有肉的"社会动物"，还需要有良知，要学会关爱。从学会生存到学会关爱，是青少年道德人格发展中的一个飞跃。如何学会关爱？不仅要通过课堂上学习，更重要的是要有切身的体验，通过慈善伦理得以

实现。

和谐社会的构建包含人与自然、人与社会的和谐、人与人的和谐。"诚信友爱"是和谐社会构建中的基本内容之一，是实现人与人和谐的关键因素。慈善来源于人的同情心，是同情心的外化表现，是理解和关爱的同义语。慈善伦理通过关爱他人，推动了社会成员之间的融洽和谐，对于促进社会和谐的作用不可低估，慈善伦理教育是和谐社会构建对德育提出的必然要求。慈善伦理教育不仅教育青少年要树立关爱他人的伦理观念，而且要诉诸行动，才能真正在和谐社会构建中发挥重要作用。

慈善伦理中的关爱他人与一般的关爱有联系，也有区别。中国传统儒家伦理思想中有许多关爱的内容，不乏"爱亲"的要求。这种建立在宗法血缘关系基础上的"爱亲"属于"关爱他人"的范畴，但很难说这是一种慈善行为。慈善行为的对象主要是社会需要救助的困难人群，通过扶贫、助学、救灾、济困、解危、安老等形式实现的社会公益行为。当然，中国儒家伦理思想主张将"爱亲"扩展到"泛爱众"，这对慈善行为的形成有重要价值。几千年来，"泛爱众"推动了中国传统慈善事业的发展，以族缘、乡缘、地缘为纽带，关爱他人，救助困难群体，体现了中国传统伦理的特点。但是，这种慈善伦理在新的历史条件下需要更新和发展。根据现代文明对慈善提出的要求来看，关爱的对象不能仅仅停留在"熟人"层面上，还要更多地指向"陌生人"，这才能使慈善伦理更上一层楼，成为现代文明意义上的慈善伦理。

经济全球化使开放的中国进一步走向世界，慈善伦理教育也要反映这一特点和要求。关爱他人的对象不仅包括本国的同胞，而且也包括世界上其他国家和民族的人民。对于世界上其他国家受到地震等灾害的人们，要根据我国的国力，伸出援助之手，展示慈善之心。这样做，不仅是弘扬慈善伦理精神的必然要求，也是维护中华民族泱泱大国形象的不二选择。

（二）慈善伦理教育促进了社会责任感的增强

青少年要实现社会化，成为社会合格的公民，必须具有一定的社会责任感。责任与义务、使命是同义语。人是处于一定社会关系中的人,作为社会成员,个人有其各项权利,但对社会总是负有一定的使命和责任,这是不以人的意志为转移的客观事实。历史和现实告诉我们,必须从权利和义务的统一中把握责任与义务意识。德育要培养青少年的权利意识,但绝不可忽视责任和义务意识的培养,在某些情况下,责任和义务意识的培养更为迫切。这是因为,现在的青少年多为独生子女,在家庭中受到了重点保护,考虑索取多,社会责任意识不强,迫切需要加强这方面的教育引导。市场经济发展中,社会成员的权利意识和责任意识都面临着一些新问题要解决,但责任意识的增强有更大的难度。在社会生活中,见利忘义,为了一己的私利而损害他人和社会的现象经常发生,在经济领域,甚至有愈演愈烈的倾向。社会责任感的缺失成为社会关注的焦点,也是难以解决的痼疾。社会的状况不能不反映到学校的德育中,对学校社会责任感的教育提出一系列的课题。

增强青少年的社会责任感可以从两个层面切入:一是从政治层面切入。它将社会责任感与爱国主义联系起来。这一层面的教育有着丰富的历史文化和现实生活的资源,且目前已经取得了不少理论成果。二是从道德层面切入。通过慈善等社会公益活动,从爱心入手,关爱他人,从而激发、增强其社会责任感,而在这方面还需加强理论研究。慈善伦理对于增强青少年的社会责任感有着重要价值,其显著特点是通过社会实践活动的深刻体认得以实现。社会责任感的形成和增强,不仅需要理性的认识,而且需要社会阅历的支持。青少年可以从课堂上、书本里学习社会责任感的理论,但真正使社会责任感得以实现的是社会实践活动对他们的影响。

中国古代的志士仁人有着强烈的社会责任感,"先天下之忧而忧,后天下之乐而乐","天下兴亡,匹夫有责",正是这种社会责任感的精彩写照。但在中国传统文化中,也有人信奉"各人自扫门前雪,莫管他人瓦上霜"的人生信条,以自我为中心,缺乏对他人、对社会的责任感。这种道德的冷漠在当代中国市场经济条件下蔓延滋长,对青少年德育产生了不良影响。用慈善伦理呼唤道德的内心良知,激发起社会责任感,是行之有效的德育途径。当亲眼目睹自然灾害后的场景，当看到他人困难中求助的眼神，……不能不触动人的恻隐之心，从而转化为人的慈善冲动，去帮助他人，履行社会责任。

（三）慈善伦理教育提升了人生道德境界

慈善的本质是伦理的，体现的是自觉自愿地对无私奉献的人生道德境界的追求。在市场经济的发展过程中，人们常常发问：究竟有没有"无私奉献"的行为和人们？人们应该不应该追求高尚的道德境界？人不仅是经济人，也是道德人，不仅需要经济生活，也需要道德生活。诚然，当代中国社会生活中出现了道德滑坡现象，但是，市场经济不可能泯灭所有人的道德良知。在慈善活动中，有一批具有高尚道德信念的人们积极从事慈善事业，体现了高尚的道德境界。尽管慈善观是多元的，人们从事慈善活动的动机各有不同，但就大多数人来说，对慈善事业的热忱，正是表明他进入了对高尚道德境界追求的思想轨道。慈善观是有层次的，也许一些人在从事慈善活动的过程中，还有许多个人的考虑，但在慈善活动中，大量活生生的、感人的客观事实，会使人们的思想境界得以升华，在道德的阶梯上向上攀登。

青少年在人生观、道德观、价值观的形成过程中，积极参加慈善公益活动，在他们幼小的心灵中会更多地产生对他人、对社会的积极印象，推动他们对高尚道德境界的追求。特别是慈善伦理不仅仅是口头的承诺，更重要的是付诸行动。青少年在慈善公益活动中捐出了零用钱或者帮助了孤老，必然会推动他们思考一个问题："人活着不能仅仅想到自己，也要想到别人。"当某项慈善活动完成以后，他们获得了愉快的体验，又推动着他们积极从事下一项慈善活动。经过多次反复以后，思想道德境界就会得到升华，形成"帮助他人是每个人应尽的道德义务"的信念。

市场经济推动了道德观念的变革，建立在计划经济基础上的道德教育理论受到了挑战。如何有效地对青少年开展德育工作，成为一个学术研究的热点问题。对"大公无私""无私奉献"的质疑反映了社会成员对道德建设的困惑和迷茫。但社会对青少年的教育不同于一般的教育。青少年是社会的特殊群体，是国家的未来，他们正

慈善伦理教育：德育新的生长点

处于人生观、道德观、价值观的形成时期,可塑性强,必须强调坚持对他们进行正确的导向。换言之,就是在德育过程中要多鼓励青少年追求高尚的道德理想,不断提升人生道德境界。尽管每个人的道德境界不尽相同,但是否追求高尚的道德境界是个关键问题。社会生活中,人与人之间的关系是以利益为基础的关系。特别是在市场经济条件下,人们的利益冲动给成千上万的青少年已经上了无数次人生之课。但对于青少年健康的道德人格培养来说,不能否认利益的重要性和一定条件下追求个人利益的合理性,但更要强调追求道德理想。而慈善伦理所体现的价值追求,在一定程度上超越了功利,正是提升青少年人生道德境界的有效途径。

三、以慈善伦理教育推进德育的改革与创新

在 21 世纪的中国,德育在人才培养中的重要地位,已经为更多的人所认同。但人们所更加关心的是如何在新形势下推进德育的改革与创新,提高其实效性。德育是与社会生活紧密相连的学科,其内容要反映时代的需求,才能更好地提高其实效性。慈善伦理是反映当代中国时代需求的德育新内容,是提高德育实效性的重要切入点。

(一)以慈善伦理为切入点,通过对财富的正确认识,帮助青少年树立正确的人生观

改革开放以后,对财富的伦理评价摆脱了过去"左"的思潮的干扰,回到了正确的轨道。贫穷不是社会主义,致富光荣,成为 20 世纪 80 年代响亮的口号。但是,随着社会主义市场经济体制的建立和发展,对财富追求所产生的负面效应也逐渐显现。一些人不择手段地追求发财致富,以致道德沦丧;一些大款一掷千金,招摇过市,败坏了社会风尚;一些富二代开着豪华轿车横冲直撞,引发了重大交通事故,成为街谈巷议的热点……这些负面效应不能不对青少年的人生观产生重要影响。人活着究竟为了什么?人生就是为了追求金钱财富吗?在课堂上,在书本里,对拜金主义的批判是必要的,但这还是不够的。青少年需要活生生的、有血有肉的财富伦理教育,以推动正确人生观的确立。

慈善是对个人财富的一种处置方式,体现着人生的态度。有着慈悲心怀和善良品德的捐助者往往崇尚"得之于社会，用之于社会"的财富观，国外的大慈善家卡内基甚至认为"在巨富中死去，是一种耻辱"。他们看到了财富在人生发展中的价值，但同时有坚定的信仰——财富是身外之物，要将财富用之于对社会有益的方面，这样的人生价值观对于青少年的道德人格有积极的意义。尽管慈善家的所作所为，往往没有道德说教的伴随，但他们用慈善的实际行动表达了他们的财富观和人生观。对青少年来说，这是生动的、有感染力的人生观教育之课。

比尔·盖茨在计算机软件方面做出了卓越的贡献，创造了微软帝国的神话，同时也多次登上世界首富的位置。20世纪90年代，比尔·盖茨的第一本书《未来之路》成为世界畅销书，在中国青少年中产生了广泛的影响。比尔·盖茨成为青少年的偶像。2008年后，比尔·盖茨的人生角色发生了重大转变，他把微软帝国交给年轻人来管理，而他自己则专心于以他和妻子命名的世界上最大的慈善基金会。他只为自己的子女留下了少量的财富，而将几百亿的家财捐献给了这个慈善基金会。在对待财富的人生态度方面，比尔·盖茨对中国的青少年有着重要的启示。他通过自己的智慧和努力，成为计算机技术发展史上里程碑式的科学家，并创造了巨额的财富，但他把大部分财富捐献给慈善基金会，充分体现了他的人生境界和道德良知。比尔·盖茨是青少年的偶像，他的思想和行为对于青少年有着不可低估的影响。通过比尔·盖茨慈善行为的伦理分析，加强青少年慈善伦理教育，对于推动青少年正确认识财富与人生的关系，是大有裨益的。

（二）以慈善伦理为重点，帮助青少年确立相互尊重人格和平等待人的伦理观念，建立和谐的人际关系

当代中国青少年生活在社会主义市场经济条件下，市场经济的激烈竞争必然对他们的思想观念产生深刻的影响。市场经济以优胜劣汰为法则，强者为王的思维影响了青少年在处理人际关系中的价值取向。现在学校的班级中，同学们来自不同的家庭。各个家庭的社会地位不同、经济收入不同，特别是许多农民工子女与城市家庭的子女存在着较大的差异。在新形势下，同窗共读的青少年之间如何处理相互之间的关系，涉及青少年道德人格的培养。近年来，"我爸是李刚"事件和药家鑫事件在全国造成了广泛的影响，当事者的傲慢和张扬，折射出社会人际关系的紧张状态，同时也反映了学校德育工作的缺憾。尊重他人，特别是尊重弱者；平等待人，特别是平等地对待弱者，是社会文明的标志，是新时期德育不可忽视的重要内容。

慈善的对象是弱势群体，慈善伦理的基础是人格平等。中国古代有"不食嗟来之食"之说，其实质就是施助者和受助者的人格是平等的。尽管施助者在慈善伦理关系中处于上位，往往是强势的，而受助者处于下位，是弱势的，但在慈善的伦理关系中，两者在人格上是平等的。否则，两者的关系难以成立。改革开放以后，一部分人先富起来了，特别是经过几十年的财富积累，千万富翁已经有相当大的比重，甚至亿万富翁在某些发达地区也不再是凤毛麟角。但不可否认的是，社会生活中弥漫着一股"拜金炫富"的浊流。一些腰缠万贯的富翁或者一些身居要位的权贵，颐指气使，缺乏对弱势群体的基本尊重，在他们的头脑里很少有平等的观念。社会的慈善活动冲击着这股"拜金炫富"的浊流，同时也为青少年正确认识和处理人际关系提供了契机。慈善不仅仅是一种施舍，更重要的是一种发自内心的关爱，一种建立在平等基础上的尊重。在慈善活动中，双方社会地位的差异、隔阂被跨越了，彰显的是平等、尊重的理念，青少年见证和亲身体验了这种建立在平等、尊重基础上，对弱势群体的关爱，促进了他们对市场经济条件下人际关系的新的认识。这种新认识告诉青少年，人与人之间的关系不仅仅是利益关系，而且还有伦理关系，仁爱、平等、尊重是这种伦理关系的基本要求。也许青少年可以从其他途径得到这种认识，但慈善伦理对于这种认识的形成所起的作用，更直接、更具有感染力。当青少年将这种认识推广运用到社会生活其他方面人际关系中去的时候，他将提升自身的道德素质，同时获得更多美好人生的体验。

（三）以慈善伦理为平台，推动多种形式的社会实践活动，提高德育的实效性

德育是一种认知，从做人的道理上启发青少年的心智，同时更是一种实践，通过社会实践活动，使青少年获得人生的体验，从而推动思想道德素质的提高。慈善伦理是社会实践活动的好平台，对于提高德育的实效性有着极为重要的意义。这是因为：第一，慈善伦理是激发道德情感的实践活动。青少年时期是人生情感丰富的时期，德育要取得良好的实效，必须从青少年的心理特点出发，激发道德情感。在慈善活动中，面对亟待帮助的弱势群体，人们自然会萌动"恻隐之心"，青少年尤甚。有许多青少年参加慈善伦理活动后，思想感情发生了变化，对于人生观有了新的理解，在处理个人与他人、集体的关系中，道德境界获得了提升。第二，慈善伦理是资源丰富的德育实践活动。在社会生活中，慈善伦理有着丰富的形式，包括扶贫、助学、救灾、济困、解危、安老等等。青少年可以在这丰富的形式中，找到适合自己特点的慈善活动。例如大学生假期义务为农民工子女补课、中学生与孤老过生日、向灾区孩子捐出自己的零用钱等等。随着时代的发展，各种慈善伦理的形式也会不断的发展，为德育工作提供更多的资源。第三，慈善伦理是具有很强操作性的德育实践。中国古代的道德修养强调践履，"积善成德"。对于青少年来说，身边有许多力所能及的慈善小事可做，例如班级里有困难的同学需要帮助，邻居中有孤老需要关心。慈善伦理的关键不是捐献了多少钱物，更在于要有一颗慈善的心。青少年从身边的事做起，从小事做起，将慈善伦理付诸行动之时，也就是德育素质提高之日。

欧美一些发达国家在通过学生慈善活动，推动德育建设方面有许多经验，值得借鉴。每逢假期，美国等一些发达国家的学生就投入慈善活动的行列，做义工，为社会和他人服务。许多学校还规定，一定量的义工时间可以算成学分。美国一些著名大学在录取新生时，不但考核考生的知识与能力，而且考核考生的德育素质，其中将是否参加慈善等社会公益活动以及参加的情况如何作为主要内容。中国学校在推进慈善伦理等德育实践活动中，做了大量的工作，取得了不少成效，但要进一步发挥慈善伦理在德育中的作用，提高德育的实效性，必须吸收国外一些有益的经验，加强制度保障。在大中学校学生的德育指标考核体系中，必须加大慈善等社会公益活动在其中的权重，并落实监督检查制度，防止走过场和出现舞弊行为。在高考录取中，要把慈善等社会公益活动中的表现也考虑进去，建议名牌大学率先试点。政府有关部门应该通过建立网络信息系统，使这一工作能够透明、公正地运作，开创德育工作的新局面。

下编　道德教育

■社会转型时期理想信念教育研究 [①]

自 1978 年党的十一届三中全会特别是党的十四大以来，当代中国社会伴随着改革开放和社会主义市场经济的建立和发展，正在发生巨大的变化，社会结构和社会运行机制从一种形式转向另一种形式。社会的变革不仅改变了人们的物质生活，同时也深刻地影响着人们的精神生活。面对迅速变化的社会现实，面对利益格局调整带来的心理冲击，理想信念问题以与以往不同的特点与内容引起了各方面的关注。在社会转型时期如何根据社会生活的新特点，卓有成效地开展理想信念教育成为时代的课题。

一、社会转型时期理想信念教育面临的新课题

1. 如何处理集体主义、社会主义和爱国主义的主旋律和社会利益分化条件下个人理想多样化的关系？理想信念属于精神生活范畴，但研究理想信念问题不能局限于精神领域而要深入到精神生活的背后，即在物质生活中去寻找动因。与过去传统的计划经济明显不同，当代中国经济成分和利益多样化，社会生活多样化，社会组织形式多样化，就业岗位和就业方式的多样化，不能不带来个人价值取向的多样化。这种价值取向的多样化的直接表达形式是个人理想的多样化。个人理想多样化根源深藏于经济生活中，它的产生具有不以人的意志为转移的客观必然性。不仅必须在一定范围内承认其在法律上的合理性，同时也必须承认其道德上的合理性。

---

① 该论文发表于 2000 年。

　　理想的多样性不仅表现于个人的生活选择中，同样也表现在社会思潮中。社会转型期间，代表着过去旧的思想观念还在一定程度上缠绕着人们的头脑，而代表着未来的新的思想观念还未深入人心。古今中外各种思潮在社会生活中碰撞，对人们的思想产生了深刻的影响。有的学者把转型时期这种多种思潮并存的现象称为"异质性"的特点。从社会发展的过程考察，这是一个必然要经历的阶段。人们留恋旧的事物，因为人们与旧事物在情感上有着千丝万缕的关系，但又不满意旧事物，不希望回到过去。人们用复杂的心态看待社会生活，并在复杂的心态中思考着理想。例如，就业问题。有些下岗人员会留恋计划经济时代，无下岗之忧。但要使人们回到"高就业，低工资"的计划经济时代去，很少有人会同意，即使在下岗人员中间，也概莫能外。中国近代一位著名思想家认为"非新无以进，非旧无以守"。只有在理想中不断注入新的内容，社会才能不断发展，但全盘拒绝传统的东西，就会使社会的根基发生动摇。对于旧的传统的思潮与新的现代的思潮，我们必须进行辩证的思考。

　　在社会物质生活和精神生活日趋多样化的背景下，一个人应该选择什么样的理想，不能不涉及选择的价值标准问题。从目前人们选择的状况分析，这种价值标准包含的内容中，功利成分居多，特别是个人功利。人们对理想信念教育的认同和接受，往往是与个人利益的得失联系在一起的。邓小平提出"用事实来教育我们的人民"是社会转型时期理想信念教育的重要指导方针，当人们看到坚持正确的理想信念给人们带来实际的个人利益时，接受性和认同率就会大大提高。然而，由于社会转型时期社会发展的复杂性。人们的利益不会同步增长，甚至在发展过程中，在一定的时期，某些人的个人利益会受损，这就给理想信念教育提出了新课题。例如，笔者在高校讲授《邓小平理论》课程时，在调查中发现，沿海地区对改革开放的接受性和认同率高，因为学生的家庭在改革开放中受益较多，而内地一些地方由于经济发展不平衡，经济效益欠佳，学生对改革开放的接受性和认同率明显不如沿海地区。集体主义、社会主义和爱国主义是理想信念的主旋律，但面对社会利益分化，个人理想多样化的新情况，必须作出新的、具有时代特征的阐发。

2. 如何正确认识和处理金钱与健康在理想信念世界中的"升值"？随着社会主义市场经济的建立和发展，利益激励机制在管理中的大量运用，住房制度、养老保险制度、教育制度等一系列改革政策的实施，金钱与健康在个人生活中的重要性获得了明显的提升。

长期以来，人们往往把金钱与罪恶联系起来，以致将理想与金钱绝对对立起来。但在社会主义市场经济体制建立以后，人们又从一个极端跳向另一个极端，以致拜金主义蔓延滋长。马克思主义认为，人们奋斗所争取的一切，都同利益有关。理想不能拒绝功利，社会主义的理想应该建立在义利统一的基础上。从操作层面上表述，就是要"见利思义"，对于金钱要"取之有道"。具体情况可分为三类：应当的；正当的；不当的。不计报酬，无私奉献属于"应当"的范畴；诚实劳动，按劳取酬属于"正当"的范畴；见利忘义属于"不当"的范畴。我们要立足正当，反对不当，提倡应当。

值得研究的是，在社会转型期间，存在着许多"灰色"地带，正当和不当的东西有时没有明确的界限。有的即使有了明确的界限，但在实际操作过程中，当事者采取变通的办法，使这些界限失去了意义。在现在许多人的思想中，很想"钻空子"发财，利用体制转换中政策的"真空"和不完善，牟取个人私利。这就要求我们在理想信念教育的时候，必须注意将其与完善制度和严格执行制度结合起来。

现在，有关延年益寿、祛病强身的健康问题在社会生活中的重要性愈来愈为人们所重视，并成为人们不可忽视的人生追求目标。产生这种现象的原因是多方面的：由于物质生活水平的提高，保持健康是进一步提高生活质量的重要组成部分；医疗制度的改革和个人承担的医疗费用的上升，不能不对患者产生比过去大得多的经济压力。健康问题在老年人中显得更为突出，由于自然和生理的原因，疾病增多，而退休后，收入锐减。面对人生的归宿，老年人无法回避如何对待死亡的问题。各个年龄阶段理想信念教育的特点是不一样的，如何对待生老病死的问题是老年人理想信念教育的主要内容。

3. 如何用真正科学的态度认识"未知"的世界和"未来"的人

生？在计划经济体制下，社会和人生以相对平稳的方式发展，发展的速度不快，而在社会转型时期，社会和人生变化剧烈，伴随着发展速度的加快，各种风险也在增加。在市场经济体制下，竞争是激烈的，胜负得失往往在须臾之间。与这种社会生活相适应的是，人性中关注未来世界的愿望更为强烈。科学研究在一定范围和一定程度上揭示了自然界和社会发展的规律，为人们预测未来、把握未来，提供了方向。然而，人类的科学知识和成果都是有限的，而且所发现的"已知"越多，面对的"未知"也越多。在未来世界的"处女地"上，交织着科学和迷信，科学与伪科学、反科学的斗争。有的党员干部在理想信念问题上发生了动摇，不信马克思主义，而是相信迷信。遇到问题，不是依靠组织、依靠群众、依靠科学、依靠自己，而是依靠算命先生、风水先生。用人、决策、施政、出行，都求算命先生"指点迷津"，搬进新大楼，先要问一问风水如何。

因此，当前中国要解决理想信念问题，必须坚持科学的唯物论和无神论，澄清一些模糊思想。例如，眼见为实的问题，亲身体验的问题等等。算命先生、风水先生以及其他一些神秘大师利用各种手法，遮人耳目，使许多人上了当。科学的唯物论认为，"眼见"并不一定"为实"，运用科学知识和科学方法作分析，才能认清事实。"亲身体验"的东西不能与真理画等号，它需要给予科学的说明。理想是奋斗目标，是对未来世界的描绘，马克思主义的理想是建立在科学基础上的，它与伪科学是截然对立的。但是在现实条件下，反对伪科学面临着艰巨的任务。科学和伪科学不是泾渭分明的。"伪科学，非科学，科学中的欺骗，科学中的失误，科学中的不成熟，科学中的病态和泡沫，种种情况，既有联系，又有区别，本身也都是应该科学地加以研究的课题。"①

4. 如何在剧烈变动的社会背景下，调整好自己的心态？理想信念的研究不能仅仅停留在伦理学、政治学的范畴内，而应该同时将其与心理学、社会学研究结合起来。社会转型时期，随着利益格局

---

① 龚育之：反对迷信，坚持科学的唯物论和无神论，《解放日报》1999年7月28日第4版。

的调整，人们的心理受到了极大的冲击。理想信念无不打上了这一时期的心理特征。在许多人中间，心态浮躁，急功近利，对远大理想追求的热忱"降温"。而当人们相互之间的收入差距拉开后，传统的平均主义心态又会使人愤愤不平。（当然，对这些差距还必须加以分析，有的是合理的，有的是不合理的。）人们需要某种"心理补偿"，这种"补偿"往往是道德防线的腐蚀剂。一旦遇到金钱等的诱惑，它会使人失去自制力，将理想信念置于脑后，心安理得地堕落下去。

有的学者在分析社会转型时期的特点时，指出了这一时期形式主义的特点，即"应是什么"和"是什么"之间的脱节，应然和实然不相吻合。社会转型时期，许多旧的规范被冲破，人们对规范的服膺观念淡薄了，各种违规现象在社会生活中大量存在。不少人认为"存在的就是合理的"，别人能做，我为什么不能做？在这种心态下，以理想信念为基础的道德选择被取消了。理想是应然，在一定程度上超越现实。对现实存在的东西必须加以分析，有些是合理的，有些是不合理的，我们必须在理想的指引下进行正确的道德选择。心态问题与认识问题也是密切联系的，解决理想信念问题必须注意到这一点。

在传统的计划经济条件下，人们已经习惯于把自己看作是属于某一"单位"的，并且通常是在一个单位里工作直至退休，以至于形成了以"单位"为一切根基的心态。社会主义市场经济体制打破了人才单位所有制的格局，因而也强烈冲击了这种心态。人的一生中，工作岗位要变动几次，十几次，甚至更多。退休后，社会统筹管理将逐步取代单位管理。个人与单位的联系明显削弱了，而社区的功能还不能满足这种以"归属感"为基础的人性需求，人们渴望"组织"的人文关怀。因此，在社会转型时期，如何发挥社区各类组织的作用，关心人，理解人，帮助人们解决精神生活的问题，以使人们保持良好的心态，也是加强理想信念教育研究中必不可少的内容。

二、理想信念教育的反思与总结

（一）新中国成立以来理想信念教育的反思

理想信念是人的精神支柱和精神动力，是我们战胜困难，取得革命和建设成功的根本保证，理想信念教育历来是党的思想政治工作的一项基本任务。在处于社会转型时期的当代中国，如何开展理想信念教育，使其确有成效，必须认真回顾总结新中国成立以来理想信念教育的经验教训。

中华人民共和国成立后，60 年代前期所进行的理想信念教育是比较成功的。这个时期党的思想政治工作的重点，主要是面对严峻的经济困难，在群众中特别是青年中进行发愤图强、艰苦奋斗的革命传统和理想教育。当时在青年中广泛开展了"延安作风对青年成长有什么重要意义"的大讨论。通过学习延安精神，广大青年坚定了信念，提高了政治素质，增强了克服困难的信心和意志，与党同心同德，积极投身于国家经济建设之中。在全国人民的努力之下，"自然灾害"所带来的困难和阴影很快被克服。这个胜利的结果，是与党的思想政治工作，特别是成功的理想信念教育分不开的。其后，即 1963 年在全国青少年中开展的"学雷锋"活动，亦是十分有效的理想信念教育。

新中国成立以来理想信念教育成功的经验启示我们：首先，人们更多地通过社会生活的观察和体验来接受理想信念教育的内容，理想信念教育的内容与实际相符合，才具有最大的可接受性。理想信念教育必须从实际出发，实际包括社会的实际和人们思想接受的实际。与实际较为符合的理想信念教育，其成功的可能性就大，而不符合实际的理想信念教育失败无疑。

其次，成功的理想信念教育得益于领导干部的率先垂范。在那最困难的日子里，毛泽东等国家领导人不仅以大无畏的气魄顶住各种压力和困难，而且带头不吃肉，与民共甘苦，这是最具震撼人心的教育，是凝聚力的源泉。毋庸讳言，这段时期成功的理想信念教育有其特定的、有利的历史条件，那时候社会比较封闭，信息渠道较少，社会情况也不很复杂，因此人们的思想比较单一，容易听从号召，因而"运动式"的教育比较奏效。

（二）社会转型时期理想信念教育的困惑与问题

从 1978 年党的十一届三中全会起，改革开放使我国社会发生了翻天覆地的变化，而社会主义市场经济体制目标的确立，标志着我国社会进入了一个新的历史时期。社会转型时期理想信念教育究竟如何进行，这是需要进行探索的新问题。随着社会主义市场经济的发展，理想信念教育的难度不断提高，而效果却不甚理想，理想信念教育本身遇到了困难。造成困难的原因是多方面的：

首先来自社会对理想信念教育的质疑，即社会主义市场经济是否需要理想信念？经济体制的改革，社会主义市场经济的推出，市场利益成为支配经济活动的杠杆，这本是无可非议的。问题在于，利益的原则溢出了经济活动的范围，渗透到社会其他领域，成为人们社会生活追求的目标和调节其他社会关系的原则。当人们观念上接受利益原则高于一切并指挥一切的情况下，便会产生理想信念教育纯属多余的想法，拒绝理想信念。"拜金主义""利己主义"正是崇尚利益、拒绝理想信念的思想反映，还有一些人对新时期还需要理想信念感到迷惑不解，更有甚者把理想信念与空谈大道理相提并论，认为实际生活不需要理想信念。这些客观存在的对理想信念的偏见，给理想信念教育带来极大的困难。

其次是理想信念教育本身的问题，即社会主义市场经济需要什么样的理想信念？理想信念教育能否根据时代的变化对新时代的要求做出回应。第一，理想信念教育必须回答来自社会对理想信念教育的质疑，而要回答这一质疑，就需要研究市场经济，研究市场经济与理想信念之间的联系，提出社会主义市场经济条件下理想信念的价值模式和教育模式，但事实上这样的研究十分不够，往往是市场经济是一回事，理想信念教育又是一回事，"两张皮"互不搭界，确实会给人一种"空"的感觉，降低了教育的可信度。第二，随着时代的变化，传统的理想信念教育的内容、方法乃至途径是否也需要有所变化。应该看到，社会转型对社会及人的思想所带来的冲击和变化实在是太大了，出现了传统教育所不曾遇到的新情况、新问题。例如人们思想观念多样化、多变性的特点。那是经济改革和社会变动带来的必然的结果。随着经济改革的深入进行，社会经济结构发生了一系列的变化：经济成分和经济利益多样化、社会生活方式的多样化、社会组织形式多样化、就业岗位和就业方式多样化。多样化是转型社会一个突出的特点。受社会经济等影响人们观念也出现多样化的变化，多元的价值取向是个客观的事实。在教育对象的思想发生如此变化的情况下，如果我们的教育无视教育对象思想状况的变化，不了解他们的思想追求，继续用过去一套教育方法进行理想信念的教育，这样的教育缺乏针对性，其效果往往是不理想的。

再次是理想信念教育队伍的问题。教育者是成功教育的关键，理想信念教育能否取得良好的效果，取决于教育者的素养和奉献精神，因为教育者的道德素养和人格魅力本身就是极为重要的教育要素。应该承认，80年代以前，理想信念教育队伍总体水平还是比较高的。但是80年代下半期以后，在经济大潮冲击之下，这支队伍的情况也发生了变化，总体素质不高（也不能否定有一些优秀的青年人）。总之，理想信念教育队伍的整体水平下降了，这必然影响教育的效果。

最后是理想信念教育整合环境的问题。思想教育不同于知识性、技巧性教育，不是在我教你学的过程中完成的，它需要借助于各方面的力量，对教育对象实施全社会共同内容的渗透性来达到。60年代理想信念教育的成功很大部分取决于这个条件，而转型时期往往缺乏这种整合有效的社会环境。学校教育、正面教育受到来自社会各个方面不同观念的猛烈冲击，而且来自社会的导向观念对教育对象的影响有时要超过教育的影响，实际上消解了理想信念教育的作用。除了观念以外，社会不良行为的大量存在，特别是施教者的不良行为是对理想信念教育最大的冲击。所有这一切皆难以整合成使理想信念教育顺利进行的有效条件，这也是理想信念教育不尽如人意的一个原因。

（三）理想信念教育的反思与突破

上述困惑与问题实际说明了传统理想信念教育在某些方面已不适应社会的变化，面对时代的挑战，理想信念教育也有一个改革与创新的问题，这就要求我们去探索转型时期理想信念教育的新路子。

首先，要把理想信念教育与社会生活实际更紧密地联系起来。以往理想信念教育讲大道理多，往往比较空泛，容易形成厌烦心理，效果就不好。重要的是要把理想同实际生活、具体的活动结合起来，在实际活动中渗入理想的内容、体现理想的要求。因为理想信念的确立是人们通过生活的实践，特别是社会事件的经历，当然也要加上教育，在产生对生活的理解、体验的过程中逐渐形成的。真正有效的教育应当注重把人们的生活实际往共同理想方面引导，而不满足于人们口头上、纸面上对理想的认同。

其次，要突破教育者单向教育的模式。长期以来，教育者在理想信念教育中总以牧师（说教者）的形象出现，训导受教育者接受某种理想信念，至于教育对象有些什么想法则顾及很少。这种单向进行的教育形式在某种条件下是有效的，但在今天则显得过于陈旧，其效果也不佳。原因在于：这种模式的教育理念通常把教育者看作施教的主体，而教育对象看作受动的客体。这在理论上似乎是不错的，但在实践中却是有问题的。问题在于，今天的教育对象并不是完全被动的客体。教育对象是有思想的人，有自己对问题的思考，尤其在开放的时代里，社会客观赋予每个成员独立思考的权利和条件，因此不可能简单地接受外来的教诲。教育对象的思想并不是一张白纸，任由教育者涂上规定的图画。事实上他们的思想已经是幅画，现代文化（包括思想）的商品化、多元化的价值观念、爆炸式的大众媒体、快捷神奇的网络世界，使人们的脑袋不再是空空的，而是满满的。在人们的思想不感到饥渴的情况下，单向的灌输，即使是绝对正确的东西，也会发生困难。再加上社会观念多元化，思想领域权威性观念的削弱，单向的教育更是困难重重。

再次，建立高素质的思想教育者队伍。打破单向的教育模式，实施双向的教育模式，是改善理想信念教育的重要思路。所谓双向的教育模式，即教育者以平等的理念来看待教育对象，把自己放在与受教育者同等的地位上，把双方都看作是对话的主体，共同讨论理想信念问题。通过这样的方式来贯彻教育的意图，影响受教育者的思想观念。当然，双向的教育模式对教育者提出了很高的素质要求：一是教育者要精通业务，即不仅要掌握理想信念教育的内容，而且要了解教育对象的思想状况。二是教育者要掌握高超的教育引导技巧。三是教育者本身思想要过硬，所谓打铁还需自身硬，实际上就是以教育者自身的思想去影响受教育者。因此，搞好新时期理想信念教育，关键要建设一支高素质的思想教育队伍。

三、社会转型时期理想信念教育的对策

1. 以建立精神家园为宗旨，以日常健康、充实的精神生活为基础开展理想信念教育。

改革开放 20 多年来，中国人民的物质生活已经有了很大的提高。特别是处于改革开放前沿的上海，大多数市民的衣食住行已大大超过了温饱水平，有的甚至达到了富裕的程度。根据马斯洛需求层次理论，当物质生活达到一定的满足后，将会追求更高层次的需求，即精神生活的需求。在当今中国的社会转型时期，社会满足人们物质生活需求的能力已极大地增强，而满足人们精神生活需求的能力却相对不足。这也昭示着我们，人们有什么样的理想信念，应联系人们的社会地位、生活经历和感受、现实的需要和能力来看，特别是其中精神生活的需要和能力。当代中国转型时期必须重视精神生活问题，必须将理想信念教育置于健康、充实的精神生活基础之上，与建设人的精神家园联系起来，才能更有成效。

江泽民总书记指出："物质贫乏不是社会主义，精神空虚也不是社会主义。"社会主义不仅要不断提高人民的物质生活水平，而且要不断充实和丰富人民的精神生活。人的理想信念问题难以简单划一、一劳永逸地解决。从老年人这一群体分析，一方面他们面临着生老病死的问题，精神信仰扮演着比物质生活更为重要的角色，因为物质生活难以解决生死观问题。另一方面，社会转型时期的现实和各种思潮冲击着他们在几十年人生道路上形成的相对稳定的思想观念，他们需要在精神生活中进行自我总结和自我批判。

从有相当文化层次的青年群体分析，虽然理想信念离不开科学文化知识，但也不是科学文化知识所决定的。具有较高文化层次的青年人往往在精神需求方面比一般的青年人强烈，体现了这一群体的特点，但一旦在精神信仰方面"走火入魔"，陷得会比别人更深。日本奥姆真理教的骨干是日本名牌大学的高才生，证明了这一观点。

理想信念是人们重要的精神生活方式，是构成人们头脑中价值

观念的主干内容。但它的形成、巩固和发展，不仅受物质生活的制约和影响，同时也与精神生活的其他方面相联系，并打上人生发展各个阶段的特点。因此，理想信念教育不仅仅停留在政治层面、道德层面，而且要深入到日常精神生活的层面，并要注意到人生发展各个阶段的特点。我们过去比较重视从政治上、道德上进行理想信念教育，这有其合理性，但对日常精神生活方面重视不够。例如生老病死的问题。理想信念是一个系统，其最高层面是政治理想，是对科学社会主义理想的坚定信仰和执着追求；第二层面是道德理想，是对理想人格和理想人际关系的追求和向往；第三层面是生活理想，是对美好生活的憧憬和向往，涉及生活方式、生活水平和生活质量。第三层面属于日常精神生活的范畴。确立坚定的理想信念必须从日常精神生活做起，切实掌握好人们日常生活中的信念、信仰与迷信之间的界限，科学、科学探索过程中的曲折、失误与伪科学的界限，建立健康、充实的精神生活。用辩证唯物论和历史唯物论回答日常精神生活中提出的课题，例如生命与健康、机遇与命运、预测与科学……以满足广大人民群众的需求。

2. 以理想信念教育与法规制度建设结合为核心，确立理想信念教育的基本原则。

理想信念教育属于思想道德教育范畴，对人的行为的约束角度分析，是"软约束"，而法规制度是"硬约束"。在当今市场经济冲击下的中国，当求利所激发的个人私欲冲破道德堤坝，各种恶行呈现蔓延滋长之势时，强调硬约束有着很强的现实意义。要发挥法规制度的强制力、威慑力，引导人们遵守道德规范，才能保证理想信念教育的有效性。不对少数丧失理想信念的腐败分子采取有力的法规制裁，整个社会风气就无法根本好转。从当前大多数人的思想道德水平分析，人们还处于"他律"阶段，需要"硬约束"。尽管理想信念问题是人的内心的精神世界问题，其最终解决要靠"自律"，但"他律"阶段又是难以逾越的。要将"自律"与"他律"结合起来，将理想信念教育与法规制度建设相结合，并以此为核心，确立理想信念教育的基本原则。

将理想信念教育与法规制度建设相结合，并以此为核心，确立理想信念教育的基本原则，是改革开放以来思想道德建设发展的必然趋势。20 世纪 80 年代至 20 世纪末，理论界围绕改革开放后的思想道德建设，进行过三次有影响的讨论。第一次是在改革开放条件下，如何对待共产主义思想道德的问题？也就是思想道德的理想性和现实性的关系问题。第二次是在建立社会主义市场经济条件下，如何对待义利关系的问题？也就是思想道德与物质利益的关系问题。第三次是在社会腐败现象蔓延滋长的社会背景下，如何将思想道德建设与法规制度建设相结合，以实现思想道德建设的有效性问题？中国在跨入 21 世纪的时候，也必须继续贯彻思想道德建设与法规制度建设相结合的基本原则，并进一步落到实处，不仅健全和完善法规制度，而且要严格执行。

3. 加强理想信念教育的针对性，不同年龄、不同层次的人们给予不同特色的教育内容，以增强可接受性。要重视对高学历专业人才的理想信念教育。

过去我们往往认为理想信念教育的对象，主要是青少年，但当前的社会实践表明，青少年确立理想信念固然重要，但老年人同样也有理想信念的问题，不可忽视。理想信念教育是终身教育，其对象应覆盖各个年龄段的人们。当然，这并不是说，可以用千篇一律的内容教育不同年龄段的人们。由于各个年龄段的人们的社会经历不同、社会地位不同、身心特点不同，面临的人生课题也不同，理想信念教育的内容也应该不同。只有针对不同年龄的不同特点，采取不同的教育内容，才具有最大的可接受性。对青少年来说，应以"立志、成才"为主要内容实施理想信念教育，以科学的唯物论正确认识个人与社会的关系；而老年人则以"健康与生命"为主要内容，以科学的唯物论正确认识生老病死的现象。

理想信念教育要注意层次性，将先进性与广泛性结合起来，这是自 80 年代以来，我们党反复强调的一项原则。但在贯彻这项原则时，我们必须注意它与职业的联系，例如在党风问题成为全社会关注的热点、科教兴国成为我国发展战略的时候，对干部、教师、医生在理想信念方面应有较高的层次要求。对于非公有制经济组织中从事工作的人们，要根据其特点，实事求是地提出理想信念方面的要求。进入 21 世纪以后，中国的非公有制经济会有更大的发展，从这一群体的思想特点出发，卓有成效地进行理想信念教育，将是一大课题。针对不同层次人们的思想特点和心理需求开展理想信念教育，才能做到有的放矢，改变理想信念教育"广种薄收"的局面。

4. 开拓理想信念教育的新方法、新途径，特别是使用电脑网络等现代教育技术，扩大教育的受众面，使教育形式生动，内容新颖。

许多传统的理想信念教育的方法依然有着生命力，例如作大报告，只要围绕群众关心的热点，包含丰富的信息量，群众还是欢迎的。但理想信念教育停留在原有的方法上，不思改革，又难以满足不断发展的社会需要，为此，我们必须开拓理想信念教育的新方法，以开创理想信念教育的新局面。21 世纪是网络时代，电脑网络使信息传播、人际沟通更为快捷。充分利用网络这一高科技手段进行理想信念教育，不失为一条新的、有巨大发展潜力的方法。上海作为国际化的大都市，应在精神文明建设方面搞一个大网站，将理想信念教育作为其重要内容。在网站上可浏览有关文字、图片和音像等多媒体资料，并可下载。在网站上，还可搞各种活动，吸引人们参加。在网站上建立"思想道德热线"，并成立有关专家委员会，通过电子邮件的形式与人们进行沟通交流。

世界百年未有之大变局下新时代爱国主义教育的国际视野

爱国主义教育是思想政治教育的重点，它的成效直接关系到立德树人这一教育根本任务的落实。中华人民共和国成立以来，中国共产党站在培养社会主义建设者和接班人的战略高度，历来重视对青年的爱国主义教育工作，并在长期的实践中积累了丰富的经验，形成了优良的传统。历史和经验表明，爱国主义是具体的、现实的。随着时代和形势的变化，爱国主义教育必须与时俱进。当前世界正处于百年未有之大变局，赋予爱国主义教育以新的时代特点。必须以广阔的国际视野，紧紧抓住爱国主义教育新的时代特点，突出从中国和世界关系的角度深入研究当代中国爱国主义教育的新课题，开创爱国主义教育的新局面。

一、百年未有之大变局与爱国主义教育

（一）百年未有之大变局：新时代爱国主义教育的国际大背景

中国特色社会主义进入了新时代，在这个新时代，中国日益走近世界的舞台中央。要推进新时代爱国主义教育，必须正确认识当今时代潮流和国际大势。习近平指出，当前中国"面对的是百年未有之大变局"[①]，这是对当前国际局势的重大论断。同时他又指出："我国处于近代以来最好的发展时期，世界处于百年未有之大变

[①]《习近平谈治国理政（第三卷）》，北京：外文出版社2020年版，第421页。

局，两者同步交织，相互激荡。"① 世界日日在变，时时在变，但这里的"大变局"不是细枝末节的变化、无足轻重的变化，而是重大的变化、全方位的变化，影响范围之广、影响程度之深、影响力度之大，百年未有，甚至是从一个时代走向另一个时代的标志。"世界处于百年未有之大变局"的重要论断体现了以习近平同志为核心的党中央以深邃的历史眼光和宽广的国际视野，同时为当前中国人民认识中国在发展中的国际背景提供了正确的指南。

如何理解"百年未有之大变局"？首先，这一"大变局"之变是世界经济新旧动能转换。科学技术是第一生产力，是推动经济发展、影响国家竞争力的核心力量。移动互联、人工智能、云计算、大数据等新一代信息技术，新能源、气候变化、海洋开发、空间开发等相关的技术创新，绿色经济、低碳技术等新兴产业蓬勃兴起，形成了一场影响深远的科技革命和产业革命。事实已经充分证明，一个国家要获得经济的更快发展，必须占领高科技的前沿阵地，实现经济发展的新旧动能转换。

其次，这一"大变局"之变是国际格局和力量对比加速演变。20世纪初，美国开始走向世界舞台的中央。经过两次世界大战，美国不仅成为世界经济霸主，而且取得了世界政治格局的主导权。冷战结束后，世界出现了"一超多强"的格局。美国作为世界唯一的超级大国，其经济实力、政治实力，明显在各国之上。但近几十年来，以金砖国家为先导的一批发展中国家依托科学和技术革命以及各种发展机遇迅速崛起，冲击着不平等的世界政治格局，动摇了美国的霸权地位。特别是改革开放后的中国，经济实现了跨越式的发展，成为世界第二大经济实体。尽管中国在综合实力上与美国还有差距，但这种差距与过去相比，已经大大缩小了。换言之，中国在国际格局中的经济和政治地位迅速上升，不可小觑。有些学者把这种国际格局和力量对比的加速演变概括为"东升西降"和"南升北降"。

再次，这一"大变局"之变是全球治理体系的深刻重塑。在世

---

① 《习近平谈治国理政（第三卷）》，北京：外文出版社2020年版，第428页。

界经济、政治深刻变化的推动下，全球治理体系的理念从"冷战思维""零和博弈"的旧理念转向"共商共建共享"。全球治理体系由少数几个西方国家所主宰的时代已经一去不复返了，新兴发展中国家已经在全球治理中扮演越来越重要的角色。规则问题是全球治理的首要问题，解决好规则问题，才能顺利实施全球治理。但在规则背后有错综复杂的国家利益问题，必须坚持以《联合国宪章》的宗旨和原则为基础的国际关系基本准则，而不是少数国家制定的所谓规则。规则的制定，全球治理体系的走向，与各国特别是新兴市场国家和发展中国家发展空间密切相关，与全世界的繁荣稳定密切相关。只有坚持"共商共建共享"的理念，全球的治理才能得到世界各国的支持和欢迎，并得以顺利实施。

（二）中国与世界：新时代爱国主义教育的新特点

习近平同志指出，要胸怀两个大局。"一个是中华民族伟大复兴的战略全局。一个是世界百年未有之大变局。这是我们谋划工作的基本出发点。"[1] 在这个基本出发点上，需要有两方面的大格局、大视野，一个是国内大视野、大格局，另一个是国际大视野、大格局。中华民族的复兴是一百多年来中国人民为之奋斗的伟大目标，爱国主义教育要放在党和国家事业发展战略全局中来看待，而且要放在世界百年未有之大变局下来看待。爱国主义教育必须增强国际视野，深刻认识错综复杂的国际环境带来的新矛盾新挑战。将中国与世界的关系考虑更多地放入爱国主义教育的内容、方法、途径的改革过程中，是新时代爱国主义教育的新特点。

一个国家、一个民族要繁荣昌盛，必须开放兼容。党的十一届三中全会和真理标准的讨论拉开了中国改革开放的大幕，中国进入了中国特色社会主义新时期，中国和世界的关系发生了深刻的变化。在建立了社会主义市场经济体制后，中国又加入了世界贸易组织，中国的经济融入了经济全球化的浪潮。改革开放是中国经济发展的"火车头"，使中国的经济跨越式发展，进入了世界的前列。中国进

---

[1] 习近平总书记在江西考察并主持召开座谈会微镜头，《人民日报》2019年5月23日。

入近代以来最好的发展时期，亿万中华爱国儿女为自己祖国的成就而自豪。中国在国际事务中的话语权、影响力与过去不可同日而语，中国与世界的关系上了一个新台阶。然而，与此形成鲜明对比的是，作为世界第一强国的美国由于种种原因，出现了衰败的态势。由于恐惧其霸权地位受到挑战，美国从科技、经济、政治等各方面对中国的发展进行疯狂打压，打压的手段无所不用其极。志在实现中华民族伟大复兴的中华儿女面对新矛盾、新挑战，必须深入思考新时代爱国主义教育的新的国际环境，把握爱国主义教育新特点。

毫无疑问，在百年未有之大变局下，当今中国发展的国际环境已经发生了重大变化。美国政府对中国的"接触政策"已经发生变化，尽管中美可以在一些全球气候等方面合作，但对抗已经成为中美关系的主要倾向。美国纠集一些西方国家在新疆、香港、台海、南海等问题上干涉中国内政，捏造事实，抹黑中国，并对中国恣意进行制裁。为了维护国家和民族的利益和尊严，中国政府进行了坚决的反制。这些事实和材料都是当前爱国主义教育鲜活的新内容。

在中国和世界的关系上，爱国主义教育必须坚持立足民族而又面向世界的原则。立足民族可以从两个层面来认识，爱国主义精神源于人民对祖国的热爱和对民族文化的认同，要厚植爱国情必须从长期的历史文化中汲取精神资源。当代中国的爱国主义精神植根于几千年的优秀文化传统之中，坚定文化自信是立足中国的应有之义，这是其一。其二，立足民族，实现中华民族伟大复兴的事业，就必须凝聚中国力量，依靠中国人民的奋斗精神，走自己的道路。但中国的发展离不开世界，爱国主义教育必须面向世界，与扩大对外开放结合起来。中国要善于从不同文明中寻求智慧、汲取营养，中华民族伟大复兴才能真正实现。在当代中国对外开放的历程中，不同时期中国的国际环境是不同的，爱国主义教育要与时俱进。在百年未有之大变局下，必须抓住爱国主义教育的新特点，在国际视野上下更多的工夫。

二、百年未有之大变局对爱国主义教育提出的新课题

百年未有之大变局之核心是"变"，这种"变"在程度上是大变，

在格局上也是"大变",它预示着世界将进入一个新的时期。与此相适应的是,与国际风云息息相通的新时代爱国主义教育也要积极变革,深入研究新课题。

(一)新时代的爱国主义教育要"平视世界"

在百年未有之大变局下,中国应该这样看待世界?是仰视、俯视还是平视?这是当代中国爱国主义在处理中国与世界的关系中难以回避的问题。习近平总书记感慨地说:"70后、80后、90后、00后,他们走出去看世界之前,中国已经可以平视这个世界了,也不像我们当年那么'土'了。"①二十一世纪的今天,习近平发出了"平视世界"的豪言,令无数中华儿女感到精神振奋、备受鼓舞。如何理解"平视世界"?

第一,"平视世界"是一种态度,更是一种建立在实力基础上的底气。鸦片战争后,魏源、林则徐等近代中华民族的伟大爱国者发出了"睁眼看世界"的呐喊,但是当年中国积贫积弱,中国人民是难以平视这个世界的。中国共产党成立以后,领导中国人民迎来了从站起来、富起来到强起来的伟大飞跃。中国取得的历史性成就,令世界刮目相看,使得中国有实力、有底气"平视世界"。2021年3月,中国领导人在安克雷奇同美方进行战略对话。美方违反外交礼仪,并对中国内外政策进行无理攻击指责,中方怒斥美方:"美国没有资格居高临下同中国说话,中国人不吃这一套。"②这段话掷地有声,有力地捍卫了中国人民的民族尊严,大长了中国人民的民族志气。一些国家对发展起来的中国以"教师爷"般颐指气使的说教,中国人民绝不接受。

第二,"平视世界"是一种立场,更是对世界各国主权和尊严的尊重。在中国与世界的关系上,当代中国的爱国主义是建立在国家与国家平等基础之上的。国家无论大小,都是平等的。中国的经济实力强大了,国际地位和国际影响不可与过去同日而语,但中国主

---

① 习近平:中国已经可以平视这个世界了,《环球时报》2021年3月7日。
② 杨洁篪在中美高层战略对话开场白中阐明中方有关立场,《人民日报》2021年3月20日。

张大小国家一律平等的原则不会变。中国反对霸权主义和居高临下地欺凌他国。中国提出的"一带一路""人类命运共同体"的主张，贯彻的是合作平等共赢的原则。新时代爱国主义教育，讲"平视世界"不仅要讲中国有实力、有资格平视世界，为中华民族伟大复兴中取得的历史性成就而自豪，而且也要讲中国与世界各国要相互尊重，合作共享美好未来。

第三，"平视世界"是一种反思，更是对中国自身实力的理性客观的评价。中国成为世界第二大经济体，世界经济增长的主要稳定器和动力源，近年来对世界经济增长的贡献率持续保持在30%左右。中国顺利实现了全面建成小康社会的目标，脱贫攻坚战取得了全面胜利，完成了消除绝对贫困的艰巨任务。中国与世界强国的差距缩小了，但还有不少短板。要成为科技强国、制造强国……，实现中华民族伟大复兴，还有不少路要走。新时代的爱国主义教育在中国和世界的关系上，必须坚持"平视世界"，才能在纷繁复杂的世界中准确地给中国定位。

习近平有关"平视世界"的重要论述，以广阔的国际视野和深邃的历史眼光，揭示了百年未有之大变局下中国和世界关系的重大变化。它是新时代爱国主义教育中正确认识中国和世界关系的指导方针，是对中国共产党思想政治教育的重要发展。研究新时代爱国主义教育，必须认真学习和研究这一重要论述，并把它更好、更深入地融入思政课的各项建设中去。

（二）新时代的爱国主义教育要更好地加强理性平和心态的培育

百年未有之大变局下，人类又面临新冠疫情的大流行，全球政治、社会和经济发展面临的矛盾和风险急剧上升。美国对中国的无理打压，激起了具有爱国情怀的亿万中国人民的无比愤慨。在国际风云变幻的今天，在实现中华民族伟大复兴的道路上，必然要遇到各种困难和险阻。我们需要表达爱国的激情，但同样需要以理性平和的心态审视世界。爱国主义反映了人们对自己祖国的深厚情感，这种情感是归属感、认同感、尊严感与荣誉感的统一，它构成了爱国主义的基础。在思想政治教育研究中，从道德情感入手加强爱国主义教育是重要的思路，但在百年未有之大变局下，理性爱国教育更凸显其重要价值。理性爱国教育可以分为知行两大方面：

一是理性认知的问题。要通过认知教育，培养受教育者正确的爱国主义价值观，从理论上搞清楚"什么是爱国主义""为什么要爱国"，从而明辨是非。在百年未有之大变局下，国际环境复杂而又多变，会给青年大学生带来许多困惑。教师承担着教书育人的神圣责任，要帮助教育对象"释疑解惑"，必须从理论上进行分析和澄清。理性认识能够更深刻地把握事物的本质，为我们提供正确的价值导向。在中国与世界的关系上，要用辩证唯物主义的理论分析和认识百年未有之大变局，用联系的观点来认识中国特色社会主义道路。中国的发展离不开世界，对外开放是中国坚定不移的方针，在世界出现百年未有之大变局时，我们必须沉着应对，用实力和智慧战胜各种挑战。但是，作为渴望中国繁荣富强的中华民族爱国儿女来说，首先要做好国内的事，才能从容面对世界上的惊涛骇浪。对于一位爱国者来说，就要坚定维护国家的利益和尊严，推动国家的繁荣昌盛。坚持多做有利于国家利益的事，坚决反对有损于国家利益的思想和行为。这是法律义务，也是道德义务。在当代中国的爱国主义教育中，要正确认识和处理国家利益、集体利益与个人利益之间的关系。中国特色社会主义是建立在这三者统一的基础上的，实现中华民族伟大复兴的中国梦也是每个人的梦。国家发展了，个人才有更大的发展空间。爱祖国，是热烈的情感诉求，也应是明智的理性选择。

二是理性表达爱国行为的问题。爱国的热情总是会通过爱国的行为表现出来，在美国等西方国家编造、虚构事实肆无忌惮地攻击、抹黑中国时，中国人民坚定地捍卫国家的主权和尊严，充满着爱国主义的激情，但在这个过程中，必须在激情中注入理性。这里的理性表达是建立在法律规范和道德规范基础上的恰当的行为，它要以是否有利于国家根本利益、长远利益为标准，审视、评判爱国行为表达的合理性和正当性。作为一名爱国者，用炽热的爱国情感对敌人的攻击和抹黑进行回击，是理所当然的，但为了国家的根本利益、长远利益，必须做到有利、有理、有节。要正确处理爱国情感与理性的关系，必须有大局意识、战略意识。实现中华民族伟大复兴的事业，必须站得高，看得远，莫因情感的过于冲动而偏离了既定的方向。爱国要有激情，但又要不乏冷静。理性平和的心态是与冷静联系在一起的，特别是在国际局势剧烈变动的时候，要"冷眼向洋看世界"，从纷繁复杂的现象中认清世界发展的大趋势，从而更好地推进国家的繁荣和民族的兴旺。

（三）新时代的爱国主义教育要更好地坚持爱党爱国爱社会主义相统一为核心

在百年未有之大变局下，世界又面临新冠疫情的叠加冲击。全世界超过2亿人感染新冠肺炎，对当代国际经济、政治和社会发展产生了极为深刻的影响。摆在全世界人民面前不可回避的重大课题是如何战胜肆虐的新冠疫情，让人类社会回到正常的轨道上来？在中国共产党的坚强领导下，依靠中国特色社会主义制度和全体人民的努力，中国在抗击疫情中交出了亮丽的"答卷"。但美国等西方国家利用他们掌握的世界上的各种重要媒体，竭力诋毁中国的抗疫成就，特别是攻击中国共产党的领导和社会主义制度。在这种情况下，爱国主义教育更要坚定地强调爱党爱国爱社会主义的高度统一，引导青年学生深刻认识到党的领导是中国特色社会主义最本质特征和最大制度优势，坚持党的领导、坚持走中国特色社会主义道路是实现国家富强的根本保障和必由之路。

如何理解爱党爱国爱社会主义相统一是新时代爱国主义教育的核心？国家富强、民族振兴、人民幸福是爱国主义的必然要求，是无数爱国者为之不懈奋斗的伟大目标。百年以来，中国共产党领导中国人民在实现这一伟大目标的奋斗中，取得了一个又一个的胜利。当代中国的命运与党的命运、社会主义的命运紧密相联，不可分割。面对突如其来的新冠疫情，党中央统揽全局、果断决策，第一时间实施集中统一领导，有效抑制了疫情大面积的蔓延，有力地保护了人们的生命安全和身体健康。在惊心动魄的抗疫斗争中，没有党中央的坚强领导，就没有抗疫斗争的伟大胜利。在中国共产党的领导下，建立的中国特色社会主义制度是适合中国国情的，它在抵御风险挑战方面具有显著的优势。正如习近平总书记指出的："我国社会主义制度具有非凡的组织动员能力、统筹协调能力、贯彻执行能力,能够充分发挥集中力量办大事、办难事、办急事的独特优势,这次抗疫斗争有力彰显了我国国家制度和国家治理体系的优越性。"① 中国抗击新冠疫情所取得的胜利,是中国共产党的胜利,是中国特色社会主义制度的胜利,是中国人民的胜利。

爱党爱国爱社会主义相统一不仅具有内在的历史的逻辑和实践的逻辑,而且具有内在的理论逻辑。为中国人民谋幸福,为中华民族谋复兴的初心和使命是中国共产党的性质宗旨、理想信念、奋斗目标的集中体现,中国共产党的初心与使命贯穿着深厚的爱国主义精神。改革开放的总设计师邓小平说:"我是中国人民的儿子,我深情地爱着我的祖国和人民。"② 邓小平所设计的改革开放的蓝图,是人民幸福、国家富强的蓝图。毛泽东思想引领中国人民实现了站起来的伟大飞跃,邓小平所创立的中国特色社会主义理论迎来了富起来、强起来的伟大飞跃。习近平新时代中国特色社会主义思想的理论提出了实现中华民族伟大复兴的中国梦,极大地激发了中国人民爱国主义的热情。我们党把坚持以人民为中心作为治国理政的价值引领,把中国特色社会主义理论与中国具体实际结合起来,统筹推进"五位一体"总体布局、协调推进"四个全面"战略布局、贯彻落实新发展理念,百年来无数爱国者梦寐以求的中华民族伟大复兴的日子终将到来。

三、善用"大思政课",推进爱国主义教育的改革创新

2021 年 3 月,习近平总书记提出了"'大思政课'我们要善用之"③ 的重要命题。这一重要命题的提出,为我们加强和改进思想政治课提供了基本遵循,同时也为爱国主义教育的改革创新指明了前进的方向。近几年来在习近平总书记的有关思想政治教育的一系列

① 习近平:在全国抗击新冠肺炎疫情表彰大会上的讲话,《求是》2020 年第 20 期。

② 胡锦涛:在邓小平同志诞辰 100 周年纪念大会上的讲话,《人民日报》2004 年 8 月 23 日。

③ "大思政课"我们要善用之(微镜头·习近平总书记两会"下团组"·两会现场观察),《人民日报》2021 年 3 月 7 日第 1 版。

讲话和指示中，他反复强调"学校思想政治工作不是单纯一条线的工作，而应该是全方位的。要完善课程体系，解决好各类课程和思政课相互配合的问题"①。要"使各类课程与思想政治理论课同向同行，形成协同效应"②。"要坚持把立德树人作为中心环节，把思想政治工作贯穿教育教学全过程，实现全程育人，全方位育人。"③ 其中蕴含着深刻的"大思政课"理念。我们要把习近平总书记的"大思政课"的重要论述及其蕴含的深刻理念融入思想政治教育之中，推进爱国主义教育的改革创新。

（一）整体设计：实现学校爱国主义教育一体化

善用"大思政课"是为了实现"全程育人，全方位育人"。爱国是人世间最深层、最持久的情感，是一个人的立德之源、立功之本。与气节和人格相比较，爱国是第一位的。思政课要实现立德树人的教育目标，必然要将爱国主义教育贯穿青年一代受教育的全过程之中。从小学一年级到大学毕业，各个学段都要进行爱国主义教育，要以学生成长的整个过程、思政课教育的整个过程为立足点的"大思政课"的理念，来考虑爱国主义教育的改革和创新，才能将学校爱国主义教育提高到一个新的水平。从纵向而言，爱国主义教育必须强调"全程育人"，从横向而言，则必须强调"全方位育人"。根据习近平有关重要论述，"全方位育人"重点要解决的是"各类课程和思政课相互配合的问题"，"使各类课程与思想政治理论课同向同行，形成协同效应"。这个问题也就是我们平时所说的"思政课程"和"课程思政"的关系问题。爱国主义教育是"思政课程"的永恒主题，也是"课程思政"的永恒主题。所谓"课程思政"就是在思政课外的其他课程教师在教学中都要履行思想政治教育的责任。无论是思政课还是其他课程都要履行教书育人的责任，对学生进行爱国主义教育。

---

① 习近平：思政课是落实立德树人根本任务的关键课程，《求是》2020年第17期。

②③ 习近平在全国高校思想政治工作会议上强调：把思想政治工作贯穿教育教学全过程开创我国高等教育事业发展新局面，《人民日报》2021年12月9日。

在百年未有之大变局的背景下，国际形势风云变幻，在实现中华民族伟大复兴的奋斗中，要实现"全程育人，全方位育人"，必须对思政课进行整体设计，实现学校爱国主义教育一体化。习近平总书记在谈到统筹推进大中小学思政课一体化建设时，强调整体设计要"坚持大中小学纵向主线贯穿、循序渐进，各类课程横向结构合理、功能互补的原则"[①]。在将习近平这一重要论述融入思政课爱国主义教育中时，可以概括为三项原则：

第一，纵向衔接。从小学生教材的第一课"我是中国人"到大学生的爱国主义的理论思考，有一条主线贯穿。这一主线就是社会主义核心价值观，以社会主义核心价值观为主旨的"政治认同""国家意识""文化自信""人格养成"是顶层内容体系的重点版块，[②]但这一主线在不同学段的教材内容、教法、教师评价要根据思想政治教育规律和学生成长规律科学安排。

第二，横向贯通。在同一学段里进行爱国主义教育，各类课程横向结构要合理、功能要互补，形成协同效应。爱国主义教育要落实到思政课程中，这是毫无疑问的，但在其他课程中的爱国主义教育也是不可或缺的，甚至具有独特的优势，例如，在语文、历史、地理、艺术类的课程中。即使在数学、物理、化学类的专业课程，虽然课程中传授的专业知识属于自然科学的范畴，大多不具有价值属性。但掌握这些知识的人是有祖国的，那些爱国的科学家是爱国主义教育的生动案例。

第三，分层递进。分层次进行爱国主义教育，是改革开放以后总结思想政治教育正反两方面经验而建立起来的一项重要原则。大中小学校爱国主义教育对象处于不同的年龄段，思维水平、接受能力有较大差异，根据学段分层教育是遵循教育规律的必然要求。习近平指出："既不能揠苗助长、操之过急，又不能刻舟求剑、故步自封。"① 一方面，习近平明确反对思政课"揠苗助长、操之过急"的教育方式，因为它违背了客观规律，"欲速则不达"。另一方面，习近平明确反对"刻舟求剑、故步自封"的教育态度，因为它脱离了教学对象不断发展的实际，不思进取。总之，要区分教育对象的层次开展有针对性的教育，同时循序渐进。

（二）辩证思维：正确认识中国和世界的关系

习近平总书记提出善用"大思政课"的理念，要求我们不能照本宣科，局限于书本和教条，要用辩证唯物主义的观点，开阔学生的视野，使学生在更高的层次上全面准确地认识爱国主义。他明确指出"中国人是讲爱国主义的，同时我们也是具有国际视野和国际胸怀的"②。"弘扬爱国主义精神，必须坚持立足民族而又面向世界。"③ 从习近平这两段关于爱国主义教育的重要论述中，不难看出，他的善用"大思政课"的理念闪耀着辩证思维的光辉。当代中国的社会是开放的社会，中国的发展离不开世界，世界的发展也离不开中国。渴望实现中华民族伟大复兴的中国人民深刻地认识到，改革开放之路是中国强起来的必由之路。我们要用辩证唯物主义联系的观点思考中华民族的复兴之路，正确把握中国与世界的发展大趋势，正确认识中国与世界的关系。爱国主义的热血要与国际视野和国际胸怀相结合，立足民族要与面向世界相统一。

中华民族有几千年的历史，中国是世界文明古国。文景之治、贞观之治、康乾盛世曾是中国古代史上几个辉煌的时期，古代中国不缺文化自信。到了近代，西方列强的大炮打开了中国的大门，中华民族处于生死存亡的危机之中。与近代中国遭受的耻辱和苦难相伴随的是文化自卑的滋长。现在，21 世纪的中国已经成为世界第二大经济实体，人均 GDP 超过了一万美金，国力的强盛使中华民族恢

① 习近平：思政课是落实立德树人根本任务的关键课程，《求是》2020 年第 17 期。

① 习近平：思政课是落实立德树人根本任务的关键课程，《求是》2020 年第17 期。

② 习近平：中国人讲爱国主义也具有国际视野和胸怀，http://news.cntv.cn/2013/03/19/ARTI1363680866411369.shtml。

③ 习近平在中共中央政治局第 29 次集体学习时强调：大力弘扬伟大爱国主义精神，为实现中国梦提供精神支柱，《人民日报》2015 年 12 月 31 日。

复文化自信有了更深厚的底气。当然,中国现在还处于社会主义的初级阶段,在世界上还是发展中国家。在中国与世界的关系上,我们用辩证唯物主义全面的观点审视、评价中国的发展,既不妄自尊大也不妄自菲薄。

丰富多彩的世界孕育了不同的文明,形成了不同的价值观,但人类作为命运共同体,也有共同的价值观。习近平指出:"和平、发展、公平、正义、民主、自由,是全人类的共同价值。"[1]在当今人类社会发展中,世界各国相互依存,休戚与共。必须坚持和平发展合作共赢,构建人类命运共同体。在进行爱国主义教育的过程中,一方面要弘扬中华民族精神,另一方面要培养海纳百川、开放包容的胸襟。尊重各国的历史特点、文化传统,尊重各国人民选择的发展道路,理性平和地进行中西文明的比较和借鉴。辩证地思考价值观上的个性与共性的关系,才能更深入地搞好爱国主义教育。

(三)结合现实,提高爱国主义教育的实效性

习近平总书记强调,"'大思政课'我们要善用之,一定要跟现实结合起来。上思政课不能拿着文件宣读,没有生命、干巴巴的"[2]。要提高爱国主义教育的实效性,上思政课必须紧密结合现实。在百年未有之大变局的形势下,这种结合更具有迫切性和重要价值。

第一,结合国内外重大现实问题,加强学生爱国主义教育。在信息技术日新月异的形势下,学生在现实生活中通过各种媒体接受了大量的国内外信息,对他们的思想观念形成了不小的影响。他们经常会把国际的事情与国内的事情联系起来,加以比较。而在这个比较过程中,常常会产生疑虑与困惑。思政课教师就是要担当教书育人的责任,为学生释疑解惑。在爱国主义教育中,教师要抓住国内外有重大影响的事实、案例、素材,通过比较鉴别,分清事实,讲清道理,使学生真正信服。在学生全面客观认识发展中的中国和世

①《习近平谈治国理政(第二卷)》,北京:外文出版社2017年版,第522页。
②"大思政课"我们要善用之(微镜头·习近平总书记两会"下团组"·两会现场观察),《人民日报》2021年3月7日。

界的基础上，教育学生在中国与世界的关系上既不封闭保守，也不崇洋媚外。近几年来，美国政府为了打压中国高科技的发展，用卑劣的手段将中国华为公司的高管孟晚舟扣押在加拿大。在中国政府和中国人民的不懈努力下，孟晚舟终于回到了祖国的怀抱。她在机场动情地说："有五星红旗的地方就有信念，如果信念有颜色，那一定是中国红！"[①]孟晚舟事件在国内外有重大影响，孟晚舟的这一金句是爱国主义教育的生动案例。

第二，结合学生成长中面临的现实问题，加强爱国主义教育。青年学生所处的时期是"孕穗拔节"时期，是世界观、人生观、价值观的形成时期，精力充沛，思维活跃，情感丰富，可塑性强。青年要学做人，爱国是第一件事。在爱国主义教育中，必须根据青年的思想特点和青年成长面临的人生课题开展工作，从而使思想政治教育更好地入耳、入脑、入心，产生良好的效果。要教育青年树立远大的理想，引导学生关注国内外形势，成为具有中国情怀、全球视野的人才。不仅有胸怀天下、匡时济世的志向，也有天下为公、世界大同的理想，不仅能肩负中华民族伟大复兴的使命，而且能承担起为世界、为人类做贡献的责任。同时，在百年未有之大变局下，青年在升学、就业、事业发展等问题上将会遇到更多的挑战。爱国主义教育不能回避这些具体的问题，必须坚定地进行价值引领，使广大青年走上正确的人生之路。

第三，结合学校德育实践，加强爱国主义教育。思政课的爱国主义教育要实现知、情、意、行的统一，才能真正达到教育的目标。然而，这种统一是建立在实践基础上的。学校德育实践可以分为两大类，校内德育实践和校外德育实践。"大思政课"的理念要求思政课与学校的党团组织活动相结合，把爱国主义教育内容融入党团活动、主题班会以及各类主题教育活动之中，将教育和自我教育结合起来。校园文化环境滋养着学生爱国主义的情怀，要强化校训校歌校史的爱国主义教育功能，组织丰富多彩的校园文化活动。学生的

---

① 央广网：孟晚舟顺利回国，2021-09-26，https://baijiahao.baidu.com/s?id=1711
936120481804573&wfr=spider&for=pc。

爱国主义教育还要走出校园，开展校外德育实践活动。例如，组织参观纪念馆、博物馆、烈士陵园等爱国主义教育基地，组织参加各种志愿公益活动，强化爱国的责任和担当。随着新时代思想政治教育改革创新的发展，爱国主义教育的实践形式也将会不断丰富，从而固本培元、凝心铸魂，使爱国主义教育更上一层楼。

社会主义核心价值体系融入国民教育全过程初探 [①]

"社会主义核心价值体系"的提出是马克思主义中国化理论创新的重大成果。党的十六届六中全会和党的十七大明确提出"把社会主义核心价值体系融入国民教育全过程",这为教育改革和发展纲要中德育内容的制定提出了明确的指导思想。社会主义核心价值体系的理论告诉人们,在德育面临多样化的社会环境中,要强调用主流意识形态"引领"教育者,在尊重差异、包容多样的同时让青年学生受到德育的熏陶。

一、如何理解"融入"和"全过程"?

社会主义核心价值体系要转化为人民的自觉追求,必须加强青年学生的思想政治教育,把社会主义核心价值体系融入国民教育全过程。这里,必须对"融入"和"全过程"这两个关键词作一番解读。

"融入"意味着有机结合和渗透,思想政治教育和其他教育工作不应该是"两张皮",只有有机结合在一起,互相渗透,才能"润物细无声",使社会主义核心价值体系教育内容有更强的可接受性。传统的思想政治教育强调"灌输",重视对青年学生讲述正面的道理。随着社会的发展,思想政治的社会环境发生了深刻的变化,受教育者的心理特点和思维方式也与以往有了明显的差异。一定条件

---

① 该论文完成于 2009 年。

下的灌输还是需要坚持的，但必须强调教育者和受教育者的双向沟通和交流。要将思想政治教育的内容与青年学生的心理特点结合起来，渗透到青年学生的生活中去，渗透到各门学科教育中去。青年学生通过自我感悟和思考，以及他们与教育者的沟通和交流，达到对社会主义核心价值体系的认同和接受。

"全过程"不能狭隘地将其限定在校园里，而要从学校、家庭和社会"三位一体"的角度加以全面的理解。学校教育是国民教育过程中的主体，但学校教育必须与家庭教育、社会教育结合起来，才能更有成效。在德育工作中，流传着 5+2 < 5，或 5+2=0 的公式。它从一个侧面反映了学校德育的无奈与困惑。脱离了家庭教育和社会教育的学校德育，往往是苍白无力的。社会主义核心价值体系融入国民教育的全过程，应该在更开阔的视野中认识它。社会生活的剧烈变动，会对青年学生的家庭状况及生活环境产生深刻影响，从而在青少年思想品德的形成中打下难以磨灭的烙印。当学校的德育工作与社会环境所产生的影响相一致的时候，社会环境的影响巩固和发展了德育工作，反之，则削弱了德育工作。而在现实情况中，后者的情况更多些。因此，社会主义核心价值体系融入国民教育的全过程，是一个全社会的系统工程，需要政府的"宏观调控"，将学校、家庭和社会各方面的力量协调起来。加强家庭与社会对学校德育工作的支持和推动，将是未来德育工作是否能取得更大成效的关键性因素之一。

二、社会主义核心价值体系融入国民教育全过程面临的新课题

1. 如何在教育方针上坚持"育人为本，德育为先"的理念，将社会主义核心价值体系融入国民教育全过程的工作落到实处？

教育方针是国家根据政治、经济和社会发展的要求提出来的一定时期的教育工作的总方向和总目标，是教育工作的根本指导思想。党的十七大报告指出："要全面贯彻党的教育方针，坚持育人为本，德育为先。"只有坚持"德育为先"的教育理念，才能扫除思想障碍，在思想上将社会主义核心价值体系融入国民教育全过程的工作落到实处。

在社会主义市场经济的发展过程中，人们对于知识和才能的重视极大增强了，这种倾向也必然要反映到承担人才培养的教育领域中。读外语，学计算机，提高专业水平和专业技能，成为社会上下对学生的殷切期望和学生成才的内在要求。但同时，也不能不看到，"重视智育，轻视德育"的倾向在学校还有一定的市场。许多人把智育看作是"实"的，而把德育视为"虚"的，对德育的真正重视还不够，"德育为先"的教育理念还未在人们头脑中牢牢扎下根。

社会的发展需要大批有较高知识才能的人才，同时又需要这些人才有相应的社会责任感，把知识和才能用于造福于社会的事业中去。中国古代的政治家司马光在《资治通鉴》中，每每论到才德问题时，总是把德放在首位。他认为"才者，德之资也，德者，人之帅也"。一个人有较高的知识和才能固然是一件好事，但缺乏社会责任感，在道德方面有缺陷，知识和才能就有可能被滥用，甚至产生对社会的危害。"德育为先"追求的是人的全面发展，在德智体美中德育处于优先和统帅的地位。知识和才能在人的发展中的重要作用是不能被忽视的，是德育的基础；而德育的素质规定和影响了知识和才能发挥的价值取向，是统帅。当前，社会道德状况的滑坡和人们对社会正义和良心的呼唤，凸显了加强学校德育的重要性和迫切性，在客观上也有利于贯彻"德育为先"的教育理念。

社会主义核心价值体系反映了社会主义意识形态的本质要求，是当前贯穿学校德育的一根红线。社会主义核心价值体系融入国民教育全过程首先是融入德育的全过程，换言之，"德育为先"就是社会主义核心价值体系要在学生素质教育中起统帅作用，使青年学生拥护中国共产党的领导，坚定中国特色社会主义的共同理想，发扬民族精神和时代精神，用社会主义荣辱观来指导自己的行动。当然，这种落实不仅仅是思想落实，而且还要做到组织落实，例如在学校考核、学生选拔制度上体现社会主义核心价值体系的导向。

从当前学校情况来说，中学面临的突出问题是，在升学考试的激烈竞争中，学生的德育素质如何能成为选拔的一项重要依据，从而有利于学生德育素质的提高？而大学则是如何使大学生认识到个人的发展必须与社会的需要结合起来，在为国家和社会做贡献的同时,实现自身的人生价值? 社会主义核心价值体系的导向必须更好地贯穿到教育领域的各项选拔制度中,即社会主义核心价值体系的导向不仅要进入思想层面,而且在制度层面上也要落实。这种导向不仅是"虚"的,更是"实"的,有很强的操作性;不仅是"软"的,而且是"硬"的,有很强的制约力。

2. 如何贯彻"以人为本、以养成教育为主线"的德育目标的分阶段要求,使社会主义核心价值体系有最大的可接受性?

养成教育是当前德育工作中的热门话题。作为德育实践活动,对于培养学生的道德人格有着重要意义。古今中外的教育家,无论是中国的孔子,还是西方的亚里士多德,都非常重视养成教育。特别是中国宋代的教育家朱熹将个体德育的发展分成两个大阶段:"小学"与"大学"。"小学学其事","教之以洒扫、应对、进退之节,爱亲、敬长、隆师、亲友之道"。"大学明其理","教之以穷理、正心、修己、治人之道"。小学是为大学打基础,大学是小学的深化。"小学"的养成教育诉诸具体的操作,而"大学"的养成教育注入了理性的思考。

当代中国的养成教育继承了中国古代的德育方法,从道德行为入手进行道德教育改革,它摆脱了空洞的说教,收到了较好的效果。它之所以受到当代中国德育界的青睐,不是偶然的。但是,如何科学地按照社会主义核心价值体系的要求,对学生的养成教育进行整体设计,确立德育目标的分阶段要求,使之成为相互衔接、不断发展的过程,有许多问题需要研究。

例如,不能把"重复性"和"反复性"混为一谈。人们往往对德育内容的重复性颇有微词,但我们不能否定德育过程中的反复性要求,机械的、简单的重复教育内容当然不可取,但没有对同一主题的反复教育,就难以巩固德育的效果。因为人们的道德意识、道德情感、道德信念、道德习惯的形成不是一次就能完成的,需要反复地实践。关键是根据学生人生发展过程中不同阶段的特点,对同一方面的教育提出不同的要求,强调不同的侧面,使学生有最大的可接受性。例如,以爱国主义为核心的民族精神,是社会主义核心价值体系的重要内容。在九年制义务教育中,应强调的是从中国的历史、地理、语言、文化的层面上认同和接受爱国主义，而在高中阶段则应上升到理性，更多地从哲学、政治的层面上把握爱国主义，到了大学阶段，随着社会生活范围的扩大，应该强调从国际视野中理解爱国主义，区分爱国主义和狭隘民族主义。

又如，养成教育与社会主义核心价值体系的关系需要厘清。社会主义核心价值体系必须引领养成教育，渗透到养成教育的各个环节中，但两者之间又有不同的侧重点。前者强调的是行为习惯，后者突出的是思想观念；前者强调的是人类文明的继承性和共同点，而后者突出的是社会主义意识形态的特点。在实践过程中，如何处理好两者之间的关系，需要深入探讨。

3. 如何建立德育与教学、管理、服务环节相渗透的制度，使社会主义核心价值体系融入国民教育全过程有制度的保证？

社会主义核心价值体系要融入国民教育全过程，必须依靠学校中各方人员的通力合作，特别是广大教师的辛勤工作。要围绕着教书育人的工作，在学校建立以责任为核心的管理制度。必须增强教师的责任心，在管理中加强教师职业道德建设。师德的核心是教书育人，在多样化的社会中，以社会主义核心价值体系引领青年学生是当代中国人民教师应尽的工作职责。教师作为学生人生道路的"引领者"，必须做到为人师表，将社会主义核心价值体系建设的要求融入心中，贯穿于言行举止中。教师的工作是教书育人，从这个意义上说，社会主义核心价值体系的教育不仅是政治课、品德与社会课等老师工作的主要内容，也是语文、历史、地理、外语，甚至体育、数学老师工作的重要内容。换言之，社会主义核心价值体系的内容要"渗透"到各门学科教育中去。诚然，各门学科的情况并非完全一致。有些学科直接与社会主义核心价值体系的内容相关联，例如，"文以载道"，语文中的大量内容属于社会主义核心价值体系中的"以爱国主义为核心的民族精神"的范畴。"以史为镜"，中国近现代史的历史发展反映了中国人民选择社会主义的历史必然性。有些学科则与青少年的道德人格的培养有密切关系，而这些道德人格是社会主义核心价值体系转化为个体自觉追求的基础。爱父母、爱他人，是爱祖国的基础。有位长期从事小学数学教育的优秀教师在讲授"加法交换律"时,用了一张生动形象的画片:衔着小虫的父母正在喂食四只嗷嗷待哺的小鸟。他不仅讲清了数学的道理,而且融入了家长的亲情与子女的感恩的内容,使小学生在接受学科知识的同时,也接受了道德人格的教育。可以说,社会主义核心价值体系教育的内容"渗透"到各门学科教育中去是必要的,也是可能的,关键是教师要有责任心。在教师的业绩考核、职称晋升、评优的问题上要建立和完善相应的管理制度,明确具体标准,将教书育人的责任心作为教师资格的基本要求。

在学校的管理和服务环节中,如何建立有利于学生自我教育、自我管理的制度,也是社会主义核心价值体系融入国民教育全过程中制度保证的重要内容。社会主义核心价值体系成为人们自觉的追求,是在实践的基础上通过发挥人的主观能动性,不断反思的结果。发挥学生自我教育、自我管理的能力,改变单向灌输的传统做法,必须在制度安排上有所突破。要根据学生在受教育的各个阶段的不同心理特点,在教学活动、社团活动的管理制度中体现自我教育、自我管理的要求。

社会主义核心价值体系融入国民教育全过程,不能把眼光仅仅局限在校园里。教育界的有识之士已达成共识,学校、家庭和社会"三位一体"才能把德育落到实处。如何在制度安排上,加强学校、家庭和社会的联系和协调,不仅是学校的事、教育界的事,也是政府的事。在政府的工作中,在中长期教育发展规划中,这种制度安排要提到议事日程上,给予足够的重视。

4. 如何切实加强德育工作的"三贴近",使社会主义核心价值体系的教育在针对性与实效性方面上一个新的台阶?

"三贴近"原则是指贴近实际、贴近生活、贴近群众的原则。社会主义核心价值体系在融入国民教育全过程中必须坚决贯彻这一原则,才能提高实效性,达到其目标。当前国民教育体系中的受教育者基本上已经是"90后"了,心理素质、思维方式和语言习惯与过去七八十年代的情况相比,有着明显不同的特点。而有关教科书的许多内容、课堂里的不少教学方式、教育者头脑中的一些教育理念都与之不相适应。例如,一些教材的内容的表述以文件的形式来写，学生难以理解，教师难以讲授。在改革开放中成长起来的学生，更容易接受生动幽默的语言、具体形象的画面。又如，课堂里师生的交流讨论和互动太少，调动学生学习积极性的工作做得不够，这样的教学方式就难以受到学生的欢迎。

在教育过程中，社会主义核心价值体系的内容只有深入浅出，适合当代学生的特点，才能有良好的效果。但在实际操作中，必须研究以下几个突出问题：

第一，教育内容的相对稳定性和社会热点如何结合？教育是教育者根据一定的教育方针，有计划地对受教育者施加影响的活动，教育内容有一定的系统性和相对稳定性。而学生所关注的社会热点，具有即时性，随着社会的发展频繁变动。如何把两者很好地结合起来，对德育教师的智慧和能力是一个挑战和考验。

第二，教育形式的生动性与思想内容的深刻性如何结合？生动形象的教育才能吸引人，这是长期以来德育实践所揭示的一条基本经验。近十年来，电脑多媒体技术的飞速发展和普及，为生动形象的教育提供了充分的条件和发展的空间。喜爱读图的"90后"学生欢迎生动活泼的教育，但不能不看到，社会主义核心价值体系教育毕竟与一般娱乐活动不同，有些内容可以通过生动形象的教育来进行，有些内容则需要开动脑筋，在感性认识的基础上进行深入的理性思考。社会主义核心价值体系融入国民教育全过程，就要根据学生在成长过程中的心理特点，在生动形象的教育中逐步注入理性的内容。

第三，教师如何使用具有时代特色、民族特色的话语系统与学生交流和沟通？语言是交流的最佳工具，是一种社会现象。在社会发展的过程中，语言也在不断地变化，呈现出时代的特点。当代学生的话语系统受到了影视、网络、广告等大众文化的深刻影响，有时一句屏幕上的台词或流行的广告语，甚至网络上的一个新词，都会对学生的思想道德观念产生冲击。而当前德育话语系统尽管已经吸收了大量的改革开放时代的语言，但要更通畅地实现师生间的交流和沟通，这一话语系统还必须进一步改革。有些计划经济时代的语言，甚至是革命年代的语言，需要调整。而对于有生命力的、具有民族特色的、来自群众的语言，应该大力发掘，使之在德育中发挥更大作用。胡锦涛总书记在纪念党的十一届三中全会召开30周年大会上发表的重要讲话，既有非常深刻的思想内涵，也有来自群众的一些生动的语言。总书记在大会上讲到"不动摇、不懈怠、不折腾"的时候，全场都发出会心的笑声，收到了良好的效果，同时，这也为社会主义核心价值体系如何更好地为学生所接受和认同提供了榜样。

三、加强社会主义核心价值体系融入国民教育全过程建设的思路研究

1. 在社会主义核心价值体系统摄下整合优化德育资源，目标是"量上控制，质上突破"。

改革开放以来，德育工作者在对学生进行爱国主义教育、社会主义荣辱观教育、中国特色社会主义共同理想教育方面做了大量的工作，取得了不少成绩。例如，上海出台了"上海市学生民族精神教育指导纲要"，各级学校在贯彻这一指导纲要中推动了德育工作的改革与创新。社会主义核心价值体系融入国民教育全过程是在原有的基础上，整合优化现有的德育资源，目标是"量上控制，质上突破"。将学校德育工作提高到新水平，以更好地适应多样化社会发展的要求。在社会主义核心价值体系统摄下，这种整合有多方面的内容：

第一，内容的整合。当前学校已经开展的各项德育工作是社会主义核心价值体系融入国民教育全过程的基础，其中许多内容属于社会主义核心价值体系的范畴。社会主义核心价值体系融入国民教育全过程不是重起炉灶，而是在社会主义核心价值体系下将德育工作整合为一个相互联系、相互衔接的有机整体，减少机械的、简单的重复，使其取得更好的实效性。大学、中学、小学德育的各项内容能根据学生年龄的特点、认知度基础、成长发展需求进行安排，做到"无缝衔接"，同时又在不同层面上反映其中的核心内容，巩固和发展上阶段德育工作的成果。

第二，活动的整合。德育实践活动是社会主义核心价值体系融

入国民教育全过程的基础，特别是在义务教育阶段，学生的思想道德素质基本上是在德育实践活动中提高和发展的。德育实践活动要充分依托重大节庆日，既丰富多彩又扎扎实实。在日常教育的同时，一年中应该集中力量搞一两次对学生人生发展有重大影响的活动，而对于那些形式大于内容的活动要控制，对于那些实效性不尽如人意的活动要精简。学生正处于长知识的阶段，学习任务很重，平时德育实践活动应该尽可能同学习知识结合起来，更容易为学生所接受。平时德育实践活动应该建立在学生自愿的基础上，要大力提倡和推动学生志愿者活动，例如"奥运志愿者""世博志愿者"等活动。这些重大的德育实践活动将会对志愿者的一生产生重要影响，成为他们人生的美好回忆，激励他们攀登道德的阶梯。

第三，队伍的整合。社会主义核心价值体系要融入国民教育全过程，必须建设一支有战斗力的高素质的队伍。这支队伍包括从事德育的教师、班主任、学校其他学科的教师、从事学生管理工作的干部等，他们从教学、管理等不同的侧面对学生进行德育教育。尽管他们专业背景不一样，工作内容不一样，但在德育教育中他们各有优势。在社会主义核心价值体系融入国民教育的全过程中，这支队伍中的各方面成员能够做到齐心合力，优势互补，教育的效果就能上一个新台阶。例如，高校在思想政治课的建设中贯彻"大思政"的思路，不仅专职教师承担思政课教学任务，而且历史课教师、学校有关部门的领导也走上讲台，优化了教师队伍的结构，取得了良好的成效。当然，从更广泛的意义上说，学生的家长和社会上热心德育工作的人士也是队伍中的成员。父母是孩子的第一任老师，他们在家庭中的地位和感情上的联系，使他们的一言一行都对孩子有着潜移默化的作用，往往是其他人所难以替代的。在社会生活中，有一批英雄模范人物也是这支队伍的重要力量。他们在从工作岗位上退下来以后，热心于教育下一代。他们的社会威望和丰富的人生阅历，是德育的重要社会资源。例如，蜚声全国的上海市百老德育讲师团，坚持不懈地进学校、奔社区，举办了600多场专题报告，为师生、党员和干部进行爱国主义教育和为人民服务教育，受到了社会上下的一致好评。

2. 重视大众文化对学生的影响，加强社会主义核心价值体系融入国民教育全过程中社会环境的建设。

这里的所谓大众文化是采取时尚化方式运作、以现代传媒特别是电子传媒为介质大批量生产的当代文化消费形态，其中网络文化、影视文化、广告文化、流行歌曲等是其核心内容。大众文化对青少年思想道德建设之所以会产生重大影响，一方面是因为大众文化的背后有着强有力的经济支持。经济动力使企业不断投入巨额资金，大众文化获得了源源不断的财力支持，一大批优秀的人才从事大众文化的策划和制作工作，使大众文化的内容和形式更吸引受众。另一方面，青少年渴望了解外部世界，追求幸福的人生，大众文化在一定程度上与他们的人生梦想相吻合，满足了他们求新、求变、求时尚的心理需求。因此，大众文化成为青少年生活的一部分，也是影响青少年思想道德建设的重大环境因素。

第一，突破传统的将大众文化与思想道德教育对立起来的观念，解决正面的教育不吸引人的思维定式，从大众文化的形式和内容中吸取有益的元素，使社会主义核心价值体系的教育生动活泼起来。

我们对大众文化的评价必须立足于客观现实，因为我们可以批判大众文化，但难以拒绝大众文化，大众文化已成为人们生活的一部分特别是青少年生活的一部分。我们必须辩证地分析大众文化对青少年思想道德建设的作用，清醒地看到大众文化是鱼龙混杂的。既有起负面作用的糟粕，例如网络上的凶杀和色情，但也有正面作用的良品，如像"我的中国心"这样的流行歌曲。当然也有些是中性的，例如娱乐性的网络游戏。在社会主义核心价值体系融入国民教育的过程中，要改变思想道德建设与大众文化对立的观点，充分运用大众文化中许多对思想道德建设有益的形式、内容和方法，扩展阵地，更新方法。人们往往认为主旋律的教育不吸引人，在很多情况下是因为我们太拘泥于某种传统的形式，又受制于传统的思想政治教育是板起脸来教育人的思维模式，在改进方法方面缺乏进取心。正面的教育和为青少年所接受的、生动活泼的形式是应该统一起来，也是可以统一起来的。国外的电视连续剧《青春的火焰》《灌篮高手》《大长今》等励志作品在青少年中获得了良好的反馈是典型的例子。

第二，加强文化产业、文化市场和青少年思想道德建设的联动，从制度安排、行政手段和经济支持三方面进行统筹考虑。

大力发展文化产业，是社会主义市场经济发展的需要，也是满足人民群众文化生活的需要，是社会主义和谐文化建设的重要内容。作为政府部门来说，要采取措施，在宏观上将发展文化产业与加强青少年思想道德建设通盘考虑。这包括：首先，制度安排。一是文化产业政策的制定要有关青少年思想道德建设的专家参加，并把是否有利于青少年思想道德建设作为一条从事文化产业单位的专项考核标准，有关法人代表要承担法律责任。二是对有利于青少年思想道德建设的文化产品或服务，应大力扶植，给予政策上的倾斜，反之，不利于青少年思想道德建设的文化产品或服务要批评，甚至一票否决，吊销其营业执照。三是依据"分流"的思想，适当降低票价甚至免费，使得更多的青少年走进剧场、文化宫、少年宫、科技馆、博物馆、爱国主义教育基地、社区青少年活动中心等场所，从而分散他们对网络、网吧、网络游戏等的注意力，减弱他们对网络的痴迷程度。其次，继续实施文化市场"净化工程"，积极创造未成年人健康成长的社会文化环境。一是净化银幕、荧屏，在电视台开设少儿频道，着力组织制作一批健康向上的优秀节目。二是整治网吧，打击淫秽色情网站专项行动，依法关闭境内淫秽色情网站，封堵境外淫秽色情网站，删除不良网页。三是扭转校园周边治安混乱状况。再次，经济支持。随着文化产业的发展，应该从文化产业的产值中提取 0.1% 的资金用于加强青少年思想道德建设。这不仅是应该的，也是可行的。

第三，要加快网络立法的进程，强化网络道德教育与心理疏导，进一步完善青少年网络问题的公共治理体系，使政府、学校、家庭、社会等各方面形成合力。一是要重视发挥政府的掌舵作用。在青少年网络问题的公共治理中，政府起着重要的掌舵作用。政府的掌舵作用首先体现在依法管理网络的水平上。因此，加快立法进程，加大未成年人网络法治教育的力度，是摆在全社会面前的一件迫在眉睫的大事。二是要注重发挥学校的教育和预防作用。各级各类学校是青少年重要的学习生活场所,在青少年网络问题的治理中有着重要的地位。加强校园上网场所管理和上网监控,丰富校园生活无疑会减少网络成瘾的发生。要把网络道德教育纳入中小学的正式课程。通过课堂网络教育、校园网络文化和校外网络文明宣传等活动,让青少年学会上网、上好网,自觉抵制不良信息。三是注意发挥家庭的引导和控制作用。家庭是未成年人最重要的物质和精神寄托地,在未成年人网络治理过程中起着最重要的引导力和控制力的作用。家长要通过正确引导和合理监督,不仅直接控制青少年在家上网的时间,而且要提高他们合理使用互联网的能力。父母应该多花点时间在孩子身上,在发现孩子有上瘾现象时,家长要及时地将其注意力转移到健康的文体活动上来。家长还要对孩子的情绪变化细心观察,注意随时查看孩子登录过的网站,及早发现、制止和纠正孩子的不良行为。[①]

3. 以"责任"为核心加强教师职业道德建设,使更多的教师履行教书育人的责任,推动社会主义核心价值体系融入国民教育全过程。

在社会主义核心价值体系融入国民教育全过程中,教师是学生的"引领者",承担着教书育人的重任。当代中国学校在教育管理方面已经有了很大的进步,对于教师工作量的计算和评定有了较为严格的制度,但仍然难以覆盖教师工作的所有方面,特别是在关心学生、指导学生方面。我们可以精确计算授课的时数、人数,但难以精确计算教师在做好学生工作方面的工作量。换言之,教师的工作不仅要用规章制度来规范,而且要用高尚的师德精神来引导。

第一,正确认识教师工作的特点,提高教师的责任心,自觉以社会主义核心价值体系"引领"学生。要把这一责任心作为合格教师的基本要求。

教师的工作对象是学生,不仅要传授知识,当好"经师",而且

---

① 周中之:大众文化对青少年思想道德建设提出的新课题,《当代青年研究》2007年第9期。

要"引领"学生的人生,当好人师。在学生的心目中,教师有着崇高的道德威信,代表着社会的价值观。教师的一言一行是学生模仿的对象,是学生人生的表率。教师的工作与其他许多工作有着很大的不同,面对可塑性很强的青少年,教师以什么样的人生观、价值观和道德观去"引领"学生,对他们的一生发展将产生深刻影响。在改革开放的形势下,作为人民教师,以社会主义核心价值体系"引领"学生,才能使他们走上正确的人生道路。对于人民教师这一应尽的责任,有必要反复宣传教育,并作为教师考核的基本要求。

第二,教师要为人师表,就必须首先成为社会主义核心价值体系的实践者,要树立高尚的道德人格。要把这一要求作为教师评优的前提条件。

社会主义市场经济推动了教育的发展,同时也对教师的人生观、价值观和道德观提出了更高的要求。教育是具有公益性的事业,从事教育工作的教师需要有奉献精神。面对各种金钱和利益的诱惑,教师面临着严峻的道德考验。社会主义荣辱观提出的"以见利忘义为耻"的要求,教师是否能真正做到?教师在这方面的表现,不仅反映了教师的道德人格,而且也直接影响到教师在工作中的道德威信。也许有人会说,教师也是人,也有七情六欲,也有个人的利益。但需要补充的是,教师的工作岗位和职业要求又与一般人不同,教师是"人类灵魂的工程师",在道德人格的层次上,应该更高些。特别是优秀教师,首先是师德高尚者,要率先实践社会主义核心价值体系。

第三,学校要将师德教育与管理有机结合起来,建设良好的校园文化,使学校更好地落实社会主义核心价值体系。要把这一点作为学校考核达标的重要内容。

师德建设仅仅停留在宣传教育方面是不够的,必须与管理制度结合起来。在管理上,必要的奖惩制度是搞好师德建设的必要保障,违背师德底线的教师,必定要采取处罚措施,而师德优秀的教师,必定要在奖励上有所体现。在选拔新教师时,对于道德素质不能符合教师要求的人员,应该在制度上明确规定。这些规定应是具体的,可操作的,而不是抽象的,停留在纸面上的条文。学校在校园文化建设时，要高扬社会主义的主旋律，同时校园文化应与社会上的商业文化区别开来，物质的、功利的成分不能拒之门外，但理想的、精神的元素应排在首位。这样，才有利于培养高尚的师德，有利于社会主义核心价值体系的落实。

4. 围绕各级学校思政课程改革，加强网络平台建设，使主渠道在社会主义核心价值体系融入国民教育全过程中，更有效地发挥"主心骨"作用。

21世纪是网络在社会生活中大放异彩的时代，将会对校园生活产生比以往更大的影响。各级学校思政课建设是主渠道，它的建设直接关系到社会主义核心价值体系融入国民教育全过程的成功与否。但是，这些思政课教师所面临的突出问题是繁重的日常事务消耗了大量的精力。为了更有效地加强思政课建设，增强其有效性，必须充分运用网络平台，发挥其快速、便捷和高效的功能。政府有关部门要投入资金，不断完善网络体系，为学校思政课服务。

第一，加强有关网络建设，使之成为推进学校思政课教学建设的平台。在教学活动中，多媒体课件已经得到了广泛的应用，但将教学内容搬上网络，通过网络加强师生间的互动，还未成气候。一方面，需要加强教师网络技能的培训，另一方面，从市教委到学校，也要提高这方面的投入。网络在21世纪的发展前途无量，思政课教学建设只有和网络"结盟"，才能提高效率，并受到青年的欢迎。

第二，加强有关网络建设，使之成为推进学校思政课学术交流的平台。思政课的老师如果埋头于教学，鲜有机会走出校园与同行进行学术交流，那么他的视野和学术发展的空间会受到很大的限制。教师通过网络了解理论动态和同行的研究进展，具有便捷性和即时性，应该在教师中大力推广。中老年教师在使用计算机和网络中会遇到一定的困难，但青年教师往往擅长这方面的技能，青年教师应该帮助中老年教师，中老年教师应该克服困难，努力提高计算机和网络技能。

第三，加强有关网络建设，使之成为推进学校思政课弘扬先进的平台。网络能产生巨大的社会影响力，起到示范作用。应该建立网上德育名师工作室，为学生在人生道路上遇到的问题答疑解惑。

通过网络平台，更好地发挥先进德育教师在落实社会主义核心价值体系融入国民教育全过程中的作用，并提高他们在青年中的知名度。这样，就能更好地提高德育教师的社会声望，吸引更多优秀的人才进入德育教师的队伍。

■21 世纪雷锋精神的伦理反思 ①

进入 21 世纪以后，中国的经济有了跨越式的发展，人们的生活方式也有了显著的变化，物质生活水平的提高是不容置疑的，但同时也对雷锋精神的研究提出了一系列的新课题。面对社会上一些领域道德失范、诚信缺失的现象，不少人出于真诚的道德良知，呼唤雷锋精神，渴望用雷锋精神推动社会风尚的改善，但也有人对雷锋精神在市场经济中的价值提出质疑。历史和现实昭示人们，雷锋精神研究是当代中国思想道德战线的重大理论课题。它的研究不能停留在原来的基础上，而要直面现实，从更广阔的理论视野下研究新问题，回答新问题，解决新问题，将雷锋精神的研究提高到一个新的水平。

一、从道德批判与道德建设关系中反思雷锋精神的价值

自古以来，伦理学关注社会与人生，强调通过探讨善与恶、正当与不正当、应该与不应该之间的界限与标准，以指导和约束人们的生活实践，道德批判与道德建设是其两大重要使命。所谓道德批判是运用一定的价值理念和道德标准对社会现象进行评价，对社会的丑恶现象进行鞭挞，以明辨道德是非，推动唤醒人们的道德良知，改善社会的道德风尚。在社会转型期间，随着经济基础的变革，人们的道德观念和社会的道德体系或迟或早也会发生变化。在新旧道德观念和体系冲撞过程中，如何区分真善美与假恶丑，如何实践和

---

① 该论文完成于 2013 年。

追求高尚的道德境界，更凸显了道德批判的地位和作用，这种地位和作用是重要的、不可替代的。

从历史发展的整个过程来看，道德生活的发展会经历各种曲折，但总趋势上是沿着上升路线发展的。道德批判为新时期的道德发展开辟了道路，指明了方向。道德批判在形式上是指向现实的，但对于道德批判的研究可以从其背后深刻的理论问题加以研究。例如，道德批判中的评价尺度问题，道德评价与历史评价的问题。在20年前，当中国社会主义市场经济体制建立和发展的初期，面对社会道德的"滑坡"与"爬坡"的争鸣，有学者对这两个问题进行了深入的探讨，获得了积极的成果。但对道德批判的理论研究还可从另一个角度进行，这就是置于道德批判与道德建设的关系中研究，这一角度研究对于进入21世纪以来的中国有着重要的理论价值和现实意义。

道德建设是具有丰富内容的概念。从广义上来说，道德建设包含为改善道德风尚，提高社会成员道德境界的种种努力，其中包含道德批判，但从狭义上来说，道德建设是指从积极的、正面的方向引导道德生活的发展，是"扬善""扶正"，而道德批判是"惩恶""驱邪"。"惩恶"与"扬善"、"扶正"与"驱邪"是一个问题的两个方面，有着内在的联系，两者是互为补充的。把两者有机结合起来，协调好两者的关系，才能更好地有利于社会道德生活的健康发展。中国进入21世纪以后，道德生活的负面新闻不断，主要集中在两大类：一类是见利忘义，主要表现为诚信缺失，贪污腐败等，另一类是缺乏最基本的人道主义精神，例如见死不救的道德冷漠。这些负面新闻成为社会的热点，成为道德批判的生动教材。道德批判对于促进道德的进步是大有裨益的，但也不能不看到，过度的道德批判会带来许多负效应。现在的时代是大众传媒大行其道的时代，一些道德的丑闻在被迅速报道、传播的同时，也会被无限制地放大。常言道："好事不出门，丑事传千里。"人性上的弱点，又为这种传播和放大提供了温床。过多的道德丑闻的传播和批判，会对社会的道德信心产生负面影响，不利于道德的进步。因为道德是以人为主体的思想和行为，社会道德生活缺乏有道德信念的社会成员和社会氛围，其健康发展是难以想象的。此外,从另一个角度看,社会生活是真善美和假恶丑的统一体,只看到其中的假恶丑,以致一叶障目,也是片面的,不符合事实的。在社会生活中,善行和义举在生活中常常出现。在孩童不幸高空坠落的千钧一发的关头,"最美丽的妈妈"奋不顾身冲了上去;大巴车在高速公路上疾驶,意外受重伤的驾车司机忠于职守,忍着剧痛把车子停靠到安全地带,使车上几十名乘客化险为夷……特别是在汶川大地震的特别时期,中华民族守望相助,感人的道德故事层出不穷。

社会转型时期,必须通过积极的、正面的力量引导道德生活,加强道德建设。这种引导不仅要诉诸理性的内涵,同时更要诉诸情感的力量,通过有血有肉的道德形象激励人们,感召人们。这样的道德形象集中地表达了道德原则和规范的要求,是真善美的代表,是社会的道德榜样。在民主革命时期,张思德、刘胡兰、董存瑞等一大批道德榜样激励着千千万万中华儿女为夺取中国革命的胜利而贡献自己的一切,甚至包括牺牲自己的生命。在社会主义建设时期,雷锋、王进喜等道德榜样成为新中国建设的巨大的精神力量。特别是诞生于20世纪60年代的雷锋精神,它对中国的道德生活曾经产生了广泛而深刻的影响。在那个年代成长起来的青年人无不感受到雷锋精神在他们人生观、道德观和价值观形成过程中产生的正面激励作用。在改革开放的时代,应该用什么样的道德榜样来引领人们的社会生活,成为时代的热点和重大课题。当人们面对公德缺失的社会现象,常常怀念雷锋精神。但也有人存在着不少困惑:社会主义市场需要雷锋精神吗?雷锋精神的学习活动常态化,是否有客观的基础?要释疑解惑,必须深入研究雷锋精神在社会主义市场经济条件下的道德价值及其实现问题。

首先,雷锋精神具有满足社会主义市场经济条件下精神生活需求的价值。社会主义市场经济和其他经济体制下的社会生活一样,经济生活是社会生活的基础,但不是全部,还要有精神生活。建立在物质生活基础上的精神生活,是人生幸福必不可少的重要内容。特别是在人们的物质生活已经达到了一定的水平,无衣食之忧时,更高程度上满足人们的精神需求成为社会发展和人生幸福追求的必然要求。在都市生活中，常常可以见到许多满怀仁爱之心的"白领"，在默默地学雷锋、做好事。2012年的夏天，台风袭击上海市区，暴雨如注，不少地段积水。下班时刻，一大批下班的人们正为回家发愁。几位"白领"开着私家车，主动送人回家。当乘客要付费时，被他们婉言谢绝了。在当代中国，市场经济的功利原则往往被无限制地"放大"，泛化到社会生活的一切领域和一切方面，以致走入了认识的误区：只讲功利原则，不讲精神追求。这种认识的误区，使人们难以正确地认识雷锋精神的价值。社会要通过各种途径，积极地引导人们正确地对待物质生活与精神生活、功利原则和奉献精神，为弘扬雷锋精神扫除思想障碍。

其次，雷锋精神为社会主义市场经济的健康发展提供强有力的道德支持。社会主义市场经济健康有序的发展需要良好的社会道德风尚的支持，道德失范、诚信缺失的社会风气必然导致人们道德信念的削弱，提高了社会交易的成本，不利于市场经济的发展。要改变不良的社会风气，需要政府出台一系列的方针政策，遏制社会生活中见利忘义的社会现象，需要通过法律条文规范人们的行为，但也需要道德生活旗帜的引导。雷锋精神是中国道德生活的一面旗帜，弘扬雷锋精神，增强了人们的道德信念，使人际关系和谐，能更好地推动社会风尚的改善，为市场经济的发展描绘美好的图景。另外，雷锋精神对市场经济条件下培养劳动者良好的职业精神意义重大。市场经济为劳动者的职业选择提供了更广阔的空间，但爱岗敬业的精神在一部分从业者中间淡薄了。在利益的驱动下，一些人心态浮躁，缺乏对事业的专注和执着的态度，职业素养下降了。雷锋在平凡的工作岗位上，兢兢业业，忠于职守。50多年前，他提出了"干一行，爱一行，专一行"的职业精神，至今还有着重要的现实针对性。弘扬雷锋精神，把道德境界的提高和业务能力的发展结合起来，将对提高劳动者的职业素养产生积极的影响，更好地推动市场经济的发展。

再次，雷锋精神为落实"以人为本"为核心的科学发展观建立了良好的道德基础。当代中国社会主义市场经济的发展，是在科学发展观的引领下进行的。"以人为本"是科学发展观的核心，尊重人、关心人、理解人是其要义，这与雷锋精神是一脉相通的。雷锋精神最值得传承的内涵是什么？据调查，80.4%的受访者认为是"助人为乐"。[①] 当看到群众或他人有困难时，雷锋总是奋不顾身地站出来给予无私的帮助。他在日记中写道："对待同志要像春天般的温暖"，"自己活着，就是为了使别人过得更美好"。改革开放以来，人们的物质生活水平有了显著的提高，这是有目共睹的，但人与人之间的尊重、关心和理解，并在此基础上形成的帮助他人的社会风气却常常缺乏现实的基础。特别是贫富差距的拉大，各个社会阶层、各个利益群体之间产生的各种利益矛盾，又给人与人之间的关系蒙上了不少阴影。市场经济的迅速发展加快了生活的节奏，为了个人的生存和发展，人们常常缺少关心他人和帮助他人的动力和时间。一个文明、健康的社会，必须"以人为本"，更多地用雷锋精神引导人际关系，使社会成员之间相互尊重、相互关心和相互帮助，从而减少社会矛盾，推动和谐社会的建设，落实科学发展观。

二、从道德理想与现实的关系中反思雷锋精神的内涵

道德理想与现实的问题是伦理学基本理论和实践中的重大问题，从道德理想与现实的关系中反思雷锋精神，能够更为深入和全面地认识和把握雷锋精神的内涵，从而为弘扬雷锋精神提供思想基础。从传统的规范伦理学的视野思考，道德担负着指引社会成员生活方向的使命，它必然要提出一定的价值目标，并以道德理想的形式表达出来。道德理想包含社会的层面和个体的层面，即理想的社会道德状况和理想人格。无论是理想的社会道德状况还是理想人格所表达的都是人"应该如何"。从道德主体现实存在来说，包含两方面：人"是什么"和"应当是什么"。人总是不满足于"是什么"，而是按照"应当如何"的要求，不断地造就和完善自己。道德理想的要求劝告、引导人们："你应当成为合乎理想要求的人"，同时又蕴含着"你现在还不是"。道德理想的超越性植根于道德的使命和个

---

① 段聪：中国民众支持弘扬雷锋精神，《环球时报》2012年3月5日。

体发展的内在要求。

雷锋精神作为中国社会的道德理想，无疑具有高于现实、超越现实的一面。他的"助人为乐""无私奉献"的精神，是高尚的，是人们学习的榜样。就社会大多数人来说，还未达到雷锋精神的道德境界。雷锋精神之所以能够成为中国道德生活的一面旗帜，产生巨大的感召力，正是因为它的高尚性和超越性。对于这一点，几乎是没有争议的。但人们往往会发问，雷锋精神是否具有现实性。从雷锋精神的内容分析，它不仅具有理想性，而且具有现实性，是理想和现实的统一。人们在概括雷锋精神时常常形容为"伟大而又平凡"，是理想与现实的统一之谓也，其中的平凡也正是现实性的另一种表述。

雷锋精神的内涵具有现实的文化基础。当代中国的文化是在继承了中国传统文化的基础上发展起来的，具有民族性。雷锋精神之所以在中国有着广泛持久的影响，重要原因是它的内涵深深地扎根于中国文化的土壤之中，为中国老百姓所认可并受到尊敬。有位学者说得好："优秀的儒家传统道德可以说是'雷锋精神'的文化本源。"① 尽管雷锋精神诞生于20世纪60年代前后，不免带有那个时代的政治烙印，但当我们在21世纪打开《雷锋日记》，反思雷锋精神时，不难发现雷锋的名言名句中闪耀着中华民族传统美德的光芒。主要表现在：

第一，雷锋精神体现了中华民族传统美德的"仁爱"精神。雷锋将"活着，就是为了使别人生活得更美好"作为自己追求的人生目标，他认为"对待同志要像春天般的温暖"。他做好事不留名，做好事感到内心极大的快乐，这是因为他爱着社会生活中每一位普通的人民群众。一旦他们有困难，高尚的人生观和强烈的爱心就会推动着他去帮助他人。中国古代孔子是中国儒家伦理思想的创始人，他的学说中以"仁"为核心。孔子认为，所谓"仁"就是"爱人"(《论语·颜渊》)。"仁爱"思想是孔子学说的核心思想，孔子从中演绎出

---

① 邵龙宝：雷锋精神的传统德性意蕴及其当代价值,《兰州学刊》2012年第3期。

整个伦理体系。孔子倡导先"爱亲"，然后推己及人，"泛爱众"。雷锋的实践正是体现了孔子的"仁爱"精神，是孔子"仁爱"精神的继承和发扬。

第二，雷锋精神体现了中华民族传统美德自我道德修养的自觉性。雷锋立志做"一颗永不生锈的螺丝钉"，他认为"螺丝钉要坚持保养和清洗，才不会生锈。人的思想也是这样，要经常检查，才不会出毛病"。在他留下的日记中，大量的内容是反映了他对人生和道德的思考，记录了他自觉进行道德修养的历程，生动体现了儒家"吾日三省吾身"的精神。雷锋不仅是这样想的，而且是这样做的。他"要把有限的生命，投入到无限的为人民服务之中"，做了大量的好事，有口皆碑。中华民族传统美德强调"知行统一"，将认知与践履的结合作为道德修养的评判标准，而雷锋的事迹体现的正是这样的精神。雷锋从身边的小事做起，助人为乐，持之以恒。这些小事，尽管是平凡的，但平凡中孕育着伟大，善小中造就了高尚的人格，再一次证明了中华传统美德中关于"积善成德"的道德观点。

第三，雷锋精神体现了中华民族传统美德中"以天下为己任"的价值取向。雷锋认为，"我们是国家的主人，应该处处为国家着想"，要把党和国家的利益放在第一位。中华传统美德以"修身、齐家、治国、平天下"为道德修养的不二法则，修身与社会责任是结合在一起的。在中国历史上，范仲淹"先天下之忧而忧，后天下之乐而乐"，林则徐"苟利天下生死以，岂因祸福避趋之"，都生动地表达了"以天下为己任"、重国家和民族利益的价值取向。这种价值取向既是中华民族的传统美德，又是当今中国社会稳定和发展的基本条件，因此，雷锋精神不会过时，它在现实生活中有着巨大的生命力。

在雷锋精神是否具有现实性的问题上，人们常常会被市场经济与道德的关系所困惑。雷锋精神的内涵在多方面和市场经济的道德要求相吻合的，例如雷锋在平凡的工作岗位上兢兢业业，任劳任怨，体现的责任意识和专注的品格，与市场经济要求员工具有的职业精神并无二致，但不可否认的是雷锋精神的内涵与市场经济条件下的经济政策存在着差异性，集中地体现为雷锋精神的内涵是以奉献为荣，而市场经济条件下的经济政策以功利为驱动。这种差异性在大多数情况下，并不一定表现为对立，而更多地表现为不同的层次，两者相互补充。市场经济推动了社会的多样化，人们的社会经济地位不同，自我道德修养不同，必然使人们处于不同层次的道德水平上。奉献伦理和功利伦理是市场经济条件下两大层面的伦理，都具有现实的基础。用功利伦理来否认奉献伦理的客观现实性，从而否定雷锋精神的现实性，在理论上是值得质疑的，同时在实践上是有害的。笔者在研究中发现，要解决这个困惑必须引入两对概念来开展研究：

第一，"应该"与"能够"。"应该"的东西是人们所追求的道德境界，具有理想性，而"能够"指在现实生活中有没有可能达到一定道德境界的能力。"应该"与"能够"这对概念中存在着复杂的情况，"应该"的东西可能在现实的生活中难以达到，因此，人们在追求道德境界中，需要坚定的信念，甚至需要"知其不可而为之"（《论语·宪问》）的精神。现在许多质疑雷锋精神的观点认为，现在人们在市场经济体制中达不到雷锋那样的境界，因此质疑学习雷锋精神的现实性，值得指出的是，应该不应该学雷锋和能不能达到雷锋的境界不能混为一谈。即使我们现在还达不到理想的道德境界，我们还是能够追求它。我们不能因为现在不能成为雷锋那样的人，就不去追求、实践它。同时，我们对"能够"也应该分析，社会上大多数人在整体上达到雷锋那样的道德境界是困难的，但在一些特定的时空条件下，达到雷锋那样的境界是完全可能的。通过人们的努力，社会上可以涌现出更多的弘扬雷锋精神的先进模范人物，使社会的道德面貌为之一新。现在"不能够"不等于将来"不能够"，积极地创造条件，就可以使"不能够"转化为"能够"，将可能性转化为现实性。

第二，"信仰标准"和"操作标准"。区分并正确认识"信仰标准"和"操作标准"是实现道德理想和现实统一的理论关节点。"信仰标准"反映了个体的道德理想与追求，而"操作标准"是个体道德在现实生活中的指南。前者是目标，后者是起点，两者是完全可以统一起来的。在层次性上，两者处于不同层次，但从道德修养的过程来看，个体在攀登道德阶梯的过程中，人们的道德境界正是不断地从低层次走向高层次的过程。雷锋事迹表明，雷锋精神是伟大的，但同时又是平凡的，他的高尚道德境界正是在平时一点一滴的小事中体现出来的。学习雷锋必须知行统一，从身边的小事做起。在理想和信仰的指引下，"勿以善小而不为"，以满腔的道德热忱对待社会和他人，对待事业和人生，将理想和现实、信仰与操作统一起来。学习雷锋精神的活动，重点在青少年。要根据青少年各个学段的特点开展活动。在小学阶段，要以讲故事的形式宣传和学习雷锋精神，从身边的生活小事做起，实践雷锋精神。在中学阶段，要从学习雷锋名言入手，在学校里实践雷锋精神。在大学阶段，要用思想道德修养的理论来学习理解雷锋精神，更多地到社会生活中去实践雷锋精神。

　　道德理想与现实的统一，是与具体的、发展的现实相统一。雷锋精神作为道德理想，在其精神的传承过程中，也在现实中不断地丰富其内容和形式。其中社会公益和慈善活动的广泛开展，表明了雷锋精神在延续，学雷锋活动的形式也有了很大的发展。近几年来，在汶川大地震、北京奥运会、上海世博会等一系列社会重大事件中，一批又一批的志愿者以其志愿服务的奉献精神谱写了一曲又一曲雷锋精神之歌。雷锋的事迹以个体的行为为主，而在当代中国，传承雷锋精神的公益和慈善活动已经从个体走向了群体。50年前，学雷锋的推动力更多地与主体的政治觉悟相联系，而现在则更多地与人性的力量相联系。将学雷锋活动常态化，必须研究当代中国改革开放带来的巨大变化，研究社会成员的心理特点和道德需求，在学雷锋活动中注入新内容，创造新形式，才能真正达到目标。

三、从道德与法律的关系反思弘扬雷锋精神的路径

　　雷锋精神与学雷锋活动的研究，主要属于伦理道德研究的领域，这是理论界所形成的共识。但社会的现实又昭示人们，它又不仅仅是伦理道德领域内研究所能解决的，通过学雷锋活动，造就一代新人，形成良好的社会风气，需要法律的支持。见义勇为的英雄，不能"流血又流泪"，需要法律保障见义勇为人员的合法权益。法律对社会生活中一些民事案件的判决，直接影响着社会公众的道德观

念。有人惊呼"13亿人扶不起一位跌倒的老太太",这种夸张表达的社会现象与一件民事判决有关。

道德与法律是社会两大行为规范,分别体现了"自律"与"他律"两大不同特点。道德是"应当",建立在主体自觉自愿的基础上,而法律是"必须",主要依靠国家强制力执行。道德与法律的区别是显而易见的,但两者又有着内在的联系。道德是不成文的法律,法律是最低限度的道德。中国古代对道德与法律在生活中的地位和作用有精辟的概括,例如"制礼以崇敬,立刑以明威"(《旧唐书·卷五十·志第三十》),"礼者禁于将然之前,而法者禁于已然之后"(《大戴礼记》)。道德与法律是相辅相成的,道德主要运用积极的引导力量促使人们自觉向善,而法律主要用威慑的力量制止人们作恶。但是,在21世纪反思雷锋精神,推动道德建设的新的历史条件下,必须从以下几个方面更深入探索道德与法律关系中深层次的理论问题:

首先,以道德为本位,探索道德与法律的关系。道德不仅仅要从狭义上来理解,而且要从广义上理解,即不仅仅是依靠社会舆论、传统习惯和内心信念所维系的行为规范、心理意识和行为活动的总和,同时也是一种人道精神和体现正义的价值观念。这种人道精神和体现正义的价值观念不仅贯穿于个体自我完善的过程中,也渗透于国家法律、政策和其他各项制度中。认识道德的作用,不仅要把握它在自我完善中的作用,而且要把握深藏在法律、政策和其他各项制度深处的道德精神的基础作用。现在,人们认识道德的作用,往往只关注道德对个体修养的作用,而忽视了法律、政策和其他各项制度中道德精神的基础作用,这是需要改变的。2012年7月,国家有关部门颁布了《关于加强见义勇为人员权益保护的意见》。该《意见》对见义勇为人员的基本生活、医疗、入学、就业、住房等方面作了具体的规定,尤其是明确了见义勇为死亡人员抚恤补助政策。这些政策中闪耀的是人道精神的光芒,体现的是正义的价值观念,既是法律、政策对道德的支持,也是法律、政策中道德精神的弘扬。世界很多国家都有"好撒玛利亚人法",其宗旨是打消人们施救的顾虑,惩罚那些见死不救的人。"好撒玛利亚人法"源自《圣经·新约·路加福音》中耶稣基督讲的寓言:一个人在半路上遭强盗抢劫,并被打成重伤躺在路边。一个祭司和一个利未人路过,发现了伤者,但都不闻不问。最后,唯有一个好心的撒玛利亚人路过,热心地救助了伤者。在现实生活中,在路上面对素不相识的伤者,是不是应该挺身而出救助,人们有不少顾虑和困惑。例如,需要施救的对象是否会反噬施救者为肇事者?或者因为施救不当而造成伤害,是否要承担民事责任?在国外,英美法系倾向于保护救助者免于民事侵权起诉,而在大陆法系则倾向于惩罚见死不救者。尽管两种法系的做法不同,但其都倾向于对社会见义勇为现象的支持,是人道精神和正义价值观念的体现。

其次,以法律为本位,探索道德与法律关系。法律不仅仅是技术和程序,也是价值观的体现,其内核与道德是相通的。在法律与道德是否存在必然的逻辑联系的问题上,西方影响最大的自然法学和实证法学有着不同的观点[①]。自然法学主张道德是法律的存在依据和评价标准,甚至认为有些规范,既是法律规范,也是道德规范;但实证法学认为,法定概念无任何道德含义,法律是一种社会组织的特定技术,与价值无关。但第二次世界大战以后,法律的正义问题成为西方伦理学家和法学家共同关注的热点问题,法律与道德在价值观上的相通性带来的必然的逻辑联系,为越来越多的人所认识。在法律的制订中,按照什么样的价值原则制订和修改法律条文,是无法回避的问题。原来美国加利福尼亚州的有关法律规定,任何人出于善意且不是为了获得报酬,在紧急状况下提供医疗急救,可免除因任何行为或疏忽造成的民事伤害责任。该规定只对"提供医疗急救"免责,没有医疗经验的人提供救助则不能免责,这显然有利于被救助者敲诈救助者。于是,立法者决定修改"好撒玛利亚人法",在"提供医疗急救"后面加上 3 个英文词"or nonmedical care"(或非医疗救助),就把各类救助都包括到免责范围内了。2009年 8 月,该项法律生效。从此,对实施救助的好人的保护力度加

---

① 杨盛军:法伦理学的范式,《吉首大学学报(社会科学版)》2011 第 5 期。

大。① 在法律的执行过程中,如何解释和运用法律条文,也涉及道德问题,会对社会道德生活产生重要影响。几年前,南京一位60多岁的退休女职工与20多岁的小伙子彭宇在公交车站不经意间发生碰撞,造成了骨折,从而双方因赔偿问题发生纠纷,诉诸法庭。"彭宇案"经媒体曝光,不断"发酵",成为轰动全国的民事案件。如今这个案件早已结案,但它在社会道德生活中的影响还未完全平息,值得人们深刻反思。在一审判决中,法官根据"日常生活经验"和"社会情理"的一些分析,偏离了主流价值观,以致引起了社会舆论和公众的强烈批评,对倡导见义勇为的社会风气产生了不少负面影响。不管人们对"彭宇案"持什么样的观点,但不容置疑的事实是,法律的判决对社会道德风气的影响不能低估。要造就良好的社会道德风尚,必须重视法律和法律工作者素养对道德的重要影响。

再次,以道德治理与法律治理为视角,探索道德与法律的关系。20世纪90年代以来,"治理"逐渐成为西方社会科学的热门话题。治理的理论着眼于社会的风险、控制和管理,对于解决当代社会面临的严峻的现实问题有重大价值。治理一方面是运用权力迫使人们服从正式制度和规则,同时也包括各种人们同意或认为符合其利益的非正式制度安排,即法律治理与道德治理的统一。党的十七届六中全会的决定指出:要"深入开展学雷锋活动,采取措施推动学习活动常态化。深化政风、行风建设,开展道德领域突出问题专项教育和治理"。学雷锋活动常态化与道德治理是一脉相通的,中央的这一精神极大地推动了当代中国道德治理的理论与实践的研究,为学雷锋活动的常态化提供了更为有利的社会环境。当代中国面临着复杂的社会情况,一些有全国影响的重大社会事件,既包含道德治理的问题,也包含法律治理的问题。例如轰动全国的广东"小悦悦事件",既有道德冷漠的问题,也有交通肇事的法律问题,还有见死不救这一法律和道德兼而有之的问题。将道德治理与法律治理结合起来,才能提高解决社会重大现实问题的实效性。道德要发挥其

---

① 刘植荣:国外如何应对施救顾虑和见死不救,《羊城晚报》2011年10月29日。

引导、激励功能，就要发挥雷锋等道德榜样的作用，改造社会风气，更好地实现道德治理的目的。但道德等非正式制度的安排是"软约束"，需要与"硬约束"即法律、政策相结合，才能事半功倍。在多年前，一些学者就已经提出将道德建设中的一些社会基本道德规范上升为法规，增强其强制性，现在一些地方和部门也在这方面有所安排，但法律治理不能代替道德治理。尽管有些社会基本道德规范能够上升为法律，但道德治理中人性所产生的力量和道德的热忱却难以被法律所取代。道德与法律的结合是社会治理的明智的选择。以江泽民同志为核心的党的第三代中央领导集体提出了"依法治国和以德治国相结合"的治国方针，这是马克思主义中国化的理论创新，是中国特色社会主义理论体系的重要内容。经过多年的实践证明，这一治国方针对于中国社会的健康发展产生的影响是深远的，而在社会治理中将道德与法律结合起来将更好地推动"依法治国和以德治国相结合"治国方针的落实。

▊习近平治国理政的伦理思想

党的十八大以来，以习近平同志为核心的党中央领导全党全国人民，迎难而上，开拓进取，取得了改革开放和社会主义现代化建设的历史性成就。同时，从理论和实践结合上系统回答了新时代坚持和发展什么样的中国特色社会主义、怎样坚持和发展中国特色社会主义这一重大时代课题，形成了习近平新时代中国特色社会主义思想，而伦理思想是其中重要的组成部分。习近平以马克思主义的伦理思想为指导，继承了中华优秀传统文化，在治国理政的实践中开辟了当代中国马克思主义伦理思想的新境界，达到了新高度。

一、准绳与基石：法律和道德协同发力作为治国理政的基本思路

在新的历史条件下，中国作为具有五千年悠久历史的大国，如何治国理政是一个时代大课题。而要解决这一大课题，必须明确治国理政的基本思路，德治，法治，还是德法并举？习近平指出："法安天下，德润人心。法律的有效实施有赖于道德支持，道德践行也离不开法律约束。法治和德治不可分离、不可偏废，国家治理需要法律和道德协同发力。"[①]法律和道德协同发力，是习近平治国理政的基本思路。

改革开放以来，中国共产党在深刻总结历史经验和教训的基础上，走出了一条中国特色社会主义法治道路。这条道路将依法治国确定为党领导人民治理国家的基本方略，把依法执政确定为党治国

---

① 《习近平谈治国理政（第二卷）》，北京：外文出版社2017年版，第133页。

理政的基本方式。而"依法治国和以德治国的结合"是这条道路的鲜明特点。全面而正确地把握习近平法治与德治关系的特点，必须从两个层面进行理解：

一是法律与道德的相互联系。"法律是成文的道德，道德是内心的法律"①，两者不可能截然分开。法律和道德都是人类行为的规范，具有共同点。例如，诚信既是道德规范，也是法律规范。道德规范和法律规范在一定条件下是可以流动的。在近代和现代社会治理中，可找到不少道德规范提升为法律规范的案例。古罗马法律谚语曰："法是善良公正之术。"体现社会公平正义和社会主义道德理念的价值追求，是当代中国特色社会主义法治道路的灵魂。

二是法治与德治协同发力的基础。在国家治理中，法律和道德在规范社会行为、调节社会关系、维护社会秩序中都发挥着重要作用。尽管两者的功能是不同的，前者是"硬约束"，后者是"软约束"；前者是"安天下"，后者是"润人心"……，但两者可以相互补充、相互促进、相得益彰。习近平又进一步提出了法治与德治是"准绳"与"基石"的关系，他说："法律是准绳，任何时候都必须遵循；道德是基石，任何时候都不可忽视。"②这是对中国特色社会主义理论中"依法治国和以德治国"思想的新发展。

所谓"准绳"，即标准、原则。古人云："欲知平直，则必准绳；欲知方圆，则必规矩。"③治理国家，千头万绪。没有法律作为准绳，谈何治理？然而，国家机器的运转需以道德为"基石"，没有基石，治理是空中楼阁。从"准绳"和"基石"两个角度给"法治"和"德治"定位，有效地化解了在治国理政中的法治和德治结合中的疑惑。我们在任何时候必须遵循法律，任何时候都不可忽视道德，要在两者结合的前提下理解治国理政的准则。这种结合是法律的"规范"作用和道德的"教化"作用的结合。

习近平将"依法治国和以德治国的结合"的思想贯穿于治国理政的具体实践中，提出了三个创新观点：

①②《习近平谈治国理政（第二卷）》，北京：外文出版社2017年版，第133页。
③《吕氏春秋·自知》。

第一，"发挥道德对法治的滋养作用"①。全面依法治国需要良好的人文社会环境，这一环境的显著特点是人人都讲法治、守法治。然而，这种人文社会环境并不是朝夕之间就能形成的，它是长期重视发挥道德的教化作用，提高全社会的文明程度的结果。道德体系要体现法治的要求，与法治规范相衔接、相协调、相促进，并把这些要求通过道德教育内化为个人的信仰、观念和意识，转化为自觉履行法定义务、社会责任、家庭责任的行为。简言之，道德对法治的滋养作用，是通过道德体系、道德教育、道德修养的活动实现的。

第二，"以法治承载道德理念"②。道德需要制度的支撑，才能更好地转化为人们的行为。法律法规要树立鲜明的道德导向，体现社会主义道德要求，使社会主义法治成为良法善治。习近平总书记明确地提出"要把实践中广泛认同、较为成熟、操作性强的道德要求及时上升为法律规范"③的观点，是对中国特色社会主义伦理思想的重要贡献。在社会生活中，特别是在社会公共生活中，有许多"广泛认同、较为成熟、操作性强的"行为规范有必要从道德要求上升为法律规范。例如，"与老年人分开居住的家庭成员，应当经常看望或者问候老年人"，写入了"中华人民共和国老年人权益保障法"（2015年修正）。

第三，"运用法治手段解决道德领域突出问题"④。改革开放以来，道德领域发生了显著的变化。一方面，道德建设取得了不小的进步，但另一方面，也面临着一些突出问题，例如诚信缺失的问题。整治社会上的失德行为，成为广大人民群众的强烈呼声。习近平指出："对突出的诚信缺失问题，既要抓紧建立覆盖全社会的征信系统，又要完善守法诚信褒奖机制和违法失信惩戒机制。"⑤这段论述包括两方面的含义，一是要运用"征信系统"来解决失信问题，提出

习近平治国理政的伦理思想

①②③④《习近平谈治国理政（第二卷）》，北京：外文出版社2017年版，第134页。

⑤《习近平谈治国理政（第二卷）》，北京：外文出版社2017年版，第134-135页。

了解决道德领域突出问题需要技术支持这一新理念，二是通过法律惩恶扬善，来解决违法失信的道德领域突出问题。

习近平"依法治国和以德治国结合"的思想是对治国理政规律的深刻把握，而这一把握是建立在对历史经验反思的基础上的。中国的今天是从中国的昨天和前天发展而来的。在当代中国治国理政中，需要深入了解我国历史和传统文化，总结我国古代治国理政的经验和智慧。我国古代主张民为邦本、政得其民，礼法合治、德主刑辅。德法并举是古代治国理政的基本理念，"制礼以崇敬，作刑以明威"①，"礼者禁于将然之前，而法者禁于已然之后"②是古代治国理政的重要命题。我国古代治国理政的经验和智慧，是中华民族宝贵的精神财富，需要传承和发扬，同时也要根据当代中国的国情，推动其创造性转化和创新性发展。

改革开放以来，中国共产党人在坚持走中国特色社会主义道路的过程中，积极探索治国理政的规律。党的十五大报告把依法治国确定为党领导人民治理国家的基本方略，后来江泽民又明确提出："对一个国家的治理来说，法治和德治，从来都是相辅相成、相互促进的。二者缺一不可，也不可偏废。"③习近平在"四个全面"的战略布局中，将法治和德治理解为互动的关系，进一步深化和丰富了党对治国理政规律的认识，把中国特色社会主义理论提高到了一个新的阶段。

治国理政需要通过掌握着国家各级部门的权力来实施，各级领导干部是治国理政中的"关键少数"，在依法治国和以德治国中起着关键性作用。这就要求领导干部，必须首先学好法律，并且把学法经常化、制度化，才能在法律的框架里行使权力，做好工作。正如习近平指出的"要坚持把领导干部带头学法、模范守法作为全面依法治国的关键"。同时，"徒法不足以自行"④，领导干部在运用法律

---

① 《汉书·刑法志》。
② 《汉书·贾谊传》。
③ 《江泽民文选（第三卷）》，北京：人民出版社2006年版，第200页。
④ 《孟子·离娄上》。

治理国家时"要努力成为全社会的道德楷模"①。领导干部要讲党性、重品行、作表率，推动全社会崇德向善、尊法守法。

二、大德与小德：社会主义核心价值观的伦理追求

古今中外任何一个社会都存在多种多样的价值观念和价值取向，而社会系统要得以正常运转、社会系统要得以有效维护，必须将全社会意志和力量凝聚起来，形成具有广泛社会共识的社会主义核心价值观。这种社会主义核心价值观是社会"最大公约数"，也是国家的重要稳定器，关系社会和谐稳定，关系国家长治久安。习近平认为，在社会主义核心价值观中，"道德价值具有十分重要的作用"②，并进而指出："核心价值观，其实就是一种德，既是个人的德，也是一种大德，就是国家的德、社会的德。"③ 这些精辟的论述指出了道德价值在社会主义核心价值观中的地位、作用，并提出了社会主义核心价值观是"小德"与"大德"的统一。

社会主义核心价值观，在国家层面上倡导富强、民主、文明、和谐，在社会层面上倡导自由、平等、公正、法治，在公民层面上倡导爱国、敬业、诚信、友善。国家层面和社会层面上的两个倡导属于"大德"范畴，而公民层面上的倡导属于"小德"范畴。社会主义核心价值观把涉及国家、社会、公民的价值要求融为一体，体现了社会主义本质的要求，也继承了中华优秀传统文化。中华优秀传统文化是以儒家的伦理文化为核心的文化，这一文化在伦理追求上主张"修身齐家治国平天下"，修身是个人层面的要求，齐家是社会层面的要求，治国平天下是国家层面的要求。"修身齐家治国平天下"是"内圣"与"外王"的统一，也就是"小德"与"大德"的统一。可见，社会主义核心价值观与中华优秀传统文化是一脉相承的。

中华优秀传统文化是培育和弘扬社会主义核心价值观的立足

习近平治国理政的伦理思想

---

① 《习近平谈治国理政（第二卷）》，北京：外文出版社2017年版，第135页。

② 中共中央文献研究室：《习近平关于社会主义文化建设论述摘编》，北京：中央文献出版社2017年版，第105-106页。

③ 《习近平谈治国理政》，北京：外文出版社2014年版，第168页。

点。习近平站在人类历史文化发展的高度,精辟地指出:"牢固的核心价值观,都有其固有的根本。抛弃传统、丢掉根本,就等于割断了自己的精神命脉。"①他提出,要"深入挖掘和阐发中华优秀传统文化讲仁爱、重民本、守诚信、崇正义、尚和合、求大同的时代价值,使中华优秀传统文化成为涵养社会主义核心价值观的重要源泉"②。

中华优秀传统文化经历了几千年的发展,有其独特的价值体系,在人类文明中独树一帜。它已经成为中华民族的基因,潜移默化地影响着中国人的思维方式、思想理念和行为习惯。正如习近平总书记所指出的"我们生而为中国人,最根本的是我们有中国人的独特精神世界,有百姓日用而不觉的价值观"③。培育和弘扬社会主义核心价值观,必须与中国的历史文化相契合,从中华优秀传统文化中追寻精神资源,这样才能更好地为广大中国人民所认同和践履。

"小德"走向"大德"的过程就是"修身齐家治国平天下"的过程,在这一过程中,习近平特别强调青年价值观养成的重要性,以生动的比喻谆谆告诫青年,价值观养成"像穿衣服扣扣子一样,如果第一粒扣子扣错了,剩余的扣子都会扣错。人生的扣子从一开始就要扣好。……青年要从现在做起、从自己做起,使社会主义核心价值观成为自己的基本遵循,并身体力行大力将其推广到全社会去"④。

习近平认为,树立和培育社会主义核心价值观,要在修德上下功夫,"加强道德修养,注重道德实践"。⑤它将小德和大德置于私德和公德的范畴中,揭示了两者辩证的关系。他说,"修德,既要立意高远,又要立足平实。要立志报效祖国、服务人民,这是大德,养大德者方可成大业。同时,还得从做好小事、管好小节开始起步"。⑥"道不可坐论,德不可空谈。于实处用力,从知行合一上下功夫,核心价值观才能内化为人们的精神追求,外化为人们的自觉

①《习近平谈治国理政》,北京:外文出版社 2014 年版,第 164 页。
②《习近平谈治国理政》,北京:外文出版社 2014 年版,第 164 页。
③《习近平谈治国理政》,北京:外文出版社 2014 年版,第 171 页。
④⑤《习近平谈治国理政》,北京:外文出版社 2014 年版,第 172 页。
⑥《习近平谈治国理政》,北京:外文出版社 2014 年版,第 173 页。

行动。"①而在这方面，中国古代儒家有着系统的理论和丰富的内容。习近平多次引用古代的名言警句论证修身的哲理，例如"格物致知"②"诚意正心"③"博学之，审问之，慎思之，明辨之，笃行之"④等等。

道德修养的基础是生活，知行合一是在一定的价值观的引领下，通过实际生活得以实现的。习近平指出"一种价值观要真正发挥作用，必须融入社会生活，让人们在实践中感知它、领悟它。要注意把我们所提倡的与人们日常生活紧密联系起来，在落细、落小、落实上下功夫"⑤。为此，要根据社会主义核心价值观的要求，建立各种规章制度，作为人们日常生活的基本遵循，并把要求融入各种精神文明创建活动中。在为家庭谋幸福、为他人送温暖、为社会做贡献的过程中，提高人们的精神境界，培育良好的社会道德风尚。社会主义核心价值观的影响像空气一样无所不在、无时不有，培育和弘扬社会主义核心价值观就会落到实处。

"天下之本在家。"⑥家庭是社会的细胞，家庭文明则社会文明。习近平提出要充分重视家教、家风对于个体品德教育和社会道德风尚的重要作用，把家庭道德教育作为培育社会主义核心价值观生活化的具体路径。在中国几千年的历史发展中，形成了重视家教、家风的优良传统。诸葛亮的诫子格言、颜氏家训、朱子家训等是中华民族宝贵的道德教育遗产，至今还有着广泛的影响。毛泽东、周恩来、朱德等老一辈革命家对家风的重视，在中国共产党的道德教育思想史上留下了光辉的篇章。习近平突出地强调将家庭文明建设作为培育和践行社会主义核心价值观、提高人的道德素质、建设良好社会道德风尚中的"重要基点"，继承和弘扬了中华民族优秀文化传统和革命文化传统，丰富和发展了当代中国道德教育理论，并且在实际生活中具有很强的操作性。

①《习近平谈治国理政》，北京：外文出版社2014年版，第173页。
②③《礼记·大学》。
④《礼记·中庸》。
⑤《习近平谈治国理政》，北京：外文出版社2014年版，第165页。
⑥《申鉴·政体》。

社会主义核心价值观包含"三个倡导"24个字，内容丰富。习近平认为"在社会主义核心价值观中，最深层、最根本、最永恒的是爱国主义"①。为什么爱国主义在社会主义核心价值观有如此高的地位？从历史渊源来看，一个民族和国家的核心价值观是建立在文化传统基础上的，是长期历史发展的结果。在中华民族几千年的历史中，爱国主义作为一种民族精神，是中华民族生生不息的精神支柱。特别是在鸦片战争后，古老的中华民族饱受西方列强的欺凌，救亡图存与独立解放是每个爱国者孜孜不倦所追求的伟大目标。中国共产党是爱国主义精神最坚定的弘扬者和实践者，它领导中国实现了民族独立、人民解放，使古老的中国获得了新生。从当代中国的现实来看，"实现中华民族伟大复兴的中国梦，是当代中国爱国主义的鲜明主题"②。伟大的事业需要伟大的精神，爱国主义精神为实现伟大的中国梦提供共同的精神支柱和强大的精神动力。从未来的目标看，中华民族的伟大复兴正是爱国主义价值观的体现，中国梦的实现也是爱国主义的盛大节日。

总之，中国特色社会主义道路是在对中华民族五千多年悠久文明的传承中走出来的，而社会主义核心价值观作为这条道路的思想道德基础，中华优秀传统文化是其形成的历史源泉。认识和理解社会主义核心价值观的真谛，必须植根于中华优秀传统文化，培育和弘扬社会主义核心价值观，必须立足于中华优秀传统文化。中华文化源远流长，其精髓是中华传统美德。当代中国讲道德、尊道德、守道德，将"内圣"与"外王"、"小德"与"大德"统一起来，必须从中华优秀传统文化中汲取道德滋养。从中国特色社会主义道路、社会主义核心价值观、中华优秀传统美德到当代中国的道德建设的思考中，可以深刻地感受到道路自信、理论自信、制度自信与文化自信的内在联系，增强文化自信是道路自信、理论自信、制度自信的

① 在文艺工作座谈会上的讲话（2014年10月15日），《十八大以来主要文献选编》（中），北京：中央文献出版社2016年版，第134页。
② 中共中央文献研究室：《习近平关于社会主义文化建设论述摘编》，北京：中央文献出版社2017年版，第127页。

"应有之义"。"文化自信，是更基础、更广泛、更深厚的自信，是更基本、更深沉、更持久的力量"①，增强文化自信，才能更好地培育和弘扬社会主义核心价值观，推进中国特色社会主义的道德建设。

三、讲理想与讲规则：夯实反腐倡廉的思想道德基础

中国共产党在新的历史条件下，领导全国各族人民在实现中华民族伟大复兴的中国梦的征程中，面临着执政考验、改革开放考验、市场经济考验、外部环境考验。在这场严峻的考验中，必须夯实反腐倡廉的思想道德基础。"打铁必须自身硬"，习近平总书记说："坚定理想信念，坚守共产党人精神追求，始终是共产党人安身立命的根本。"他还形象地比喻道："理想信念就是共产党精神上的'钙'，没有理想信念，理想信念不坚定，精神上就会'缺钙'，就会得'软骨病'。现实生活中，一些党员、干部出现这样那样的问题，说到底是信仰迷茫、精神迷失。"②习近平继承了毛泽东、邓小平等老一辈无产阶级革命家关于理想信念的思想，并在新的历史条件下作了进一步的发展。

在马克思主义理论中，道德理想和社会理想总是紧密地联系在一起的，甚至在某些情况下，两者是融为一体的。马克思主义以改造世界为己任，并认为个人对道德理想的追求，不仅在于自我的完善，而且更在于通过自我完善，实现其改造世界的伟大使命。没有对道德理想孜孜不倦的追求，就无法承担改造世界的重任。党的十八大以来，习近平总书记在系列讲话中多次强调要抓住"关键少数"。"关键少数"就是广大党员干部，例如县委书记。"县委书记作为县里的权力人物和公众人物要注意道德操守，道德上失足有时比某些工作失误杀伤力还要大。"要"加强道德修养，追求健康情趣，慎重对待朋友交往，时刻检点自己生活的方方面面"，发挥好"导扬风化"的作用。③

在社会主义市场经济迅速发展的当代中国，广大党员干部要做到清正廉洁，就必须过好权力关、金钱关、美色关，追求高尚的道德

①《习近平谈治国理政（第二卷）》，外文出版社2017年版，第349页。
②《习近平谈治国理政》，北京：外文出版社2014年版，第15页。
③《习近平谈治国理政（第二卷）》，北京：外文出版社2017年版，第148页。

理想。习近平总书记精辟地指出："道德高尚是领导干部做到清正廉洁的基础。"①道德是分层次的，既有先进性的要求，体现了高尚的境界，也有广泛性的要求，体现了底线的要求。党员干部不同于普通的群众，其所处的地位和所承担的责任要求有高尚的道德境界。习近平总书记明确指出："作为党的干部，就是要讲大公无私、公私分明、先公后私、公而忘私，只有一心为公、事事出于公心，才能坦荡做人、谨慎用权，才能光明正大、堂堂正正。作风问题都与公私问题有联系，都与公款、公权有关系。公款姓公，一分一厘都不能乱花；公权为民，一丝一毫都不能私用。"②他明确提出，"鱼和熊掌不可兼得，当官发财两条道，当官就不要发财，发财就不要当官"，只有这样，才能"清清白白做人、干干净净做事、坦坦荡荡为官"③。作为党员干部，既然在"发财"与"当官"的人生选择上给出了自己的答案，那就必须"不忘初心、牢记使命"，将追求高尚的道德境界作为自己修身的理想。习近平总书记谆谆告诫广大党员，"希望大家做一个脱离低级趣味的人、高尚的人。同志们现在从事的是一项崇高的事业，在这里工作，升官发财请走别路，贪生怕死莫入此门"④。

道德理想通过一定的理想人格表现出来，或者说道德榜样是道德理想的人格化。追求高尚的道德理想，就要认真学习道德榜样。习近平总书记特地列举了张思德、白求恩、焦裕禄、麦贤得四位道德楷模，要求广大党员学习他们的精神，即使在普通工作岗位上，也要有"一颗金子般发光的心"⑤。

在反腐倡廉的思想道德建设中，习近平总书记强调"不忘初心"，坚持高尚道德理想的追求，从道德主体的内心寻找道德的感召力，而且强调规矩意识，坚持外在规范的约束力。他将党的规矩概括为四个方面：党章等党内规章制度、党的纪律、国家法律和党在长期实践中形成的优良传统和工作惯例。前三者更多地属于明文规

①《习近平谈治国理政》，北京：外文出版社 2014 年版，第 391 页。

②《习近平谈治国理政》，北京：外文出版社 2014 年版，第 394 页。

③《习近平谈治国理政（第二卷）》，北京：外文出版社 2017 年版，第 148 页。

④⑤《习近平谈治国理政（第二卷）》，北京：外文出版社 2017 年版，第 193 页。

定的规矩，而后者属于不成文的规矩。并进一步指出："对我们这么一个大党来讲，不仅要靠党章和纪律，还得靠党的优良传统和工作惯例。这些规矩看着没有白纸黑字的规定，但都是一种传统、一种范式、一种要求。……党内很多规矩是我们党在长期实践中形成的优良传统和工作惯例，经过实践检验、约定俗成、行之有效，反映了我们党对一些问题的深刻思考和科学总结，需要全党长期坚持并自觉遵循。"①

讲规矩是全面从严治党的关键。习近平指出："人不以规矩则废，党不以规矩则乱。……党内规矩有的有明文规定，有的没有，但作为一个党的干部特别是高级干部应该懂的。……领导干部违纪往往是从破坏规矩开始的。规矩不能立起来、严起来，很多问题就会慢慢产生出来"，"如不下大力气整治，就会像传染病一样蔓延开来，最终严重危害党的肌体"②。他严厉地批评党内不讲规矩、违反纪律的现象。有些人通过各种隐蔽的方式通风报信，查处起来有相当的困难。有些事情，没有明文规定要上报，报还是不报，是对党性和对党忠诚度的考验。

习近平在反腐倡廉、全面从严治党的思想中，既讲理想信念，又讲规则意识，是对中国特色社会主义伦理思想的重要继承和发展。中国共产党正领导着十三亿多中国人民为实现中华民族伟大复兴而不懈奋斗，坚持理想信念，坚信我们的事业一定会成功，是党的建设的核心问题，但在改革开放的新的历史方位下，又面临着各种复杂的情况，全党必须严格遵守有关行为规范和准则。习近平总书记在这方面做出了突出的新贡献，一是明确提出了"成文规则"和"不成文规则"的问题。"纪律是成文的规则，一些未明文列入纪律的规矩是不成文的纪律；纪律是刚性的规矩，一些未明文列入纪律的规矩是自我约束的纪律。"③讲规则必须将道德主体的外在约束和内在追求紧密结合起来。二是大力增强规则的执行力。他提出了

习近平治国理政的伦理思想

①《习近平谈治国理政（第二卷）》，北京：外文出版社2017年版，第151-152页。
②《习近平谈治国理政（第二卷）》，北京：外文出版社2017年版，第154页。
③《习近平谈治国理政（第二卷）》，北京：外文出版社2017年版，第152页。

改进工作作风、密切联系群众的"八项规定",并且在实际工作中坚决贯彻。对于违反"八项规定"的行为严肃处理,获得了广大人民的拥护。三是将反腐倡廉的具体目标概括为实现"不敢腐、不能腐、不想腐"的"三不原则"。他认为,"腐败蔓延势头得到有效遏制,反腐败斗争压倒性态势已经形成,不敢腐的目标初步实现,不能腐的制度日益完善,不想腐的堤坝正在构筑,党内政治生活呈现新的气象"[1]。所谓"不敢腐"是指法律和党纪所产生的威慑力,"不能腐"是指日益完善的制度使腐败难以有运作的空间,"不想腐"是指理想信念构筑了反腐倡廉的思想道德堤坝。而"修身立德是为政之基,从不敢、不能到不想,要靠筑牢理想信念这个共产党人的魂"[2]。

四、绿色与共享:构建中国社会发展新的伦理理念

发展理念是站在战略的高度,对未来社会发展提出的思想、思路和观念,具有纲领性和引领性。发展理念的正确与否,从根本上决定着发展的走向、成效和成败。发展理念是在实践基础上形成的,反映了人们对经济社会发展规律的认识。习近平在深刻总结国内外经济社会发展经验的基础上,站在时代和全局的制高点上,高瞻远瞩地提出了创新、协调、绿色、开放、共享的新发展理念,这将对 21 世纪中国的发展产生深远的影响。人类社会生活必然涉及人与自然的关系和人与人的关系,如何处理这两类关系,是社会发展理念不可回避的问题。绿色发展属于前者,旨在实现人与自然的和谐,而共享发展属于后者,旨在实现社会中人与人关系的和谐。本文着重对绿色和共享两大新发展理念进行伦理分析。

随着社会的发展,伦理道德不仅要调节人与人的关系,而且也要调节人与自然的关系,已经成为社会新的伦理理念。习近平总书记将反映人类文明发展前沿的伦理理念注入中国经济社会发展

---

① "习近平:不敢腐目标初步实现不想腐堤坝正在构筑(1)",http://news.china.com/domestic/945/20170106/30147766.html。

② "习近平:不敢腐目标初步实现不想腐堤坝正在构筑(1)",http://news.china.com/domestic/945/20170106/30147766_1.html。

的理念中，旗帜鲜明地提出："要切实贯彻新发展理念，树立'绿水青山就是金山银山'的强烈意识，努力走向社会主义生态文明新时代。"① "绿水青山就是金山银山"被人们亲切地称之为"两山论"，它是习近平治国理政的重大发展理念，内涵深刻的伦理思想。

一是人与自然和谐共生的伦理思想。人与自然是征服与被征服的关系，还是和谐共生的关系，体现了两种截然不同的伦理理念。以康德为代表的"人类中心主义"，突出人的主体性，强调"人为自然立法"，在现代社会中引起了争鸣。在反思人与自然的关系中，面对严峻的生态环境问题，着力推进人与自然和谐共生，是社会发展理性而又正确的选择。习近平总书记在讲话中，多次强调要尊重自然规律，在人与自然和谐共生的伦理理念的基础上，确立中国社会发展的正确方向。他精辟地指出："人类发展活动必须尊重自然、顺应自然、保护自然，否则就会遭到大自然的报复。这个规律谁也无法抗拒。人因自然而生，人与自然是一种共生关系，对自然的伤害最终会伤及人类自身。只有尊重自然规律，才能有效防止在开发利用自然上走弯路。"②

二是经济发展与生态环境保护相协调的伦理思想。改革开放以后，中国社会的发展速度之快，所取得的成就之大，为世界所瞩目。"同时，我们在快速发展中也积累了大量生态环境问题，成为明显的短板。"③ 为了改变这种状况，必须推动形成绿色发展方式和生活方式，以新的发展理念来正确处理经济发展与生态环境保护的关系。习近平总书记认为，"保护生态环境应该而且必须成为发展的题中应有之义"④。"坚决摒弃损害甚至破坏生态环境的发展模式，坚决摒弃以牺牲生态环境换取一时一地经济增长的做法。"⑤ 它站在保护生态环境的立场上，将它与经济发展高度统一起来，"保护环境就是保护生产力，改善环境就是发展生产力"。⑥

①《习近平谈治国理政（第二卷）》，北京：外文出版社2017年版，第393页。
②③《习近平谈治国理政（第二卷）》，北京：外文出版社2017年版，第394页。
④《习近平谈治国理政（第二卷）》，北京：外文出版社2017年版，第392页。
⑤《习近平谈治国理政（第二卷）》，北京：外文出版社2017年版，第395页。
⑥《习近平谈治国理政（第二卷）》，北京：外文出版社2017年版，第209页。

　　三是加强生态道德教育的伦理思想。习近平强调把生态文明建设纳入制度化、法治化轨道，同时认为生态文明建设是群众性的事业，每个人都应该做践行者、推动者，必须加强道德教育，推广绿色消费。"强化公民环境意识，推动形成节约适度、绿色低碳、文明健康的生活方式和消费模式"，[①] "反对奢侈浪费和不合理消费"。[②] 他把环境道德教育和消费伦理教育结合起来的战略思路，反映了他深刻地把握了当代人类文明发展的新特点和新规律。随着现代社会生产力的高度发展，消费对生态环境的影响日益显著，国外有的专家甚至认为，"消费问题是环境问题的核心，人类对生物圈的影响正在产生着巨大的环境压力并威胁着地球的承载能力，从本质上说这种影响是通过人们使用或耗费能源和原材料所产生的"[③]。要解决突出的环境问题，必须坚持全民共治，源头防治。通过消费伦理教育，提高广大人民群众在消费生活中的社会责任感，自觉履行绿色消费的道德要求，使生态环境不断改善。

　　改革开放后，随着经济的发展，"蛋糕"做大了，如何分"蛋糕"，成为社会生活领域的突出问题。这个问题不仅是经济问题，也是伦理问题。社会分配要体现公平正义的伦理要求，才能实现国家的有效治理和社会的和谐。习近平总书记指出："共享发展注重的是解决社会公平正义问题。"[④] 当代中国分配不公问题比较突出，各地区、各行业、各群体收入差距较大，直接影响广大人民推动社会经济发展的积极性、主动性、创造性。让广大人民群众共享改革开放的成果，是社会主义的本质要求，也是凝聚全社会力量，充分发挥全体人民聪明和才智，实现中华民族伟大复兴中国梦的必然要求。中国特色社会主义需要全体人民共同建设，其发展成果也应由

①《习近平谈治国理政（第二卷）》，北京：外文出版社2017年版，第396页。

② 习近平：《决胜全面建成小康社会　夺取新时代中国特色社会主义伟大胜利——在中国共产党第十九次全国代表大会上的报告》，北京：人民出版社2017年版，第51页。

③ [美]施里达斯·拉尔夫：《我们的家园——地球》，北京：中国环境科学出版社2000年版，第13页。

④《习近平谈治国理政（第二卷）》，北京：外文出版社2017年版，第199页。

全体人民共享,共建共享闪耀着社会公平正义精神的伦理光辉。

共享发展理念的内涵是什么?习近平将其概括为"全民共享、全面共享、共建共享、渐进共享"四项内涵[①],这是对毛泽东、邓小平、江泽民、胡锦涛等中国共产党领导人关于共同富裕思想的继承和发展。毛泽东在中华人民共和国成立初期,邓小平、江泽民、胡锦涛在改革开放新时期,都在不同场合提出和阐述了共同富裕的思想,而习近平将以逐步实现共同富裕为价值目标,从覆盖面、内容、实现途径、推进过程,系统阐述了共享发展、共同富裕的内涵,这是他对马克思主义中国化的新贡献,丰富了中国特色社会主义分配伦理的思想。

"共享理念的实质就是坚持以人民为中心的发展思想。"[②] 中国共产党以全心全意为人民服务为根本宗旨,坚持人民主体地位,"发展为了人民、发展依靠人民、发展成果由人民共享"[③]。必须在社会主义基本经济制度和分配制度中贯彻以人民为中心的发展思想,将共享发展理念融合到制度安排中,调整收入分配格局,完善再分配调节机制,"维护社会公平正义,解决好收入差距问题,使发展成果更多更公平惠及全体人民"[④]。

共享发展理念是新时代中国特色社会主义公平分配伦理原则的集中体现,是坚决打赢脱贫攻坚战的"灵魂"。中国的国土广阔,各地区经济发展条件不尽相同,特别是中西部地区与东部沿海地区经济发展水平差距较大。要"使发展成果更多更公平惠及全体人民",必须打赢脱贫攻坚战。习近平总书记提出了"精准扶贫,精准脱贫"的基本方略和"专项扶贫、行业扶贫、社会扶贫等多方力量、多种举措有机结合和互为支撑的'三位一体'大扶贫格局"[⑤],推动了中国扶贫事业的大踏步前进。不仅将使贫困地区和贫困群众同全国人民一道进入小康社会,而且为世界消除极端贫困提供了中国智慧和中国方案,将在人类社会发展史上写下光辉的一页。

①《习近平谈治国理政(第二卷)》,北京:外文出版社2017年版,第215-216页。
②③④《习近平谈治国理政(第二卷)》,北京:外文出版社2017年版,第214页。
⑤《习近平谈治国理政(第二卷)》,北京:外文出版社 2017 年版,第 87 页。

罗国杰伦理思想与中国主流意识形态建设

　　罗国杰教授是当代中国马克思主义伦理学的开创者和奠基者。几十年来，他以坚定的理想信念、呕心沥血地工作，创立了中国马克思主义伦理学，培养了一大批伦理学研究的学者。他的学识和成果，成为当代中国伦理学的宝贵财富，他的道德人格，为后人树立起了光辉的榜样。在罗国杰教授逝世一年之际，缅怀他为当代中国伦理学做出的不朽功绩，继承他所开创的中国马克思主义伦理学事业，对于中国特色社会主义事业的发展有着重要的理论价值和现实意义。我们不仅要从伦理学学科的角度，而且要从中国特色社会主义事业主流意识形态建设的高度，研究罗国杰伦理思想。

一、继承了中国传统文化中"经世致用"的传统，以高度的使命感将伦理学学科的建设与中国主流意识形态建设对接

　　"经世致用"是指做学问要关注社会现实，并用学问去解决社会问题，以求达到国治民安的实效。它体现了中国知识分子的高度社会责任感，是中国传统伦理思想中的经典命题。在先秦时期，以孔子和孟子为代表的儒家以"入世"精神创立学说，并努力将自己的学说应用于社会生活，推动国家的治理。尽管他们没有明确提出"经世致用"的概念，但他们的学说在价值观上已经清晰地表达了经世的取向，对后人产生了深刻的影响。明清之际，以顾炎武、黄宗羲、王夫之为代表的思想家继承了儒家这一价值取向，面对"天崩地解"的时代，公开提出"经世致用"的观点，主张学问研究应以治

事、救世为急务，猛烈抨击"空谈心性"的社会现象。鸦片战争以后，一大批志士仁人以拳拳爱国之心和"经世致用"的精神投入救亡图存的洪流中，在中国历史上写下了光辉的一页。

20世纪70年代末，中国进入了改革开放的新时期。在"以经济建设为中心"的新形势下，中国主流意识形态的建设面临着一系列重大的理论和实践问题需要回答。罗国杰教授以"经世致用"的精神，从伦理学学科建设的角度，创造性地回答了"在建设社会主义物质文明的同时，如何建设社会主义精神文明"的问题。正如他自己在自序中所写的：我的学术成果"是同不断发展的现实生活密切联系的，是同改革开放以来我国精神文明建设的进程密切联系的，有很强的时代特点"[①]。

第一，罗国杰教授主编了国内第一本《马克思主义伦理学》教材，使社会主义精神文明建设有了坚实的学科支撑。该书自1981年出版以来，多次再版，被国内学术界公认为伦理学学科经典著作。在伦理学的教科书和专著中，往往有两种风格不同的类型。一种偏重于形而上的研究，以哲学分析见长，强调概念原理和逻辑分析，另一种偏重于形而下的研究，注重经验和事实，强调现实关怀。罗国杰主编的这本教材有了重大突破，它论述的伦理学原理，既有强烈的现实针对性，同时又有严密的逻辑性，并形成了伦理学的学科体系。在改革开放初期，伦理学的学科研究基本上还是一块尚待开发的处女地。这本教材不仅使人感受到时代的脉搏，同时在理论上也很"解渴"。它的历史地位是不容置疑的。

坚持理论与实践的统一，是罗国杰教授的学术品格。他认为，伦理学是一门实践性很强的科学，与现实有着紧密的联系。伦理学研究的出发点和最终目的是要"陶冶品质""改变气质""培养德行"。国外有的学者认为伦理学只能是道德的哲学思考，因而认为在伦理学中不应涉及道德教育、道德修养和职业道德问题。他对此有不同看法。他认为，"对于道德实践活动的研究，仍然应当是伦理学研究

---

①《罗国杰文集（上卷）》，保定：河北大学出版社2000年版，"自序"第1页。

中一个必不可少的部分。否则，伦理学的探讨将会变成一种无目的的研究，是不会有生命力的"①。同时，他又指出："如果把伦理学只看成一门德育大纲，忽视对道德基本理论的研究，要求伦理学只是像戏剧、小说或宣传鼓动的小册子那样去发挥作用，当然也是不恰当的。"② 在罗国杰伦理思想中，理论与实践联系的具体内容就是立足改革开放的时代，建立中国特色社会主义伦理学体系，推进社会主义精神文明建设。

第二，罗国杰教授提出了集体主义是道德的基本原则，成为社会主义精神文明建设的主旋律。罗国杰教授认为，改革开放以来，"在道德建设的领域中，不论是从理论上还是从实践上来看，我们所遇到的最主要、最根本、最核心的一个课题，就是在社会主义的商品经济或社会主义的市场经济条件下，如何正确对待个人利益和集体利益及其相互关系，能否从理论上和实践上正确地处理好这个问题，是新时期道德建设的一个带有关键性的问题"。③ 他坚持在社会主义市场经济条件下依然应该用集体主义原则处理个人利益和集体利益及其相互关系，坚持对个人主义进行批判。江泽民总书记曾经明确把集体主义作为社会主义市场经济条件下社会的主旋律。在《罗国杰文集》中，集体主义原则的阐述是其中最核心的内容，篇幅也最多。在罗国杰教授的众多学术观点中，坚持集体主义价值导向是他最具代表性、最具影响力的观点。

在社会主义道德规范体系的研究中，道德原则是"一个"还是"多个"，是有不同观点的。在 20 世纪 80 年代，罗国杰教授主编的两本伦理学专著中 ④，集体主义是唯一的道德原则。但罗国杰教授的学术观点也是不断发展的。到了 2012 年，他接连发表了"关于社会主义人道主义原则的几个问题"和"关于社会主义公正原则的几个问题"两篇文章。这两篇文章充实、丰富了他的社会主义道德规

① 《罗国杰自选集》，北京：中国人民大学出版社 2007 年版，第 12 页。
② 《罗国杰自选集》，北京：中国人民大学出版社 2007 年版，第 11 页。
③ 《罗国杰文集（上卷）》，保定：河北大学出版社 2000 年版，"自序"第 1-2 页。
④ 这两本专著是《马克思主义伦理学》（人民出版社 1982 年版）和《伦理学》（人民出版社 1989 年版）。

范体系的理论。他认为,"除了社会主义集体主义以外,还有一些不同的、较低层次的原则,人道主义原则、公正原则就是属于这一地位的原则"①。这里,罗国杰教授的伦理思想有三点新发展:第一,社会主义道德原则从一个发展为多个,不仅有集体主义原则,而且有人道主义原则和公正原则。第二,这些道德原则在社会主义道德规范体系中的地位是不同的。集体主义原则是基本原则,而人道主义原则和公正原则是较低层次的原则。第三,集体主义"是国家的主流意识形态,它对其他的道德原则有指导、引导的关系。这种指导、引导的关系,不但不会妨碍和影响这些原则的实施,而且能更好地发挥这些原则的作用"②。

第三,罗国杰教授主张"以德治国"的思想,为中国共产党在新形势下探索治理国家的基本方针做出了重大贡献。在中国特色社会主义事业建设中,我们不仅要依法治国,而且要以德治国。他认为,"'以德治国'思想既是根据我国现实发展的需要提出来的,又继承了我国古代优良的道德传统"③。中国在几千年的历史发展中,形成了重视"德治"的文化传统。在新的历史条件下,必须重视从文化传统中吸取智慧和营养,探索适合中国国情的治国理政的方针。罗国杰教授还指出,"我们所说的'德治'是对古代'德治'思想中优良成分的继承和弘扬,抛弃了其中糟粕性的东西"。

"以德治国"作为治国方略的提出得到了理论界的普遍认同,但也存在着一些不同的甚至是反对的意见。针对这些意见,罗国杰教授做出了回应:第一,提倡"以德治国"不会影响"依法治国"。"'法治'和'德治'对于一个正常社会的健康运行,各自起着独特的、不可替代的作用","它们只有相辅相成、相得益彰,才能确保社会调节手段的完备和有效",因此,"提出'以德治国',不但不是对依法治国的削弱或否定,而且是对依法治国的进一步肯定和强有力支

①② 罗国杰:关于社会主义人道主义原则的几个问题,《思想理论教育导刊》2012年第10期。

③ 罗国杰:"以德治国"思想的理论意义和实践意义,《高校理论战线》2001年第3期。

持"。① 第二，提倡"以德治国"不会导向"人治"。"在中国古代社会，不但儒家的德治归结为人治，就是法家的法治，也不可避免地成为人治的另一种表现形式"。"今天的德治，就治国方略说，是与社会主义法治不可分割的治国方略的一个重要手段。今天的德治不是人治，也不会导向人治；今天的德治是社会主义制度下的德治。社会主义的民主政治制度，决定了今天的德治不会由于社会制度的原因而打上人治的标记。"② 第三，提倡"以德治国"主要是治官而非治民。"社会主义的'德治'，对党政干部提出了更高的道德要求。今天的'德治'，是以人民的最大利益为最高道德准则，首先是针对各级领导干部而提出的思想道德约束"。

新世纪以来，从江泽民总书记到习近平总书记，都充分肯定"以德治国"思想在治国理政中的重要地位。2001年，党的十六大报告提出要把"依法治国"与"以德治国"结合起来。2014年，党的十八届四中全会"关于全面推进依法治国重大问题决定"中，将"坚持依法治国和以德治国相结合"列为全面依法治国的重要原则。罗国杰教授"以德治国"的思想对于当代中国治国理政所做的重大贡献将载入史册。

二、以马克思主义为指导建设伦理学学科，夯实中国主流意识形态的思想道德基础

罗国杰教授是新中国伦理学学科的奠基人。在他献身于伦理学事业的几十年中，始终坚持以马克思主义为指导，形成了马克思主义的新德性主义。他在回顾个人的伦理思想的形成过程中写道："大约是从1962年编写《马克思主义伦理学讲义》《马克思主义伦理学教学大纲》和给学生讲课、撰写讲稿开始的。之后，经过《马克思主义伦理学》《伦理学》《中国伦理思想史》《中国传统道德》《中国革命道德》《中国伦理学百科全书》的编写，形成了我'新德性主义'

① 《罗国杰自选集》，北京：中国人民大学出版社2007年版，第483页。
② 《罗国杰自选集》，北京：中国人民大学出版社2007年版，第487—488页。

的伦理思想，也就是'马克思主义的新德性主义'的伦理思想。"①

罗国杰教授的"马克思主义的新德性主义"坚持以马克思主义的唯物史观为指导，认为"正确理解的利益是道德的基础"，"在伦理学中，对道德意识和道德行为的价值目标的理解，总是同对利益的理解相联系"。②对道德问题的回答，"都必然涉及道德与利益的关系问题。这是伦理学的基本核心问题"。③"道德的最高原则，按其实质来说，究竟是以个人利益为基础，还是以社会整体利益为基础？道德的功能在于调整人们之间的相互关系，其中最主要的是个人和社会、个体和整体之间存在的各种利益关系。"④概而言之，他以马克思主义的观点，从"道德的基础""伦理学的基本核心问题""道德的最高原则"三个层面全面阐述了马克思主义在道德与利益关系上的观点。罗国杰教授对伦理道德的诠释中，突出利益的地位，这与他主张建立"与市场经济相适应的社会主义道德规范体系"是融为一体的。功利是人类社会特别是市场经济中的巨大推动力，利益原则反映了市场经济发展的客观要求。但他进一步指出，"在社会主义市场经济条件下，在强调和保护正当个人利益的同时，更应当强调国家的利益、社会的利益和全体人民的利益"⑤。为此，他坚持强调集体主义价值导向，并孜孜不倦地撰文、作报告，宣传集体主义价值观。

罗国杰教授的"马克思主义的新德性主义"概括充分，肯定利益的重要地位，但同时又强调马克思主义的理想信念的重大作用。罗国杰教授概括了这一德性主义的特点：一是具有为人类理想社会——社会主义和共产主义而献身的精神；二是强调和重视社会中每个人都应有崇高道德理想和追求崇高理想的自觉；三是具有先进的社会主义人道主义的要求；四是在道德评价中，主张动机和效果

---

① 罗国杰：我与伦理学的学科建设与发展，《中国社会科学报》2013年12月25日。

②《罗国杰文集（上卷）》，保定：河北大学出版社2000年版，第125页。

③《罗国杰文集（上卷）》，保定：河北大学出版社2000年版，第629页。

④《罗国杰文集（上卷）》，保定：河北大学出版社2000年版，第630页。

⑤《罗国杰文集（下卷）》，保定：河北大学出版社2000年版，第826页。

的辩证统一，但必须把动机放在首位。[①]

纵观罗国杰教授伦理思想发展的过程，他的"马克思主义的新德性主义"经历了两个发展阶段，20世纪80年代和90年代中期为第一阶段，其重点是在社会主义市场经济条件下，如何以集体主义价值观调节社会中的各种利益关系，90年代中期至21世纪后为第二阶段，其重点是德治和德性的研究，把马克思主义伦理学和中国传统美德结合起来。长期以来，罗国杰教授对中国传统伦理思想有着浓厚的兴趣，先后撰写了"中国伦理传统的基本特点""儒家伦理思想新探""关于中国伦理思想史的若干问题""论儒家的德治思想"等论文。在《罗国杰文集》中，有关传统伦理思想的分析超过了30篇，成为他伦理思想的重要组成部分。他写道："在现实生活中，不论人们怎样摆脱传统来随心所欲地创造一切，都是不可能的。因此，最重要的就是要正确地对待传统，抛弃传统中的过时的东西，吸收和发展起合理的东西。"[②]为了更好地传承中华文化，弘扬中华传统美德，罗国杰教授主编了《中国传统美德》（多卷本），在社会上产生了广泛的影响。中国传统伦理思想是以儒家为主流，以德性主义为特点。他提出："要重视儒家德性思想研究"[③]，从罗国杰教授的伦理思想发展过程和内容来看，"马克思主义的新德性主义"是建立在中华优秀传统文化基础上的，是马克思主义伦理学基本原理与中国传统文化相结合的产物。

当代中国主流意识形态的建设是在改革开放的历史条件下进行的，不仅会遇到传统观念和现代意识的冲撞，也会遇到中西文化的交汇。罗国杰教授以马克思主义为指导，对国外伦理思想进行分析，取其精华，去其糟粕。罗国杰批判西方的个人主义，但不拒绝吸收和借鉴西方伦理思想中有益的东西，他主编了《外国伦理学名著译丛》，出版了国外有重要影响的伦理学专著，例如包尔生的《伦

———

① 《伦理学探索之路——罗国杰自选集》，北京：首都师范大学出版社2011年版，"学术自述"，第11—17页。

② 《罗国杰文集（下卷）》，保定：河北大学出版社2000年版，第988页。

③ 《罗国杰文集（下卷）》，保定：河北大学出版社2000年版，第973页。

理学体系》。他高度评价包尔生的这部著作"善于吸收前人一切合理的思想内容，又有独立思考，立意创新"，"至今在伦理学史上仍然是不失其经典意义的一部重要著作"。① 西方古代和近代的伦理思想对罗国杰教授伦理思想的形成也有重要的启迪。他在"学术自述"中说："自从1960年开始从事伦理学的教学和研究，就大量学习和研究西方伦理思想家的著作。这些著作，对我影响较大的是亚里士多德、费尔巴哈、康德和黑格尔等"，"康德和黑格尔对人的德性的发扬，他们对人的理性的敬仰，对道德命令的尊崇，使我在自觉和不自觉中，孕育着我的伦理学的思想"②。

　　如何以马克思主义为指导，加强对青年一代的思想道德教育，是主流意识形态建设的重大战略任务。罗国杰教授认为必须花力气研究青年一代共产主义、社会主义的思想道德教育，大力培育"四有新人"。在他的文集中，有不少这样的内容的文章，例如"自觉培养共产主义道德品质""论共产主义教育在社会主义精神文明中的作用""加强共产主义道德教育""坚持社会主义的集体主义价值导向"等等。他在道德修养和道德教育中注重道德主体的自律，他专门撰写了"见贤思齐，见不贤而内自省""论雷锋精神的生命力""雷锋精神的道德价值"等文章，凸显了罗国杰伦理思想的德性主义的特点。

　　高校思想政治教育课程是主流意识形态的重要阵地。20世纪80年代初，高校要加强大学生思想品德教育，探索开设相关的课程。罗国杰教授专门撰写了"伦理学与思想政治教育科学的关系"一文，其中提出伦理学是与思想政治教育学紧密联系的学科。他总结伦理学的教学和研究的情况，提出"探讨大学生的思想政治教育这门科学，必须准确地把握住客观的实际情况，即大学生的实际思想，旗帜鲜明地触及和揭示问题的实质，力求做到理论和实践的密切结合，使我们的理论能力为群众所掌握，并化为大学生道德品质中内

①《罗国杰文集（上卷）》，保定：河北大学出版社2000年版，第511-512页。
②《伦理学探索之路——罗国杰自选集》，北京：首都师范大学出版社2011年版，"学术自述"，第7-9页。

在稳定的因素"。[①]2005 年,国家有关部门出台了高校思想政治理论课 "05 方案",罗国杰教授担任了《思想道德修养与法律基础》课程教材的首席专家,他站在马克思主义伦理学学术研究的前沿,从大学生的思想实际出发,为课程建设做出了重大贡献。他对《思想道德修养与法律基础》的任课教师提出了殷切的希望,要在 "教学科研过程中树立起 '问题' 意识,真正增强 '思想道德修养与法律基础' 课的针对性、吸引力和感染力"。[②]这本教材将思想道德与法律融合在一起,是高校思想政治课的一次重要创新,同时也将他的伦理思想付诸教学实践。罗国杰教授主张 "德治" 与 "法治" 相结合,在育人问题上就是将 "道德教化" 和 "法律制裁" 更紧密地结合起来。他一贯主张:要 "更自觉地使法治建设和道德建设相辅相成,更明确地使法治建设和道德建设相互为用,从而更有效地运用法治建设和道德建设,以便约束和制约一切不良行为,达到为社会主义形成新的道德风尚的目的"。[③]在哲学社会科学众多著名专家中,他对高校思想政治课的改革所做出的贡献是走在前列的。

三、密切联系现实,推动应用伦理学和思想道德教育的发展,扩大中国主流意识形态的影响力

罗国杰伦理思想发轫于 20 世纪 60 年代初,但主要是在改革开放时代形成发展起来的。它与时代共命运,充满着现实的关怀。它面向生活,充分体现了道德以实践方式把握世界的特点。罗国杰教授认为,伦理学要重视伦理学在社会生活中的应用,"面向改革,加强对现实中大量伦理道德问题的研究","发挥其能动指导作用"[④]。他将伦理学分为理论伦理学、规范伦理学和实践伦理学,并认为 20 世纪以后西方伦理学从规范伦理学向理论伦理学发展,20 世纪 60 年代以后理论伦理学转向实践伦理学。他将实践伦理学 "区分为应

①《罗国杰文集(上卷)》,保定:河北大学出版社 2000 年版,第 157 页。
②《罗国杰自选集》,北京:中国人民大学出版社 2007 年版,第 701 页。
③《罗国杰自选集》,北京:中国人民大学出版社 2007 年版,第 475 页。
④《罗国杰文集(上卷)》,保定:河北大学出版社 2000 年版,第 399 页。

用伦理学和职业伦理学两个部分","应用伦理学的概念大于职业伦理学的概念,应用伦理学甚至可以包容着职业伦理学"①。罗国杰教授在为《医学伦理学》作序中大声疾呼:"加强对应用伦理学的研究。"从《罗国杰文集》中分析,他为多部伦理学专著作序,其中不少是应用伦理学,特别是职业伦理学的专著。

20世纪80年代起,为了推进社会主义精神文明建设,全国各地开展了大规模的职业道德建设活动,并形成了研究职业道德教育的热潮。他热情为《社会主义职业道德讲话》作序,指出"大力加强职业道德的建设,对于调整我们社会人与人之间的关系,改善社会风气,激励和发扬人们建设社会主义的积极性,无疑是有很重要作用的"②。他为多本职业道德教育的专著和教材作序,例如《社会主义职业道德讲话》《财经伦理学》《教育伦理学》《军人伦理学新编》等。这些著作立足于具体职业生活,针对具体职业的特点归纳、总结、提炼职业道德规范,有很强的操作性。

生态伦理学是应用伦理学的重要分支,对于中国社会的发展有着重要的理论价值和现实意义。在改革开放和社会主义市场经济的发展中,如何处理"金山银山"和"绿水青山"的关系,事关中国发展大局。罗国杰教授在"加强生态伦理学的研究"中,完整地阐述了他的生态伦理学的主要观点。他认为"人类为了自身的存在和发展,为了子孙万代的长远利益,必须考虑人类同自然的正当关系"③。他肯定了国内外生态伦理学不同学派,在强调人类必须而且应当保护生态环境方面都有其不同程度的合理性,但反对把所有生物看成有同等价值的道德主体,都有同等的权利和义务的观点,认为只有人才是道德的主体。这是其一。其二,"人们对生态的破坏和对环境的污染,直接损害到另一些人甚至绝大多数人的利益,因此,这种人同自然的关系,也就不可避免地成为人与人的关系的一部分,从而具有了道德意义"④。其三,"我们在反对急功近利地对

① 《罗国杰文集(上卷)》,保定:河北大学出版社2000年版,第554页。
② 《罗国杰文集(上卷)》,保定:河北大学出版社2000年版,第1055页。
③④《罗国杰文集(下卷)》,保定:河北大学出版社2000年版,第189页。

261

罗国杰伦理思想与中国主流意识形态建设

自然进行贪婪掠夺的时候所依据的出发点和归宿点只有一个,那就是人民大众根本的长远的利益"①。

罗国杰教授认为,"任何一个统治阶级的意识形态,都不可能自然而然地处于领导地位,总是与不同的意识形态的矛盾和斗争中,通过有目的、有组织的宣传和教育,才能成为社会生活中的主旋律,才能在广大人民群众中产生影响,才能使自己的人生观、价值观、道德观为广大人民群众所接受"②。扩大主流意识形态的影响力,必须重视人生观、价值观、道德观的教育。在《罗国杰文集》中,有关"三观"的论文俯拾皆是。在这三观中,他又特别强调人生价值观教育的意义,并提出了一系列相互衔接的理论观点:

第一,人生价值观教育"是同我国在当前改革开放的形势下能否坚持社会主义方向的问题联系的"。精神文明建设不但为物质文明建设提供强大的精神动力和智力支持,而且能保证物质文明建设的方向。"进一步说,思想道德建设规定着整个精神文明的性质和方向。人生价值观在思想道德建设中的核心地位,更决定了它对于保证社会主义的方向有着特殊的重要的意义。""一定的经济活动,只不过是达到一定的人生目的和理想社会的一种手段。"③不同的人生价值观引导人们走向不同的社会。

第二,"我们一方面承认我国社会所出现的价值取向的多元化,另一方面又明确地强调在价值导向方面的一元化。价值导向的一元化同价值取向的多元化是相互影响和相辅相成的。"罗国杰教授认为,在我国的意识形态领域,青年人生价值观价值导向的一元化就是坚持集体主义原则,正确处理国家社会与个人的双向关系。他说:"对于每个青年来说,只有确认了国家和社会的利益与发展目标,才能确认自己的人生意义和人生目标。一方面是'国家兴亡,匹夫有责',每个青年都有自己对国家、对社会应尽的责任。另一方面是,只有国家有了前途,有了希望,青年的健康成长与全面发展

---

① 《罗国杰文集(下卷)》,保定:河北大学出版社 2000 年版,第 189 页。
② 《罗国杰文集(下卷)》,保定:河北大学出版社 2000 年版,第 373—374 页。
③ 《罗国杰文集(下卷)》,保定:河北大学出版社 2000 年版,第 74—75 页。

才有可能，其理想、抱负、价值目标的实现才有现实的基础。"①

第三，人生价值观教育在旗帜鲜明地坚持集体主义导向的同时，要坚决地反对各种拜金主义、利己主义、个人主义等错误倾向。罗国杰教授说："如果一个人一心一意只是追求'个人利益'，梦寐以求地追求金钱，甚至把金钱看得高于一切，那就必然会成为自私自利的庸人，这种人，又怎么能够具有远大的社会主义理想呢?"②他反对利己主义、合理利己主义和个人主义，认为"不论个人主义者怎样力图美化个人主义，就其本质来说，个人主义和利己主义却有着共同的亲缘关系"，"尽管个人主义费尽心机想把个人主义同利己主义区分开来，但最终结果，个人主义总是最后要走向利己主义"③。

罗国杰教授高举理想主义的大旗，弘扬主旋律，通过应用伦理学和以人生价值观为核心的思想道德教育的平台，有力地扩大了主流意识形态的影响力，构成了他学术贡献熠熠发光的亮点。

罗国杰伦理思想与中国主流意识形态建设

①《罗国杰文集（上卷）》，保定：河北大学出版社2000年版，第954页。
②《罗国杰文集（上卷）》，保定：河北大学出版社2000年版，第907页。
③《罗国杰文集（上卷）》，保定：河北大学出版社2000年版，第919—920页。

思想政治教育学科发展的若干关系研究 ①

随着马克思主义理论一级学科的建立，作为其中独立二级学科的思想政治教育学科的建设发展问题也日益受到人们的重视。思想政治教育学科与马克思主义理论一级学科内的其他二级学科（马克思主义基本原理、马克思主义发展史、马克思主义中国化、国外马克思主义研究）有着许多共同点，但也有许多不同的特点。在新的形势下，我们不仅要将思想政治教育学科的发展置于马克思主义理论一级学科发展的背景之下，同时也要具体研究思想政治教育学科发展的特点，正确处理思想政治教育学科发展的几个关系。

一、将学科体系的建设与增强实效性结合起来

自 1984 年《教育部关于在 12 所院校设置思想政治教育专业的意见》颁布至今，思想政治教育学科已走过了 20 多年的历程。在这一历程中，思想政治教育的研究逐渐深化，从注重于经验研究上升到理论研究和学科研究，逐渐形成了相对稳定的研究对象和领域，相对明确的研究方法和相对集中的一大批研究队伍，为学科的进一步发展奠定了良好的基础。在新的起点上，勾画思想政治教育学科发展的蓝图，需要不断反思该学科的特点和定位。

思想政治教育是运用马克思主义理论与方法，系统研究人的思想道德素质形成、发展和思想政治教育规律的学科，是政治性、科

---

① 该论文完成于 2007 年。

学性、综合性、应用性很强的学科。这一学科的显著特点是这一学科的成就不仅需要理论的、逻辑的证明，同时更需要实践的证明。当思想政治教育的内容为广大群众所接受，其实效性不断提高之时，也就是思想政治教育学科建设的成功之日。

我们必须加强思想政治教育"形而上"的研究，创造、概括和提升思想政治教育的新范畴，建构思想政治教育的学科体系。这一研究主要以理论性和抽象性为特征。任何一门学科，都有自己特定的研究对象，也都应具有反映自己特定研究对象本质和规律的特定概念、范畴和原理。马克思主义非常重视运用科学的理论教育和武装人民群众，思想政治教育是马克思主义的重要组成部分。中国共产党在民主革命和社会主义实践中，将思想政治教育视为"生命线"和"中心环节"，形成了中国共产党的优良传统和政治优势。一大批思想政治教育的理论宣传工作者和实际工作者，以坚定的理想信念坚守在思想政治教育阵地，积累了丰富的实践经验。但思想政治教育要成为名副其实的独立学科，必须以马克思主义为指导，将丰富的感性材料和实践的经验加以科学的抽象，以形成学科的特定概念、范畴和原理。这些特定概念、范畴和原理从不同层次上反映了思想政治教育的客观规律，同时是思想政治教育作为学科在学术领域中赖以立足的基本条件。华中师范大学的张耀灿教授、中山大学的郑永廷教授等学者在思想政治教育学科建设方面做了大量的开拓性的工作，形成了一系列原创性的科研成果，对思想政治教育学科的形成和确立做出了重要贡献。[①]但就全国而言，面对飞跃发展的形势和党和国家对思想政治教育的要求，这种学科体系的建设还不够。还要动员更多的学者教授从事这方面的研究，通过艰苦的理论研究，出更多更好的创新性成果。

我们必须加强"形而下"的研究，对当前思想政治教育的具体内容进行研究，对当前人们的思想道德的现状和动态进行深入的调研，并总结思想政治教育工作的经验教训。这一研究以个别、具体、

---

① 张耀灿、郑永廷等:《现代思想政治教育学》，北京:人民出版社2001年版。

实证为特点，以提高实效性为目的。胡锦涛总书记在全国加强和改进大学生思想政治教育工作会议上强调在全面做好各项工作的基础上深入进行以下几个方面的教育：一是要以理想信念教育为核心，深入进行正确的世界观、人生观、价值观教育；二是以爱国主义教育为重点，深入进行民族精神教育；三是要以基本道德规范为基础，深入进行公民道德教育；四是要以大学生全面发展为目标，深入进行素质教育。落实胡锦涛总书记提出的思想政治教育的内容，需要我们对理想信念教育、民族精神教育、公民道德教育和素质教育进行具体的研究。改革开放以来，特别是中国加入 WTO 以后，中国的政治经济形势已发生了重大变化，人们的思想观念也有了新的特点。如何把握和分析这些思想特点，需要我们做大量的调研，并进行分析。这种分析是建立在实证基础上的，是我们贯彻思想政治教育"贴近实际、贴近生活、贴近群众"，提高实效性的必然要求。广大思想政治教育工作者在实践中创造了许多新鲜的经验，是党和人民的宝贵财富，需要理论工作者认真加以总结。毛泽东同志在民主革命时期倡导"解剖麻雀"的调研方法，是思想政治教育调研的基本方法，至今还有旺盛的生命力。当前，在实证研究中，要继承和发扬这一方法，必须加强对典型个案的研究，由典型推及一般，更科学地、有效地把握思想政治教育工作对象的现状和动态。

对思想政治教育的"形而上"研究和"形而下"的研究必须有机结合起来，互相支持。一个学科能够独立起来并被社会所承认，必须建立其学科体系。这种体系的建立既来源于具体的、经验性的研究，又在这种研究基础上加以升华，超越了这种研究。在最近 20 多年的研究中，由于种种客观和主观的原因，学科体系的研究还很薄弱。工作经验性的论文和著作汗牛充栋，而真正有分量的有关学科体系研究的论文著作却凤毛麟角。低层次的重复研究耗费了大量的资源，深入的、全局性的学科研究却发展缓慢。马克思主义理论一级学科的建立，为作为其独立的二级学科的思想政治教育的学科体系研究提供了前所未有的发展契机。要把握这一契机，思想政治教育的研究者必须转变观念和思维方式，不能把思想政治教育仅仅看成经验性的、描述性的工作，而且还要看到它也是学术性的工作，需要理论的、抽象的、逻辑的思维。当然，在思想政治教育学科建设队伍中，需要适当的分工。从事学科体系研究的工作者毕竟是少数，大量的是在思想政治教育实践工作第一线的同志。这些做实践工作的同志为思想政治教育做出了重要贡献，但也要加强理论修养，提高理论水平，为学科建设做出理论的贡献。

思想政治教育是塑造人、培养人的事业，检验思想政治教育学科建设的成功与否，归根结底是要看它在这一事业中是否获得了更大的实效性。对思想政治教育的"形而上"研究，思想政治教育学科体系的建构都要服务于这一最终目的。塑造人、培养人的事业需要落实到具体的过程中去，思想政治教育"形而下"的研究构成了学科研究的现实基础。从马克思主义理论一级学科内部的二级学科的特色和分工来看，马克思主义基本原理、马克思主义发展史、马克思主义中国化、国外马克思主义研究四个二级学科着重从理论上分别阐述马克思主义的内涵、历史的发展和现实的动态，而思想政治教育是着重研究如何运用马克思主义理论来塑造人和培养人的，它是一门应用性很强的学科。不提高思想政治教育的实效性，思想政治教育的学科特点就显现不出来，难以获得社会的认同。思想政治教育"形而下"的研究有着广阔的空间和重要的价值。它为"形而上"研究提供了鲜活的第一手资料、经验，它直接满足了主流意识形态对塑造人、培养人的需要，它直接化解了社会生活中大量人际关系矛盾，回答了个体内心的困惑，对社会和谐稳定的贡献是难以替代的。

二、将学科建设的规范与发挥各高校特色结合起来

思想政治教育作为一门学科，对其学科下的研究方向有一定的界定，即专业属性的要求。但问题在于思想政治教育也是一门综合性很强的学科，涉及社会生活研究的方方面面，在某些情况下要准确地作出这种界定，难度是不小的。但学科研究范围边缘必须清晰，否则，把其他相关学科领域，甚至不相关领域的研究内容简单地移植到思想政治教育学科中来，就会影响学科的自身发展与学科功能的实现。人们的这种担心不是没有根据的，有的高校在思想政

治教育学科的名目下，招收的是与学科很少有联系，甚至没有联系的研究方向的研究生，其学位论文的选题也游离于思想政治教育学科的主旨以外。长此以往，思想政治教育学科建设就难以落到实处，特别是在思想政治教育学科点大发展的情况下，强调思想政治教育学科建设的规范性，对于学科的长远发展有着深刻的现实意义。

国务院学位委员会专门立项对马克思主义理论学科各二级学科研究生培养方案进行了研究，研究成果（征求意见稿）中指出，思想政治教育专业硕士研究生的研究方向为：思想政治教育理论与实践，思想政治教育历史发展，思想政治教育比较研究，当代思想政治教育发展研究，大学生思想政治教育；博士研究生的研究方向为思想政治教育理论与方法研究，思想政治教育历史发展研究，思想政治教育比较研究，当代思想政治教育发展研究。[1]尽管这些方向的设置还有讨论和修改的余地，但其思路和轮廓对于思想政治教育学科建设的规范有着重要的现实意义。

在讨论和贯彻思想政治教育学科建设规范的时候，我们无法回避它与各个高校在思想政治教育学科研究中的特色的关系问题。在长期的思想政治教育学术研究中，各个高校根据自身的研究条件和研究基础，从不同的角度切入，形成了高校研究的优势和特色。例如有的高校从道德教育切入，有的从心理疏导切入，有的从辅导员工作切入。这种特色经历了多年的积累，使一些高校在某个研究方面建立了研究的优势和特色。这些优势和特色是这些高校在未来思想政治教育学科建设中的可贵资源，不能轻易放弃。因此，我们必须正确地理解思想政治教育学科建设的规范问题，正确处理学科建设规范与高校特色的关系问题。

第一，规范思想政治教育学科建设与发挥高校特色是可以统一起来的。为了有利于思想政治教育学科建设的规范，国家规定了学科的研究方向，是宏观的要求，是原则性的意见。高校可以在这个

---

① 《思想理论教育》2006年第10期。

框架内,发挥高校的特色进行具体研究。规范思想政治教育学科建设是为了使学科更好地发展,而更好地发展需要调动各个高校的积极性。各个高校应该也可以有一定的自主性,以便更好地组织队伍,形成具有相对优势的学科力量,为思想政治教育学科建设做出贡献。但从当前研究情况分析,规范思想政治教育学科建设是主要的任务。因为目前思想政治教育学科研究方向的过于宽泛和散乱,人们对于思想政治教育学科的属性认识还不尽统一。"没有规矩,无以成方圆。"没有一定的规范要求,思想政治教育学科建设就难以有真正的大发展。当然,思想政治教育的学科建设是创造性的工作,需要个性和特色,简单地"一刀切",或者不给予高校一定的自主权和研究空间,学科建设要有所突破是困难的。笔者认为,以马克思主义为指导,研究人的教育工作,是思想政治教育学科最根本的内容。坚持了这一条,就符合了思想政治教育学科建设的规范要求,而在这一条基础上形成的特色,是我们应该充分肯定的。

第二,规范思想政治教育学科建设与发挥高校特色是一个互动过程,需要有步骤地进行。对于当前高校思想政治教育学科的研究方向的状况可以分为以下四类;一是完全符合学科要求的;二是基本符合学科要求的;三是具有交叉学科性质的;四是与学科内容没有或很少有联系的。对于第一、二类来说,应该大力鼓励和倡导,对于第三类,应该要求他们把研究的重心转到思想政治教育方面来,而对于第四类的研究方向,应该要求他们作出选择,或者转到思想政治教育学科所要求的方向上来,或者转到其他学科。这需要一定的时间,至少三五年。为了更有成效地将规范思想政治教育学科建设与发挥高校特色统一起来,有必要建立思想政治教育学科建设的信息平台,充分利用现代信息技术为学科建设服务。这一信息平台至少可以承担两项重大任务,一是公布各高校思想政治教育学科研究的方向与研究生论文篇名和主要内容,让全国的专家来网上评议高校思想政治教育学科建设规范情况,并提供指导性意见;二是刊登高校思想政治教育学科建设的特色和经验,互相交流,共同切磋,取长补短。国家有关部门应该大力支持这一工作,并将它编入马克思主义理论建设工程的规划中去。

三、将学科建设与其他人文社会科学学科发展结合起来

思想政治教育学科是一门综合性和应用性很强的学科，它的发展需要学科内部的努力，同时也要依托其他人文社会科学学科的发展和支持，特别是在具体落实思想政治教育具体内容时，打破"围墙"，使更多的其他人文社会科学的工作者加入思想政治教育队伍中来，不仅壮大了力量和声势，而且对于提高思想政治教育的有效性是大有裨益的。例如，在高校思想政治教育课程建设中，让伦理学教授、法学教授参加到"思想道德修养与法律基础"课程的教学中去，中国近现代史专家参加到"中国近现代史纲要"中去，能够更好地提高课程在大学生中的感召力和吸引力。思想政治教育学科建设不能在自我封闭的情况下寻求发展的道路，如果这样做的话，学科发展的道路只能是越走越窄。要充分利用其他人文社会科学的资源为思想政治教育学科建设服务，在人文社会科学的发展中实现思想政治教育学科的大发展。

要全面把握思想政治教育学科建设与其他人文社会科学学科发展的关系，有必要从思想政治教育学科所应承担的社会功能中加以论证。思想政治教育学科的社会功能是按照当代中国马克思主义主流意识形态的要求塑造人、培养人，为了实现这一功能，思想政治教育必须回应社会的需要，研究和解决面临的问题。鲜明的"问题"意识与"问题"取向，是推动思想政治教育学科发展与理论创新的重要动力。但围绕着"问题"，各个学科从不同的侧面揭示了隐藏在现象背后的客观规律，并指出了解决"问题"的路径。思想政治教育学科要吸收其他人文社会科学的知识和方法，以开拓视野和丰富本学科研究的内容，提高分析"问题"和解决问题的能力。例如，对社会主义荣辱观教育的研究，非常有必要吸收伦理学对荣辱观的研究成果。这样，思想政治教育的荣辱观内容会更丰富，更深入。

思想政治教育学科与其他人文社会科学学科的关系可以根据密切程度分为三个层面，一是相邻关系，主要指它与马克思主义理论一级学科中其他二级学科的关系。这一关系的特点是，两者非常密切，有些内容两者甚至会有交叉。二是依托关系，主要是指伦理学、

政治学、教育学、心理学、中国近现代史等，这些学科是思想政治教育的重要支撑。三是借鉴关系，例如逻辑学、语言学，借鉴这些学科的科学知识，能使思想政治教育学科的研究更具科学性。当然，在依托和借鉴其他学科的时候，必须立足于思想政治教育学科自身的阵地和自身的发展，为我所用，如果喧宾夺主，那就难以达到思想政治教育学科的真正发展了。

在从事思想政治教育学科建设的人员中，有着不同的学术背景。例如，从事思想道德教育的教师有伦理学研究的背景，从事思想政治教育史研究的教师有中共党史研究的背景等。这些学术背景的产生有着历史的原因，也从一个侧面反映了思想政治教育学科发展的历史进程。这里应该看到，思想道德教育研究的内容与伦理学研究的内容有交叉，思想政治教育史研究的内容与中共党史研究的内容有交叉，这些交叉研究并不一定是坏事，它对于学科的发展会产生有益的作用，但思想政治教育学科的研究与伦理学、中共党史等研究毕竟有许多不同，从事思想政治教育学科建设的人员要明确学科界限，把握好分寸。

思想政治教育学科队伍包括本学科的人员和其他学科的人员。思想政治教育学科建设要打开大门，欢迎其他学科人员的加盟和支持。但本学科的专职人员是核心，是主力，其他学科的兼职人员是重要力量。思想政治教育学科的建设主要靠本学科的专职人员，因此这些人员要明确肩上的重任，奋发努力，同时有关部门和领导要大力培养和扶植思想政治教育专家，特别是学科领军人物，以更好地开拓思想政治教育的新局面。

主要学术论文一览表
（1997—2023 年）

消费的伦理评价与当代中国社会的发展

《毛泽东邓小平理论研究》1999 年第 6 期

经济伦理学研究在上海

《道德与文明》2000 年第 1 期

经济伦理学学科的建构

《江苏社会科学》2000 年第 3 期

Ethical and Economic Evaluation of Consumption in Contemporary China

Business Ethics：A European Review 2001 年第 3 期

（《当代中国消费的伦理评价与经济评价，欧洲经济伦理评论》2001 年第 3 期）

全球化与中国经济伦理学的发展

《河北学刊》2001 年第 3 期

当代中国经济伦理学的进程与发展趋势

《上海师范大学学报（哲学社会科学版）》2001 年第 6 期

广告的社会伦理责任　　（第一作者）

《吉首大学学报》2006 年第 1 期

现代消费伦理视野中的节约观

《消费经济》2006 年第 5 月第 2 期

消费的自由与社会责任

《道德与文明》2007 年第 2 期

经济全球化背景下消费伦理观念的变革及其研究

《上海师范大学学报（哲学社会科学版）》2007 年第 3 期

经济伦理与科学发展观

《伦理学研究》2008 年第 2 期

论消费者责任行动

《上海财经大学学报（哲学社会科学版）》2008 年第 2 期

消费主义：金融危机产生的文化土壤

《上海财经大学学报（哲学社会科学版）》2009 年第 5 期

后金融危机时代的伦理文化建设

《上海师范大学学报（哲学社会科学版）》2010 年第 3 期

当代中国消费伦理规范体系研究

《华中师范大学学报（人文社会科学版）》2013 年第 2 期

消费伦理：生态文明建设的重要支撑

《上海师范大学学报（哲学社会科学版）》2015 年第 5 期

谭嗣同的经济伦理思想探究

《船山学刊》2016 年第 5 期

魏源的经济伦理思想及其评价

《船山学刊》2017 年第 6 期

用文明健康的消费伦理引领新时代美好生活的追求

《湖北大学学报（哲学社会科学版）》2018 年第 4 期

明清经济伦理思想的特点、贡献及其现代价值（第一作者）

《伦理学研究》2018 年第 4 期

消费伦理在当代中国疫情防控中的价值

《云梦学刊》2020 年第 4 期

勤俭节约：新时代消费观教育的守正创新

《中国德育》2020 年第 21 期

怎样培养中国的慈善家（第一作者）

《学习月刊》2006 年第 10 期

伦理学视域中的当代中国慈善事业

《江西社会科学》2008 年第 3 期

微公益在思想道德建设中的价值

《思想政治工作研究》2010 年第 4 期

当代中国慈善伦理的理想与现实

　　　　　　《河北大学学报（哲学社会科学版）》2011 年第 3 期

慈善伦理教育：德育新的生长点

　　　　　　　　《思想理论教育》2011 年第 9 期（上）

当代中国慈善伦理的价值及其理论建构

　　　　　　　　　　《齐鲁学刊》2013 年第 1 期

企业家慈善行为的道德评价

　　　《上海财经大学学报（哲学社会科学版）》2013 年第 2 期

21 世纪雷锋精神研究的伦理反思

　　　《上海师范大学学报（哲学社会科学版）》2013 年第 2 期

企业家慈善活动的文化动因

　　　　　　　　　《道德与文明》2015 年第 2 期

慈善公益与社会主义核心价值观的培育和践行

　　　　　　　《思想理论教育》2015 年第 6 期

当代中国慈善事业的伦理追问

　　　　　　《马克思主义与现实》2015 年第 6 期

慈善伦理的文化血脉及其变革

　　　《东南大学学报（哲学社会科学版）》2015 年第 6 期

功利性与非功利性的追问

　　　《湖北大学学报（哲学社会科学版）》2017 年第 3 期

当代中国慈善伦理规范体系建构研究

　　　　　　　　《中州学刊》2017 年第 9 期

抗疫中慈善组织道德建设的反思

　　　　　　　　《道德与文明》2020 年第 5 期

法治思维下当代中国慈善组织的治理和监督机制

　　　《上海师范大学学报（哲社版）》2021 年第 2 期

论慈善之"善"　　　　　　（独立）10 千字

　　　　　　　　《伦理学术》2021 年第 8 期

共同富裕的慈善伦理支持　　（独立）10 千字

　　　　　　　　　《求索》2022 年第 1 期

世纪之交中国伦理学研究走向

《道德与文明》1997 年第 4 期

改革开放二十年与中国伦理学的进展

《道德与文明》1999 年第 4 期

世纪之交上海市民道德素质的现状与对策

《上海师范大学学报（哲学社会科学版）》1999 年第 9 期

学风与思想道德建设

《道德与文明》1998 年第 1 期

转型时期学校思想道德教育与发展战略

《道德与文明》2000 年第 5 期

社会转型时期理想信念教育研究（第一作者）

《毛泽东邓小平理论研究》2000 年第 3 期

论学分制对高校德育提出的新课题

《思想理论教育》2001 年第 5 期

现代化进程中的高校教师职业道德研究

《高校理论战线》2002 年第 10 期

诚信的道德价值（第一作者）

《伦理学研究》2003 年第 1 期

全球化背景下民族精神教育初探

《思想理论教育》2005 年第 2 期

和谐社会需要什么样的人生观

《伦理学研究》2006 年第 1 期

思想政治教育学科发展的若干关系研究

《马克思主义与现实》2007 年第 2 期

道教伦理思想在和谐社会建设中的价值（第一作者）

《伦理学研究》2007 年第 5 期

社会主义荣辱观在现代思想政治教育改革中的价值

《思想教育研究》2007 年第 8 期

大众文化对青少年思想道德建设提出的新课题（第一作者）

《当代青年研究》2007 年第 9 期

加强青少年的底线道德教育

《学习月刊》2007 年第 11 期

社会主义核心价值体系教育探索

《思想教育研究》2008 年第 3 期

马克思主义中国化研究学科建设之初探（第一作者）

《马克思主义研究》2008 年第 5 期

论新中国伦理学的发展及其前瞻（第一作者）

《道德与文明》2009 年第 6 期

民族形式与马克思主义大众化

《马克思主义研究》2009 年第 9 期

社会主义核心价值体系融入国民教育全过程初探

《思想理论教育》2009 年第 11 期

德育引领创新人才培养（第一作者）

《伦理学研究》2010 年第 2 期

微公益在思想道德建设中的价值

《思想政治工作研究》2010 年第 4 期

多媒体课件在高校思想政治理论课中的应用问题

《思想理论教育》2010 年第 7 期

上海世博会：城市文明建设的新的里程碑

《道德与文明》2011 年第 1 期

当代中国马克思主义大众化面临的新课题及其实现路径

《上海师范大学学报（哲学社会科学版）》2011 年第 2 期

当代中国大众文化的特点与价值导向（第一作者）

《思想理论教育》2012 年第 3 期（上）

社会主义核心价值理论建构

《思想理论教育》2013 年第 4 期（上）

道德治理与法律治理关系新论

《上海师范大学学报（哲学社会科学版）》2014 年第 2 期

罗国杰伦理思想与中国主流意识形态建设

《齐鲁学刊》2016 年第 3 期

论爱国主义精神与中国梦的关系

《思想理论教育》2016 年第 6 期

高校德育教师职业道德建设反思

《北京教育（德育）》2016 年第 9 期

习近平治国理政伦理思想（第一作者）

《马克思主义研究》2018 年第 5 期

美好生活的伦理意蕴与实现的价值引领

《中州学刊》2018 年第 10 期

"枫桥经验"与新时代中国德法并举治理乡村之路（第一作者）

《绍兴文理学院学报》2018 年第 5 期

人类命运共同体的道义性及其伦理价值

《中州学刊》2020 年第 2 期

新时代道德治理的新探索

《思想理论教育》2020 年第 3 期

网络空间道德建设的守正创新

《中州学刊》2021 年第 3 期

世界百年未有之大变局下爱国主义教育的国际视野

《思想理论教育》2022 年第 5 期

新时代"枫桥经验"：中国式现代化视野下基层社会治理的反思

《绍兴文理学院学报》2023 年第 9 期

注：除注明第一作者外，其余论文均为独立完成。

■后　记

　　青少年时代，我就爱上了阅读与写作。曾记得当时常以"光阴似箭，日月如梭"为开头，撰写学生时代的小作文。初中时代，写了篇暑假日记，被语文老师大大地表扬了一番，并作为范文在学校的橱窗里展示，引来了不少同学羡慕的眼光，至今记忆犹新。那个时代，喜爱吟诵毛泽东诗词，"恰同学少年，风华正茂，书生意气，挥斥方遒，指点江山，激扬文字，粪土当年万户侯"。然而，时光荏苒，几十年的人生弹指一挥间，充满着美好憧憬的青少年如今走进了古稀之年，两鬓已经染霜。……伏案写作，我打开了历史的记忆，回顾人生，总结人生，反思人生……

　　在中国改革开放的春风中，我走进了梦寐以求的大学校园，成为恢复高考后第一届大学生。当时的喜悦心情难以用语言表达。四十多年来，在高校教师岗位上，我教学科研两手抓。每学期的教学工作量达到两三百学时，并承担各级科研项目、发表学术论文。退休后被返聘、特聘，直到现在依然坚持授课，并笔耕不辍。我常扪心自问：对于教学科研，是什么力量激励着我乐此不疲？也许是情怀，是对教育和学术的热爱和追求使然。

　　几十年的学术生涯，发表了大大小小的论文二百余篇，有些发表在专业杂志上，甚至国际著名的专业杂志上，有些发表在国内大报的理论版上。用心血凝成的成果，承载着个人学术追求和成就，对于作者来说，是珍贵的历史见证。多年来，一直打算编辑成册，送给朋友和学生，作为学术研究可借鉴的资料，作为人生友谊的纪念。而2023年的暑假，我终于有时间来实现这一多年的愿望。

　　本书所收集的21篇学术论文，选自1999年至2022年的重要学术期刊。1996年被特批为教授后，在科研方面也有了不少进展，论文数量显著增加，选题和内容都比过去成熟了不少。因此，从这个时间节点选择论文编自选集更有代表性。由于多年前与出版社签订的图书合同，字数估计不足，因此，有些质量还不错的论文只能忍痛割爱了。希望今后有机会的话，能够弥补这一遗憾。

这次精选的论文分为上、中、下三编。这三编是我几十年来进行学术研究三个主要方向。上编为"经济伦理"。20世纪80年代至90年代，我从商品经济与道德建设这个角度切入学术研究。当时，发展商品经济后，中国的道德状况是"滑坡"了还是"爬坡"了，成为社会科学争鸣的热点。在社会对这一热点的关注中，也孕育了中国经济伦理学学科的诞生。在国内搞社会主义市场经济，国际全球化浪潮激荡的背景下，我开始了经济伦理学的学科研究。"经济伦理学学科的建构""全球化与中国经济伦理学的发展"是研究经济伦理学最早的两篇论文，后来又陆续发表了20余篇论文。但在这些经济伦理论文中，最有代表性的是"消费的伦理评价与当代中国社会的发展"这篇论文。这篇论文源于《社会科学报》的一篇不足千字的论文，后来采取"滚雪球"的方式扩充为三千字的论文，在《文汇报》理论版的头条刊发，最终以近万字的篇幅在《毛泽东邓小平理论研究》杂志发表。该论文还获得了上海市邓小平理论研究优秀论文奖。2000年，该论文入选在巴西圣保罗举行的第二届国际经济伦理代表大会，获国外专家的好评，后在国际经济伦理专业权威杂志《欧洲经济伦理评论》全文刊登。就这篇论文的学术质量和学术影响来说，作为我经济伦理学学术研究的代表性成果是当之无愧的。

中编为"慈善伦理"。2008年汶川大地震后，中国的慈善事业快速复苏，慈善组织如雨后春笋般涌现。同时，企业家的慈善动机和慈善组织商业化的运作，引起了社会公众的高度关注，成为新闻的热点。我抓住这一社会热点，撰写了多篇有关慈善伦理的论文，并在这些论文研究的基础上进行了提炼，进行了深入的研究，形成了慈善伦理研究的代表性成果"当代中国慈善事业的伦理追问"，在《马克思主义与现实》杂志上发表。后来该论文获上海市中国特色社会主义理论体系研究优秀论文奖。2016 年全国人民代表大会通过了《中华人民共和国慈善法》，这是中国慈善事业发展的里程碑事件。在这部《慈善法》中，明确了大慈善的概念，这就是"慈善、公益、志愿者"活动都属于慈善的范畴。以大慈善立论，论文"慈善：功利性与非功利性的追问"对如何进行慈善伦理评价提出了分类分层次的观点，得到了学术界的关注，被"中国社会科学文摘"和"人大复印报刊资料·伦理学"全文转载。有的论文以宽广的视野，将传统与现代、伦理与价值结合起来，阐述了慈善伦理对于价值观的培育和践行的价值，并认为慈善伦理教育是德育新的生长点。当然，有的论文涉及的共同富裕与第三次分配的关系问题，有新意，但还有进一步深入研究的空间。

下编为"思想道德教育"。该编精选的论文发表的时间跨度较大，甚至超过 20 年。我长期在高校讲授思政课，对学生进行思想道德教育。记得在 20 世纪 80 年代初期，给大学生讲授邓小平的"四有人才"（有理想、有道德、有文化、有纪律）的内容，其中理想与现实的矛盾在听课的大学生中引起了热烈的反响。一些大学生在调查问卷中写道："理想是丰满的，而现实是骨感的"，"播下去的是龙种，收获的却是跳蚤"，"我不愿做天使，因为太吃亏了，但也不愿做撒旦，因为太卑鄙了。……总之，不愿做十足的好人，也不愿做十足的坏人"。我围绕着大学生理想与现实的矛盾，撰写了多篇论文。到了世纪之交，承担了上海市哲社课题，研究从冷战结束后、中国社会主义市场经济的发展对理想信念教育提出的新课题，形成了"社会转型期理想信念教育的研究"（第一作者）。后来该论文获上海市邓小平理论研究优秀论文奖。党的十八大以后，中国进入了中国特色社会主义新时代。在世界百年未有之大变局下，为了实现中国式现代化，必须加强爱国主义教育。论文"世界百年未有之大变局下爱国主义教育的国际视野"抓住了思想道德教育在新形势下的特点，阐释了在中国与世界的关系上，"平视世界"在爱国主义教育中的重大价值，有新意。"社会转型期理想信念教育的研究"和"世界百年未有之大变局下爱国主义教育的国际视野"两篇论文是"思想道德教育"研究方向代表性的论文。

总之，这三个研究方向都获得了不俗的成绩，三个方向分别获得了国家社会科学基金项目，它们是"全球化背景下中国消费伦理观念的变革及其规范体系的研究""慈善伦理的文化血脉和价值导向研究""新时代爱国主义教育融入高校思政课研究"。三个方向中都有论文获上海市邓小平理论优秀论文奖或中国特色社会主义理论体系优秀论文奖。

　　我的博士研究生、现为湖南文理学院马克思主义学院主持工作的副院长周忠华教授在百忙中抽空为自选集论文的校对和引文规范做了大量的工作，在此谨表示深深的感谢！

　　"老骥伏枥，志在千里。"盼望有生之年，身体健康，以快吾志。

周中之

2023 年 8 月 20 日

上海师范大学科技园

后记

图书在版编目(CIP)数据

善之追寻:周中之自选集/周中之著.—上海:
上海三联书店,2024.3
ISBN 978-7-5426-8413-4

Ⅰ.①善… Ⅱ.①周… Ⅲ.①周中之-文集 Ⅳ.
①C53

中国国家版本馆 CIP 数据核字(2024)第 054649 号

善之追寻——周中之自选集

著　　者 / 周中之

责任编辑 / 杜　鹃
装帧设计 / 一本好书
监　　制 / 姚　军
责任校对 / 王凌霄

出版发行 / 上海三联书店
　　　　　(200041)中国上海市静安区威海路 755 号 30 楼
邮　　箱 / sdxsanlian@sina.com
联系电话 / 编辑部:021-22895517
　　　　　发行部:021-22895559
印　　刷 / 上海颛辉印刷厂有限公司

版　　次 / 2024 年 3 月第 1 版
印　　次 / 2024 年 3 月第 1 次印刷
开　　本 / 710mm×1000mm　1/16
字　　数 / 260 千字
印　　张 / 18
书　　号 / ISBN 978-7-5426-8413-4/C·644
定　　价 / 98.00 元

敬启读者,如发现本书有印装质量问题,请与印刷厂联系 021-56152633